GÜNTER DE BRUYN

VIERZIG JAHRE

EIN LEBENSBERICHT

S. FISCHER

2. Aufl., 31.–50. Tsd.
© 1996 S. Fischer Verlag GmbH, Frankfurt am Main
Satz: Stahringer, Ebsdorfergrund
Druck und Einband: F. Spiegel Buch GmbH, Ulm
Printed in Germany 1996
ISBN 3-10-009626-6

VIERZIG JAHRE

MÖGLICHKEITEN

Meiner Mutter war es gegeben, sich im Unglück immer ein noch größeres vorstellen zu können, bei Beinbrüchen also an die Möglichkeit von Genickbrüchen zu denken oder Hungerzeiten mit noch quälenderen Durststrecken zu vergleichen, um so immer Grund zu der Feststellung zu haben: Schlimmer kommen können hätte es auch.

Da sie vierundachtzig Jahre alt wurde, ohne sich ihre Selbstberuhigungsmethode ausreden zu lassen, sich vielmehr unter vielen Altersbeschwerden noch glücklich schätzte, das Augenlicht nicht verloren zu haben, sind Spuren davon vielleicht auch auf mich übergegangen, so daß ich oft die Versuchung spüre, die hier zu beschreibenden vierzig Jahre im milden Licht mütterlichen Relativierens zu sehen.

Schlimmeres als geschah, hätte immer geschehen können. Als ich in Ulbrichts Staat um Selbstbestimmung und Selbstachtung bangte, war zum Vergleich noch der unfreiere Hitlers nahe, der mich um ein Haar Kopf und Kragen gekostet hätte. Verglichen mit vielen meiner Altersgenossen, habe ich manchen Unbilden, die meine Lebenszeit für alle bereithielt, aus dem Weg gehen können. Gefängnis und Heimatverlust sind mir erspart geblieben, ebenso eine Selbstaufgabe, in der man die Fähigkeit, Eignes zu denken, nicht nur verliert, sondern auch nicht mehr vermißt. Aus Harmoniebedürfnis entstandene Kompromißbreitschaft, die mich zeitweilig bis an die Grenze des mir Erlaubten brachte, hätte mich auch darüber hinausführen können; das Gefühl, fertig zu sein, hätte mich lähmen, Ehrgeiz mich auf die falsche Bahn treiben, Intoleranz mich einengen können; oder ich hätte, kaum auszudenken, über Plänen und Zielen Leben und Lieben verpassen können.

So gesehen, bliebe nur ein geringes Klagebedürfnis; es könnte die Lebenszwischenbilanz als zufriedenstellend bezeichnet werden; und da die politische Macht, die dauernd in mein Leben hineinregierte, nach Ablauf der vierzig Jahre das Zeitliche segnete, wäre, könnte man alles so sehen, auch ein Happy-End garantiert.

LEBENSZIELE

Spannung bekommt jedes Leben durch Lebensziele. Ich hätte als Dreiundzwanzigjähriger Schriftsteller werden wollen, wäre mein Selbstvertrauen besser entwickelt gewesen. Da es aber noch einiger Schreibübungsjahre und vieler Begegnungen mit schlechter Literatur und schreibenden Dummköpfen bedurfte, um in mir die Erkenntnis eigner Werte reifen zu lassen, wurde mein Lebensziel niedriger angesetzt. Nicht Hersteller von Literatur, sondern deren Vermittler wollte ich werden, als ich 1949 den Beruf wechselte und mich um eine bibliothekarische Ausbildung bewarb. Da man im Westteil Berlins, wo der Andrang groß war, ein richtiges Abitur verlangte, versuchte ich es an der neu etablierten Büchereischule im sowjetischen Sektor und wurde zu einem Aufnahmegespräch bestellt.

Dessen Ausgangspunkt war mein Personalfragebogen, der in den Augen der Gutachter wenig Einnehmendes hatte, obwohl ich weder vorbestraft noch politisch belastet war. Ich war aber katholisch (und betonte auf Anfrage, das nicht ändern zu wollen), kam aus einer Familie, die als bürgerlich zu bezeichnen ich inzwischen gelernt hatte, war Kriegsgefangener bei den Amerikanern gewesen und in keiner Partei oder Massenorganisation Mitglied geworden – welch letzter Punkt die Prüfenden besonders unangenehm berührte, weil sie, gerecht wie sie waren, die übrigen Minuspunkte als mir schuldlos zugewachsen erkannten, für diesen aber mich allein verantwortlich machten, was ein schlechtes Licht auf meine Bewußtseinsentwicklung, will sagen meine politischen Ansichten, warf.

Das Leitungs- und Prüfungsgremium bestand aus einem steifen, asketisch wirkenden Herrn, der erst am Schluß einen Einwurf wagte, und zwei etwa fünfzigjährigen Damen, deren eine vorläufig nur als Echo und Kopfnickerin wirksam wurde, während die andere die Regie und das Wort führte und sich auch in Gefühlsäußerungen als dominierend erwies. Sie schien sich vorgenommen zu haben, die Strenge, die ihr Gesicht unter dem Herrenschnitt zeigte, durch Deutlichmachung ihrer Empfindungen aufzulockern, ihre Miene also zum Spiegel ihres Inneren zu machen, das voll von Begeisterung war. Ständig demonstrierte sie Gefühlsstärke und -fülle, und der Appell, es ihr nachzutun, war dabei unübersehbar, kam aber bei mir nicht an. Aus Vorsicht und Mißtrauen verweigerte ich mich der Verführung, dem künftigen Lehrer-Schüler-Verhältnis den Schein von Intimität und Wärme zu geben, blieb also zurückhaltend, was die Fragerin irritierte, nicht aber ärgerlich, sondern sorgenvoll werden ließ. Ihr Kopfschütteln, ihre angedeuteten Seufzer, der vielsagende Blickwechsel mit den Mitprüfern machten den Jammer über mein Irregeleitetsein deutlich und wurden von mir als Auftakt zur Ablehnung gedeutet, bis dann die Erwähnung meiner dreijährigen Arbeit als Dorfschullehrer die Gesichter erhellte und dem Gespräch das Verhörähnliche nahm. Denn diese Erfahrung machte mich angeblich für einen Beruf geeignet, der Lebens-, nicht Bücherkenntnisse zur Voraussetzung hatte, weil er ein eminent pädagogischer war. Über Literatur wurde deshalb zu meiner Enttäuschung auch erst geredet, als ich auf die Abschlußfrage, warum ich Volksbibliothekar werden wollte, wahrheitsgemäß geantwortet hatte: aus Liebe zur Literatur.

Das aber war den drei sichtlich zuwider. Der Asket wollte wissen, ob diese Liebe denn auch der verdummenden und verschleiernden Literatur gelte und somit objektivistische Züge trage; die bisher schweigsame Dame erklärte, daß eine plan- und anleitungslose Lektüre mehr schädlich als nützlich sei; die Wortführerin aber sagte mir unumwunden, daß sie sich folgende Antwort gewünscht hätte: Volksbibliothekar will ich werden, weil ich die Menschen liebe und sie mit Hilfe von Büchern bessern will.

Als ich im Vorraum saß, um auf die Entscheidung über mein Schicksal zu warten, wußte ich zwar, daß ich gründlich mißfallen hatte, nicht aber, daß die Lehrenden von einem pädagogischen Optimismus beseelt waren, der jeden willigen Zögling für formbar hielt. Sie überraschten mich also mit einer positiven Entscheidung, an die sie allerdings die Erwartung meiner Mitarbeit in der Jugendorganisation knüpften, die zu enttäuschen ich in dieser Minute nicht fähig war.

Diese Nachgiebigkeit hatte zur Folge, daß ich kurzzeitig als FDJ-Mitglied geführt wurde, aber nie Gebrauch davon machte, geschweige denn Beitrag zahlte oder mich im blauen Hemd sehen ließ. Für einige Monate, oder auch nur Wochen, geriet ich also wieder in solche peinlichen Situationen, wie ich sie aus meiner HJ-pflichtigen Kindheit kannte, nur waren die Mahner jetzt weniger selbstsicher und konsequent. Auch ihnen waren meine fadenscheinigen Entschuldigungen peinlich; sie akzeptierten bald meine Ausnahmestellung, so daß sich die Mitgliedschaft, die offiziell nie begonnen hatte, durch Gewöhnung wieder verlor. Da ich nicht aufrührerisch war, nicht fraktionsbildend wirkte und den fachlichen Ansprüchen genügte, beschränkten sich die persönlichen Ermahnungen, die ich ab und zu über mich ergehen lassen mußte, auf meine mangelnde Einordnung ins Kollektiv.

Diese ließ tatsächlich zu wünschen übrig, da ich mich für mehr als den Unterrichtsstoff interessierte und die Schule

10

der unwesentlichste Teil meines Lebens war. Unter den Mitschülern hatte ich weder Freunde noch Feinde. Zwei von ihnen, mit denen zu reden es sich gelohnt hätte, waren Lieblingskinder der Schulleitung und wurden bald SED-Genossen, mit denen offen zu reden sich nicht empfahl. Einer von ihnen, der starke missionarische Neigungen zeigte, hinter denen er vielleicht nur eigne Zweifel verbergen wollte, gestand mir einmal, daß er die streng verbotene *Sonnenfinsternis* von Arthur Koestler und den antikommunistischen Sammelband *Der Gott, der keiner war* gelesen hatte; ich aber verschwieg, wie sehr mich die Bücher erschüttert hatten, und ging aus Mißtrauen auf das Thema nicht ein. Da ich keinem vertraute, war ich keinem verpflichtet. Ich beobachtete mit Erstaunen die verschiedenen Typen politischer Eiferer und hielt, bis auf seltene Ausnahmen, Äußerungen des Widerwillens zurück.

Die Themen, die mich aus der Reserve lockten und mir den Ruf eines unbelehrbaren Pazifisten einbrachten, waren die Religionsfeindlichkeit (auf die man später verzichten konnte, die aber in den Anfängen noch zum agitatorischen Repertoire gehörte) und die ideologische Wiederaufrüstung und Kriegsheldenverehrung, die, schon lange bevor es offiziell eine Armee gab, begann. In den heftigsten Streit über diese Frage ließ ich mich mit einem als Gastdozent wirkenden Schriftsteller und Professor verwickeln, der die militante Parteilinie vehementer vertrat als die Funktionäre, über meinen Widerspruch wütend wurde – und Jahre später, nicht weniger gereizt, in Westdeutschland anders redete. Sein Name war Alfred Kantorowicz.

Da die Schule mich nur teilweise beanspruchte und in meinem Denk- und Gefühlsleben nur eine geringe Rolle spielte, sind meine Erinnerungen an sie blaß. Deutlich ist mir das Gegenständliche: das Ermeler-Haus mit seinen Wandgemälden und Stuckdecken, das die Bomben wunderbarerweise verschont hatten, das zierliche Treppengitter,

dessen Inschrift: Sachte zu! jeden Morgen zur Gelassenheit
mahnte, die Trümmer der Breiten Straße, die kaum noch
Bewohner, wohl aber eine Bäckerei hatte, die nahe Schloß-
ruine, die bald gesprengt und beseitigt wurde, die Reste des
Kaiser-Wilhelm-Denkmals, die schmale Sperlingsgasse, deren sentimentale *Chronik* ich gerade mit Freuden gelesen
hatte, das Antiquariat Frau von Rönnes in der Französi-
schen Straße, der Bücherkarren hinter der Universität. Details aus dem Schulleben dagegen sind mir weitgehend entfallen. Nur wenige Namen der Mitschüler, die auf einem
Foto unter einer FDJ-Fahne posieren, sind mir noch gegenwärtig. Die Erinnerung, daß ich das vertrauliche Du, das
zwischen Schülern und Schulleitung herrschte, nicht mitgemacht hatte, mußte kürzlich durch ein schriftliches Doku-
ment revidiert werden. Und wenn ich, zum Zwecke dieses
Berichts, in der kurzen Geschichte der Schule von politischen Aktivitäten an den Fronten des Kalten Krieges lese,
weiß ich zwar, daß ich mich dem zu entziehen vermochte,
aber nicht, mit welchen Tricks und Ausreden das möglich
war. Ob ich es war, der in West-Berlin Flugblätter verteilen
sollte, diese aber im nächsten Gully versenkte, ist mir zu
unsicher, um es als Tatsache auszugeben. Es könnte auch
sein, ein anderer hat mir diese Geschichte erzählt.

Das Niveau des Unterrichts war, den Nachkriegsumstän-
den und der Parteilinie entsprechend, bescheiden, entsprach
aber damit dem der Schüler, die zumeist aus anderen Beru-
fen kamen und eine noch schlechtere Vorbildung hatten als
ich. Die Leitung war stolz darauf, in ihren zwei kleinen
Klassen einen hohen Anteil an Arbeiterkindern und Genossen zu haben, und sie wäre auch gern bei der Auswahl ihrer
Dozenten, die bis auf die drei, die ich in der Aufnahmeprü-
fung schon kennengelernt hatte, nebenberuflich tätig waren, eher von politischen als fachlichen Gesichtspunkten
ausgegangen, hätte sie eine Wahl überhaupt gehabt. Für das
Trinkgeld, das gezahlt werden konnte, gab es aber genü-

gend Dozenten weder von dieser noch von jener Sorte, so daß man sich selbst versorgte und Schüler des ersten Jahrgangs im zweiten schon lehren ließ. Daß ich Unwissender gleich nach bestandenem Examen Vorlesungen über Cervantes, Shakespeare und sogar griechische Philosophie halten konnte, gibt von der Qualität der Schule ein treffendes Bild.

Der Gebildetste der drei festangestellten Dozenten war der hagere Literaturwissenschaftler, der vielleicht deshalb so angespannt wirkte, weil ihm der von der Schulleiterin bestimmte vertrauliche Umgangston, den er ständig zu treffen versuchte, ständig mißlang. Auch er war per Du mit den Schülern, ohne ihnen dadurch näherzukommen. Man wußte gerüchteweise, ohne die näheren Umstände zu kennen, daß er einige Jahre in Frankreich verbracht hatte, doch sprach er selbst nicht darüber und gab überhaupt nie Persönliches von sich preis. Er sollte uns in Weltliteratur unterrichten, war aber so ausführlich und gründlich, daß er für die englische und französische Literatur des 18. und 19. Jahrhunderts fast die gesamte Studienzeit brauchte; und erst als das bemängelt wurde, bot er im Schnellverfahren auch Russisches bis zu Tolstoj und schließlich auch Deutsches von Grimmelshausen bis Heine, unter Auslassung der Romantik, die angeblich reaktionär und also für uns unwichtig war.

Obwohl er die Literatur fest in marxistisch-leninistische Prinzipien schnürte und ausführlich Engels, Mehring, Lukács und, im Falle Goethes, auch die unsägliche Marietta Shaginian zitierte, brachten mir seine strohtrockenen Vorlesungen ihrer Stoffülle wegen Gewinn. Alle Lebendigkeit hatte er der Literatur ausgetrieben, da aber seine Pedanterie nichts auslassen konnte, wurde die Vielfalt deutlich, die Neugier weckte und Anregung zu eigner Lektüre gab. Vor dieser aber warnte er ständig, angeblich um uns vor Verwirrung zu schützen, in Wahrheit aber wohl, um vor Überprüfung seiner Schwarzweißurteile sicher zu sein. Am Rande gab er auch Bibliotheksaussonderungsbefehle, die zum Beispiel die *Zwei Städte* von Dickens und Flauberts *Salammbô* betrafen, von den künftigen Bibliothekaren aber wohl kaum ausgeführt wurden, denn in dieser Hinsicht galt er als nicht kompetent. Seine Vorlesungen sollte man mitschreiben und die zusammenfassenden und richtenden Merksätze, die er diktierte, auswendig lernen. Zum Beispiel den: Die Bedeutung der deutschen Klassik läßt sich vereinfachend in Goethes Worten zusammenfassen: Ein Mensch sein heißt ein Kämpfer sein.

Doktrinären Literaturwissenschaftlern bin ich auch noch später begegnet, aber keiner hat mich so sehr beschäftigt wie dieser, vielleicht nur, weil er der erste war. Die Antipathie, die er in mir auslöste, wurde gemildert durch den Respekt, den mir seine Bildung einflößte. Ich verachtete ihn, weil er die Literatur an die Politik auslieferte, und genoß doch, daß er mein Literaturinteresse schätzte und mir die besten Noten erteilte, obwohl ich ihm oft widersprach. Da mir seine umfassenden Kenntnisse (übrigens auch die mehrerer Sprachen) unvereinbar mit seiner ideologischen Enge schienen, hatte er für mich etwas Geheimnisumwittertes. Mal schien er mir ein Beispiel dafür, daß Überzeugungen blind machen können; mal glaubte ich Unsicherheit als Ursache seiner Starrheit entdecken zu können, mal reine Angst. Das letzte, das ich von ihm hörte, war seine, von mehreren Seiten beglaubigte Reaktion am 17. Juni 1953, als er, mit verängstigten Schülern und Dozenten am Fenster stehend, angesichts der vorbeiziehenden Arbeiter der Stalinallee sagte: Laßt euch nicht irremachen; es ist unmöglich, daß Arbeiter gegen die Arbeitermacht demonstrieren; ihr seht doch selbst: Es ist kein einziger richtiger Arbeiter dabei.

Ein zweites Fach, das Literatur zum Gegenstand hatte, hieß Praktische Bücherkunde und stellte eine für die Schule

charakteristische Mischung von deutscher Volksbücherei-
tradition und sowjetischen Einflüssen dar. Es wurde von
der Schulleiterin, Lotte Bergtel geb. Schleif, unterrichtet,
war also bekenntnishaft und gefühlsgesättigt, aber, auf einer
höheren, idealen Ebene, auf der sich die Bibliotheksbenut-
zer, »der Leser« genannt, wie gelehrige Schüler verhielten,
auch praxisnah. Hier wurde, im Gegensatz zur Literaturgeschichte, eignes Lesen gefordert. Einige Bücher, vorwiegend Romane, die als volkspädagogisch empfehlenswert
galten, wurden hier ausführlich behandelt und an ihnen das
Diskutieren, Referieren und Annotieren geübt. Die Methode stammte aus Frau Bergtels Ausbildungszeit in den Wei-
marer Jahren, der Stoff aber war, sieht man von den
Buddenbrooks ab, ein ganz anderer geworden, Namen wie
Makarenko, Fadejew, Scholochow, Ashajew, Ostrowski
und Babajewski herrschten jetzt vor. Der Elan der Lehrerin
war beträchtlich. Sie war Bibliothekarin und Politpädagogin
aus vollem Herzen. Ihre Begeisterung konnte ansteckend
wirken. Mir aber hätte eine größere Dosis Verstand mehr
imponiert.

Doch auch ich profitierte von ihren Lektionen, indem ich
Sekundärliteratur schätzen und nutzen lernte, Rezensionen
vor allem, die in fünf Zeitschriftenspalten den Extrakt von
fünfhundert Seiten *Junge Garde* oder *Fern von Moskau* boten, und ich übte mich im Diagonal- oder Querlesen, auch
rationelles Lesen oder Kraftlesen genannt. Denn erstaunlicherweise war ich unermüdlicher Leser unfähig, den *Weg
ins Leben, Neuland unterm Pflug, Wie der Stahl gehärtet
wurde* oder gar den *Ritter des goldenen Sterns* ordentlich
durchzulesen. Aber da es die Zeitschrift SOWJETLITERATUR
gab, mußte das auch nicht sein. Unter dem Einfluß Frau
Bergtels erlernte ich also die Kunst, über nichtgelesene Bücher verständig zu reden, was mir dann auch bei der Herstellung der Examensarbeit zugute kam. Von den zwei zur
Auswahl stehenden Themen wählte ich nicht, wie erwartet

wurde, das über die Fortschrittlichkeit Goethes, sondern das mit dem Spannung verheißenden Titel: Die erzieherische Bedeutung der Sowjetliteratur beim Aufbau des Kommunismus in der Sowjetunion.

Die Arbeit, die mit geringem Zeitaufwand hergestellt werden mußte, da mein privater Leseplan mich völlig beanspruchte, wurde mit »sehr gut« bewertet. Ich zeigte Freude darüber, doch galt sie insgeheim mehr der Tatsache, daß ich nicht einen der behandelten 26 Titel von vorn bis hinten gelesen hatte. Manche hatte ich nicht einmal in der Hand gehabt. An moralische Skrupel kann ich mich dabei nicht erinnern, wohl aber an Triumphgefühle, weil ich mich den Mächtigen nicht ausgeliefert, sondern sie mit ihren eignen Waffen geschlagen hatte. Wie ein Akt der Notwehr zur Wahrung innerer Freiheit kam mir das vor.

Falls Frau Bergtel, was ich für möglich halte, diese plötzliche Anpassung als scheinbare durchschaute, wird sie das kaum bekümmert haben, weil jede Anpassungsgeste Unterwerfungswillen signalisiert. In ihrem pädagogischen Optimismus wird sie das sicher für eine nicht schöne, aber doch notwendige Stufe in meiner Entwicklung gehalten haben. Ihre Doktrinen schienen ihr sicher so zwingend, daß ihnen auf Dauer zu widerstehen unmöglich war.

Mein Verhältnis zu ihr war von Anfang an zwiespältig. Ihr Drang nach Freundschaft und seelischer Offenbarung war ehrlich, mir aber lästig. Ihr Widerstand gegen die Diktatur Hitlers erregte Ehrfurchtsgefühle, die durch ihr Werben für die neue Diktatur aber gemindert wurden. Die Reinheit ihres Glaubens an nahe kommunistische Paradiese war imponierend, die Naivität ihrer Begeisterung aber erschreckend. Manchmal konnte ich sie sympathisch finden, nie aber war es mir möglich, sie ernstzunehmen. Im Ton tiefster Überzeugung habe ich sie sagen hören: Stalins *Grundlagen des Leninismus* könnten auf alle Fragen des menschlichen Lebens Antworten geben, und am Morgen

16

nach Stalins Tod habe ich sie mit verweintem Gesicht erlebt.

Obwohl ich noch zehn Jahre im Bibliothekswesen diente, bin ich ihr später kaum noch begegnet. Ich weiß also nicht, wie sie reagierte, als Stalins Verbrechen, von denen die Welt lange schon wußte, auch von ihrer Partei zur Kenntnis genommen werden mußten, und wie illusionszerstörend die Entwicklung der DDR für sie war. Sollten der geistigen Umnachtung, in der sie ihre letzten Jahre verbrachte, auch politische Motive zu Grunde gelegen haben, hingen die aber sicher nicht nur mit solchen offensichtlichen Enttäuschungen zusammen, sondern auch mit späten Zweifeln am eignen Weg. Ihren Bruch mit den volksbibliothekarischen Traditionen, die wir bei ihr abwertend als bürgerlich zu bezeichnen lernten, hat sie sich selbst vielleicht nie verziehen. Der nach ihrem Tode veröffentliche Nachkriegsbriefwechsel mit Erwin Ackerknecht, ihrem früheren Lehrer, gibt eine Ahnung davon.

Erwin Ackerknecht, Stettin, und Walter Hofmann, Leipzig, waren die beiden führenden Köpfe der deutschen Volksbüchereientwicklung im ersten Drittel dieses Jahrhunderts, Brüder im Volksbildungsgeiste, aber methodisch auch Antipoden: Hofmann der Didaktischere, der völkischen Gedanken zuneigte, Ackerknecht der Intellektuellere, Liberalere, von heute gesehen der Modernere, der den Nationalsozialisten keinerlei Konzessionen machte, von ihnen entlassen wurde und 1946 zum Direktor des Schiller-Nationalmuseums in Marbach avancierte – wo er dann seitenlange, verehrungsvolle, von missionarischem Eifer erfüllte Briefe seiner ehemaligen Schülerin Lotte Bergtel-Schleif lesen und abschlägig beantworten mußte, da sie ihm immer wieder die Abkehr vom kriegslüsternen Separatisten Adenauer und ein Bündnis mit der friedliebenden, nationalbewußten, fortschrittlichen Partei der Arbeiterklasse empfahl.

Es waren linientreue Briefe, möglicherweise im Parteiauftrag geschrieben, aber von persönlichen Antrieben nicht frei. So ehrlich wie ihre politische Überzeugung war auch die Verehrung für den einstigen Lehrer, der ihr neben dem bibliothekarischen Handwerk auch das Berufsethos vermittelt hatte, das sie nun in seinen Augen durch ihre politische Einseitigkeit verriet. Der Schmerz, dem Meister als abtrünnig zu gelten, wird nicht verbalisiert, ist aber immer zu spüren, selbst dann noch, wenn sie, die Revolutionärin, den alten Bildungsbürger belehrt. Das bibliothekarische Erbe wird als Verbindendes zwischen ihnen beschworen. Sie beschreibt sich glaubwürdig als Fortführerin seiner Methoden und wird sofort unglaubwürdig, wenn sie in vorgeformten Parteifloskeln die neuen Inhalte berührt.

Wenn ich, um ihr nachträglich gerecht zu werden, in ihren Briefen eine Seelentragödie zu ahnen versuche, geht es mir leider nicht anders als damals auch: Pflichtgemäß will ich ihre Verdienste und ihr ehrliches Engagement anerkennen und muß beides doch gegen Aufdringlichkeit, Einfalt und Unduldsamkeit aufrechnen, so daß am Ende ein Minus entsteht. Ihre Gegenwart war für mich immer bedrückend. Eine Abwehr ihres Einflusses war gar nicht nötig. Die bibliothekarische Berufung, die ich zeitweilig spürte, kam nicht von ihr.

Sie reifte in den Praktikumszeiten, die die lehrreichsten und schönsten der Ausbildung waren, und zwar nicht nur der mich umgebenden Bücher wegen, die ein Entdeckungsfieber zur Folge hatten, sondern auch wegen der liebenswürdigen oder skurrilen Individualisten, die in tolerantem Mit- und Gegeneinander die Bibliothek penibel in Ordnung hielten, die Leser zufriedenstellten und sich einen ideologiefreien Raum erhalten hatten, in den die Genossin Amtsleiterin nicht einzudringen vermochte – vorläufig noch nicht.

Es war im Winterhalbjahr 1949/50, als Berlin schon geteilte Verwaltungen und Währungen, aber noch offene Grenzen hatte, als Westberliner noch im Osten und Ostberliner im Westen arbeiten konnten (wobei ein Währungsausgleich gezahlt wurde) und die in Trümmern liegende Stadt noch den Charme des Vorkriegsberlin hatte; denn endgültig wurde dieser ja erst durch Abriß und Wiederaufbau zerstört. Der Kurfürstendamm war trotz seiner Ruinen noch immer die elegante Meile; in der Friedrich- und der Oranienburger Straße lagen die Tanzlokale und Bars noch immer dicht beieinander; der Alexanderplatz hatte noch seine menschlichen Maße und seine Umgebung die schmalen Straßen, in denen man winzige Kinos schon vormittags aufsuchen konnte; und die Gassen des Scheunenviertels waren zwar nicht mehr von Juden, über die keiner reden mochte, aber doch, wie in Döblins Zeiten, von Huren belebt. Eine von ihnen, schon recht bejahrt, die in einer notdürftig instandgesetzten Ruine hauste, saß stundenlang in der Bibliothek, um sich aufzuwärmen, erzählte gern Lustiges aus ihrem schon lange betriebenen Gewerbe und las, zum Entzücken der Bibliothekarinnen, mit Ausdauer und Leidenschaft nichts als Zola.

Die Bibliothek, die Hauptstelle des Stadtbezirks Mitte, befand sich (und befindet sich noch) in der Brunnenstraße, in einem der Mietskasernenkomplexe, die sich über mehrere Hinterhöfe mit Lagerhallen und Werkstätten erstrecken, wo Lastwagen sich durch enge Durchfahrten zwängten, verrostete Aufzüge kreischten, irgendwo hinter Mauern Maschinen stampften und ein ständiges Kommen und Gehen herrschte. Ein paar Minuten waren es nur bis zur Sektorengrenze, wo Kioske mit Süßigkeiten und West-Zigaretten lockten und Grenz-Kinos mit im Osten verbotenen Filmen viel Zulauf hatten, weil der Eintrittspreis für Ostsektorenbewohner ermäßigt war. Die Bibliotheksmitarbeiter, die im Westen wohnten, bekamen billig Kohlen und Kartoffeln, die sie nach Dienstschluß in Rucksäcken nach Hause schleppten, und morgens brachten sie Zeitungen und Zeitschriften mit.

Frau Schulze und Frau Maurenbrecher, die ein Jahr später schon vor die Entscheidung gestellt wurden, den Wohnort zu wechseln oder die Stelle im Ostsektor aufzugeben, waren die besten Lehrmeisterinnen, die ich mir wünschen konnte. Ohne von Berufsethos jemals zu reden, lebten sie dieses vor. Sie vereinten in sich in idealer Mischung Ordnungssinn und Literaturinteresse, Menschenkenntnis und die für wirkliche Bildungsarbeit notwendige Toleranz. Die Sympathie zwischen Lehrer und Schüler, die jeden Lernprozeß fördert, war hier am ersten Tag schon vorhanden, und da man sich auf dem Umweg über literarische Vorlieben leicht verständigen konnte, stellte sich bald auch das Vertrauen in politischer Hinsicht ein. Die Genossin Amtsleiterin, die vom Bibliothekarischen wenig, von Literatur gar nichts wußte, war nicht zu beneiden. Man mied sie, soweit man konnte, nahm sie nicht ernst in fachlichen Fragen, und wenn sie in Dienstbesprechungen Parteibeschlüsse interpretierte, antwortete ihren Monologen nur eisiges Schweigen, das wirksamer als Widerspruch war. Sie hütete sich davor, Ratschläge für die praktische Arbeit zu geben. Hätte sie eine Politpädagogik gefordert, zu der wir in der Fachschule erzogen wurden, hätte sie nur Gelächter erregt. Denn die Leser dachten nicht daran, sich erziehen zu lassen. Sie wußten entweder genau, was sie wollten, oder sie verlangten schöne Frauen-, Familien- oder Bauernromane, meist mit dem Zusatz: Politisches oder Russisches aber nicht.

In der Brunnenstraße waren die Lesehungrigen, die vor der Theke Schlange standen, meist Arbeiter und kleine Angestellte, in die Zweigstelle Brüderstraße aber, wo nie Andrang herrschte, kamen meist Leute aus besseren Kreisen: pensionierte Beamte und Studienräte, Professorenwitwen und Klavierlehrerinnen, die alle viel Zeit mitbrachten und viel zu erzählen hatten; denn Fräulein Schumann, die auch schon das Alter ihrer ergrauten Leser hatte, hörte gut zu.

Sie erzählte aber auch gerne, am liebsten Anekdoten aus
der Geschichte des Nicolai-Hauses, in dessen erstem Stock
wir saßen und über die mit duftendem Resedawein berank-
te Holzgalerie auf den Hof und die in Trümmern liegende
Ecke des Hauses hinuntersahen: wie und mit welchen Worten Nicolai seine Brieffreundin Elisa von Recke, die Caglio-
stro entlarvt hatte, auf der prächtigen Treppe des Hauses
empfangen hatte; wo Lessing gesessen, Theodor Körner
sein Pferd angebunden hatte und wo der Rationalist Nicolai
von den Geistern heimgesucht worden war. Von Moses
Mendelssohn und der Rahel sprach sie, als ob sie sie selbst
noch gekannt hätte. Ohne ironische Untertöne konnte sie
vom Wahren, Guten und Schönen reden, die nicht nur ihr
Leben, sondern auch den Bestand der kleinen Zweigstelle
bestimmten, der sich vorwiegend aus Klassiker-Ausgaben
zusammensetzte, mit Bevorzugung derer des Insel-Verlages.
Auch die Insel-Bücherei war fast vollständig vertreten;
stolz zeigte Fräulein Schumann sie vor, als handle es sich
um ihre Privatbibliothek. Unter Berufung auf spezielle
Leserinteressen hatte sie diese Anschaffungspolitik in der
Hitlerzeit durchhalten können, und auch die neuen Herren
ließen sie noch ein Weilchen gewähren; dann schickte man
die alte Dame in Rente und löste, noch bevor man das ganze Viertel abriß, die Büchereifiliale auf.

Aber nicht nur weil ich hier an historischer Stätte noch
ein Stück anachronistisches Alt-Berlin erlebte, ist mir die
flüchtige Begegnung mit Fräulein Schumann so stark in Erinnerung geblieben, sondern weil mir die alte Dame in meinen letzten Praktikantenstunden auch von ihrer Freundin
Helene Nathan erzählte, über die ich später (aber nicht in
der Bibliotheksschule, wo dieser Name niemals erwähnt
wurde) noch mehr erfuhr. Es war die Geschichte einer viel-
bewunderten Bibliothekarin, die seit Beginn der zwanziger
Jahre die Volksbüchereien Neuköllns vorbildlich aufgebaut
hatte, 1933, weil sie Sozialdemokratin und Jüdin war, frist-

los entlassen wurde und in den kommenden Jahren nicht nur die staatlich verordnete Diskriminierung und Isolierung erleiden mußte, sondern die persönliche auch. Keiner ihrer Schüler, Bewunderer und Mitarbeiter wagte es, ihr auch nur nahe zu kommen, auch ihre sie einst bewundernde Praktikantin Lotte Schleif-Bergtel nicht. Die arbeitete im Untergrund für die Kommunisten, und der Umgang mit einer Jüdin wäre gefährlich für die Partei gewesen. Nur Fräulein Schumann hielt zu der Freundin. Sie nannte sich selbst konsequent unpolitisch, hatte keine Partei vor Gefahren zu schützen und erkannte politische Maßgaben des Staates nicht an. Trotz Verleumdungen durch Nachbarn verbrachte sie jedes Wochenende mit ihrer Freundin in ihrem Biesdorfer Garten. Als im Krieg alle Hoffnungen der in Deutschland gebliebenen Juden schwanden, sich die Unterdrückungsmaßnahmen verstärkten und die ersten Deportationen begannen, ging Helene Nathan, im Oktober 1940, freiwillig in den Tod.

Zehn Jahre war das erst her und doch schon so gut wie vergessen. Die antifaschistische Staatspropaganda verurteilte zwar die Judenverfolgung, gedachte aber nur jener Opfer der Hitlerjahre, die auf kommunistischer Seite gestanden hatten; denn es ging nicht um Trauer und Schuldbewußtsein, sondern um gegenwärtige Politik. Das jüdische Eigentum, das die Nationalsozialisten verstaatlicht hatten, wurde ohne Skrupel als zum sozialistischen Staat gehörend betrachtet und an Wiedergutmachung nicht gedacht. Da die Schuldigen an der Judenverfolgung nach offizieller Lesart alle im Westen saßen, war im neuen Deutschland, wo Optimismus und Zukunftsglaube gefordert wurden, nicht Erinnerungs-, sondern Verdrängungsleistung gefragt.

FLUCHTHILFE

Sollte der Staatssicherheitsdienst schon in seinen Kinderjahren so registrierwütig gewesen sein wie im Mannesalter, müßte mein Name 1952 in Maras Akten gestanden haben – als der ihres Ausbilders und Fluchthelfers, vielleicht auch als der ihres Liebhabers; denn mit der Vermutung »intimer Beziehungen« war man dort schnell bei der Hand.

In diesem Fall wäre das voreilig gewesen. Denn wenn auch Ansätze dazu vorhanden waren, so konnten sie doch nicht zur Reife gelangen, weil Ohnmachtsanfälle, Verwandte verschiedenen Grades und auch Geheimpolizisten dazwischenkamen – und damit das Schema vorgaben, das für mein Leben in DDR-Zeiten typisch war: Wie privat auch immer die Liebes- und Freundschaftsverhältnisse waren, irgendwann kamen sie doch mit politischer Macht in Konflikt.

Ich war 25 damals, Mara, die Praktikantin, vier oder fünf Jahre jünger, und der Staat, der auf sie ein wachsames Auge hatte, noch keine drei Jahre alt. Ort der Handlung war Berlins sowjetischer Sektor, der Ostsektor genannt wurde, aber Demokratischer Sektor genannt werden sollte, und der zwar praktisch, nicht aber offiziell, zur DDR gehörte, wohl aber deren Hauptstadt war. An den östlichen Stadtgrenzen gab es Kontrollpunkte mit Schlagbäumen, wo Passanten die Ausweise vorzeigen mußten; um aus der DDR nach Ost-Berlin überzusiedeln, war eine schwer erreichbare Zuzugsgenehmigung nötig, und mit Löhnen und Lebensmittelrationen war man in der Stadt besser dran als im Staat. Im Stadtbezirk Köpenick, wo ich ein möbliertes Zimmer ohne Wasserleitung und Heizung bewohnte, hatte ich nach dem vorzeitig abgelegten Examen Arbeit gefunden. Im Köpenicker Rathaus, das ein halbes Jahrhundert zuvor ein falscher Hauptmann weltberühmt gemacht hatte, war mein erster Anstellungsvertrag unterzeichnet worden, wobei der Personalchef, genannt Kaderleiter, ein einarmiger Alt-Genosse nicht mich, sondern seine Vorgesetzten mit den Worten beschimpft hatte: Schon wieder schicken sie mir einen Parteilosen, der auch noch in amerikanischer Gefangenschaft war. Solche nämlich galten als Risikofaktor und durften nur an untergeordneter Stelle beschäftigt werden. Es wurden aber leitende Genossen gebraucht.

Die Kleinstbibliothek, die ich ins Leben zu rufen hatte, sollte im bevölkerungsreichsten und häßlichsten Teil des Bezirks, in Oberschöneweide, stationiert werden, in einer parallel zur Spree verlaufenden lauten Straße, die nicht nur von Autos und Straßenbahnen, sondern auch von Güterzügen befahren wurde. Auf ihrer der Spree zugewandten Seite standen ausschließlich Fabrikgebäude, die Walther Rathenaus AEG Anfang der zwanziger Jahre gebaut hatte. In den Wohnhäusern gegenüber hatten in vorsozialistischen Zeiten Ladenbesitzer und Kneipenwirte ihr Auskommen gefunden, jetzt aber, da man private Geschäfte verbot oder unmöglich machte, waren die meisten Gewerberäume verwaist. Eine Eckkneipe sollte als Bibliothek ausgebaut werden. Aber des Materialmangels wegen verzögerte sich die Fertigstellung, und die Bibliothek, die ich vorfand, bestand vorläufig nur aus einem verstaubten Bücherhaufen, der in Alt-Köpenick in der Feuerwache gestapelt war. Monatelang (mit Unterbrechungen freilich, da das Bezirksamt mich tagelang auch als Austräger politischer Aufrufe und Erfasser von Kleinviehbeständen beschäftigte) saß ich hier einsam in einer Kammer am Fenster, von dem aus man auf die Müggelspree sehen konnte, schrieb Zugangslisten und Katalogkarten, drückte auf die Rückseiten der Titelblätter den Eigentumsstempel, überstempelte alte Stempel mit dem Stempel »Ungültig« und las mich in den mir meist unbe-

kannten Werken immer wieder fest. Aus Prag waren diese
alten Bestände, ich weiß nicht, warum und auf welchen Wegen, im Krieg oder Nachkrieg in die Köpenicker Feuerwache geraten und sollten nun der Volksbüchereizweigstelle
als Grundstock dienen, wozu sie aber nur teilweise geeignet
waren; entweder waren sie zu alt und zu wertvoll, um aus-
geliehen zu werden, oder zu überholt oder zu speziell. Mit
Bedauern legte ich die mit Kupfer- und Stahlstichen versehenen naturwissenschaftlichen Werke, die Ranke-, Treitsch-
ke-, Kant-, Fichte- und Heidegger-Ausgaben auf den zur
Überstellung an wissenschaftliche Bibliotheken bestimmten
Stapel und behielt für die Zweigstelle des Arbeiterviertels
vor allem Romane, Biographien und Reisebeschreibungen
zurück.

Es war eine schöne, aber leider vergebliche Arbeit. Denn
als ich mit meinen Büchern die Feuerwache verlassen und
in die Eckkneipe in der Wilhelminenhofstraße umziehen
konnte, stellte mein Chef, ein gutmütiger, ruhiger, resigniert wirkender Genosse, Parteilichkeitsmängel in der Be-
standspolitik fest. Besonders meine Romanbestände, die
meist aus den zwanziger Jahren stammten, würden, so
meinte er, Ärger erregen, weil sie zu viele reaktionäre, de-
kadente und pazifistische Werke enthielten, die zwar nicht
ausdrücklich verboten seien, aber für die Erziehung der
Werktätigen doch unerwünscht. Er begann sofort auszu-
sondern, und da seine Angst vor politischen Fehlern größer
war als sein literarisches Wissen, flog auch manches raus,
was ihm nur deshalb gefährlich dünkte, weil es ihm unbekannt war.

Die schmale Kammer neben der Theke, die als Garderobe und Kaffeeküche diente, füllte sich also bald mit Erst-
ausgaben von Musil und Döblin, Remarque und Glaeser,
mit frühen sowjetischen Romanen, mit alten Ausgaben von
Marx und Lenin, die einen in Ungnade gefallenen Herausgeber hatten, mit Claudel, Cocteau, Proust und Gide. Als

bekannt wurde, daß diese Ausschußware nicht in wissenschaftliche Bibliotheken, sondern in die Papiermühle geschafft werden sollte, verschwand erst der *Mann ohne Eigenschaften*, den ich damals noch nicht zu schätzen wußte, nach dem aber Freund H. dringend verlangte, und dann der dreibändige, in schwarzes Leinen gebundene *Wolf Solent*, dessen Vorzüge ich beim Katalogisieren in der Feuerwache entdeckt hatte und der noch heute bei mir immer in Reichweite steht.

So gesetzwidrig wurde noch manches Kulturgut vor der Vernichtung gerettet, in größerem Umfang von Mara, der Praktikantin, die täglich zum Tode verurteilte Bücher in großen Taschen nach Hause schleppte und traurig wurde, als der Henkerskarren von der Papierfabrik kam. Da wir später alle von ihr sichergestellten Bücher von der Polizei wieder zurückerhielten, weiß ich, daß sie keine besonderen Vorlieben hatte, vielmehr Bücher als solche besitzen wollte, ob die nun von Plechanow waren, von Sombart, Emil Ludwig oder Crevel.

Sie war nicht besonders belesen. In den zwei bis drei Praktikanten-Monaten, in denen sie die Bibliothek durcheinanderbrachte, quälte sie sich durch den *Steppenwolf*, den ihr irgend jemand mit der Bemerkung empfohlen hatte, sie Außenseiterin würde sich selbst darin wiederfinden; aber so sehr sie auch danach suchte, sie fand sich nicht.

Sie war Außenseiterin wider Willen, ständig darum bemüht, den anderen zu gleichen, doch hob schon der Eifer, mit dem sie Normalität zeigen wollte, sie aus dieser heraus. Ihr mit russischen Lauten vermischtes Deutsch wäre weniger auffallend gewesen, hätte sie nicht versucht, berlinisch zu reden. Bücher wollte sie haben, weil andere sie hatten. Weil ihre Mitschüler FDJler waren, mußte auch sie das Blauhemd tragen, und da sie es häufiger trug als vorgeschrieben, wurde ihr ein Amt angetragen, in dem sie sich unbeliebt machte durch übertriebenen Elan. Den für Bibliotheksarbeit nötigen Ordnungssinn, den sie nicht hatte, versuchte sie zu erzwingen, bekam Zornausbrüche, bei denen sie sich das sowieso immer wirre Haar raufte, und da sie auch Schwierigkeiten mit dem Alphabet hatte, richtete sie oft Wirrwarr an. Auch pünktlich zu sein war ihr nicht gegeben. Entweder stand sie rauchend und frierend schon eine halbe Stunde zu früh vor verschlossenen Türen, oder sie kam, schwer atmend, mit schiefgeknöpftem Mantel, eine Stunde zu spät. Erfinderisch war sie in Ausreden. Neben den üblichen Verkehrsmittelstörungen und Weckerdefekten kamen in ihren detailreichen Schilderungen sämtliche Katastrophen, von Wasserrohrbrüchen und Toilettenverstopfungen bis zu gestohlenen Lebensmittelkarten und verlorenen Hausschlüsseln vor.

Ob es wirklich das Herz war, das ihre Ohnmachtsanfälle erzeugte, haben die Ärzte damals nicht klären können. Ich vermutete psychosomatische Ursachen, die mit dem ständigen Zwang, den sie sich auferlegte, zusammenhingen. Die Anfälle kamen stets überraschend. Lautlos sank sie zwischen den Regalen zu Boden und lag wie tot. Während ich nach dem Notarzt telefonierte, die brennende Zigarette, die auf dem Thekenrand lag, unschädlich machte und die am Boden verstreuten Katalogzettel zusammensuchte, brachte die Bibliothekshelferin die Leblose in Rückenlage, öffnete das Blauhemd oder die Bluse und legte ihr einen nassen Lappen auf die knochige Brust. Sie machte das mißmutig, denn sie konnte Mara nicht leiden und hielt die Anfälle für simuliert.

Das Ende der Bewußtlosigkeit war von schnaufenden Atemzügen begleitet. Sie lächelte verlegen, flehte mich an, sie nicht ins Krankenhaus befördern zu lassen, und blickte sich suchend nach der angerauchten Zigarette um. Die Notärzte ließen sich immer von ihr bereden, es mit Spritzen oder Tropfen genug sein zu lassen. Als aber einmal die Feuerwehr kam, die gleich eine Trage mitbrachte, berief man sich auf die Dienstvorschriften, die auch die Begleitung durch einen Angehörigen verlangten, und fuhr sie zur Unfallstation. Auf der Fahrt mußte sie liegen, ich saß ihr zu Häupten, im Wartezimmer der Klinik an ihrer Seite und mußte sie auch bis ins Krankenzimmer begleiten; denn man ließ sie so schnell nicht mehr los.

Da sie niemanden hatte, der sie besuchte, fuhr ich nun fast täglich, vor oder nach der Arbeit, mit Blumen und Zigaretten zu ihr, saß im Krankensaal auf der Bettkante, ging mit ihr auf und ab in den langen Fluren, spazierte mit ihr durch den Krankenhausgarten, wo wir eine Nebenpforte entdeckten, durch die man auf einen Waldweg gelangte, an dessen Ende der Müggelsee lag. Zu lang war dieser Ausflug für eine Kranke und doch zu kurz für die Beantwortung meiner Frage, warum ihr Deutsch einen so fremden Klang habe; denn es hing eine ganze Lebensgeschichte daran.

Es war ein von Ängsten geprägtes Leben, das in Estland begonnen hatte. Ihr Vater, ein Baltendeutscher, Offizier beim Zaren und bei den Weißen, war 1940, als die baltischen Staaten sowjetisch wurden, erschossen worden, und ihre russische Mutter war mit der zehnjährigen Mara, die besser russisch als deutsch sprechen konnte und auch als Erwachsene noch in russischer Sprache träumte, nach Deutschland geflohen. Kaum waren sie in Ostpreußen halbwegs heimisch geworden, rückte die Front näher, und sie flohen nach Hinterpommern, von dort an die mecklenburgischen Seen. Während die Mutter nach Kriegsende in ein sowjetisches Internierungslager gebracht wurde, heiratete die siebzehnjährige Mara den ersten Besten, bei dem sie Halt finden konnte. Von dem Mann aber hatte sie sich kürzlich getrennt.

Es waren auch politische Gründe, die das Zusammenleben beendet hatten. Er war ein Gegner der DDR-Sozialisten, weil die die neue Ostgrenze anerkannten; er besuchte mit seinen in West-Berlin lebenden Eltern Landsmannschaftstreffen und hoffte auf die Heimkehr nach Ostpreußen. Sie aber hatte hier endlich Heimat gefunden, dachte daran, in die SED einzutreten, trug das blaue Hemd also nicht zum Schein.

Ihr war es ernst mit diesem Bekenntnis; ich aber wurde von ihm an ein anderes aus noch schönerem Munde erinnert, das zehn Jahre zuvor mit ähnlichen Worten dem Reich Adolf Hitlers gegolten hatte; und da ich ihr taktlos davon erzählte, endete dieser erste und letzte Spaziergang in Müggelseewäldern mit einer Verstimmung – von der aber zwei Tage später, als die Lage sich gründlich verändert und Maras Angst alle anderen Gefühle verdrängt hatte, nicht mehr die Rede war.

Da spazierten wir schon auf Tiergartenpfaden und verlachten, jung wie wir waren, die überstandenen Gefahren, deren Auslöser Maras Ehegatte gewesen war. Während sie mir in Köpenick ihr Leben erzählt hatte, war er im D-Zug Berlin—Rostock verhaftet worden, weil man bei ihm einen Koffer voller Broschüren gefunden hatte, die etwa hießen: Ostpreußen war und bleibt deutsch! Am Morgen danach hatten Staatssicherheitsdiener im Krankenhaus wissen wollen, ob Mara transportfähig sei, und, als das verneint wurde, für den Nachmittag ein Verhör angekündigt. Der Arzt hatte Mara zur Flucht geraten, diese aber nur in Begleitung erlaubt.

Als der Anruf kam, hatte ich die Bibliothek gerade geöffnet, und die Leser drängten sich an der Bücherrückgabe. Ich stammelte etwas von einem Unfall, der sich ereignet habe, und ließ die Helferin mit den Lesermassen allein. Die Flüchtende war schon reisefertig. Wir benutzten die Nebenpforte. Auf der langen Straßenbahnfahrt war Mara stumm vor Erregung, schien aber körperlich kräftig zu sein.

Der Anfall kam auf der Mitte der steilen Treppe im S-Bahnhof Schöneweide. Ich konnte sie auffangen, bevor sie stürzte, war aber nicht fähig, sie auf den Bahnsteig zu tragen; ein Arbeiter, der etwas über das erstaunliche Gewicht hagerer Mädchen sagte, half mir dabei. Die Gaffer, die sich um die auf der Bank liegende Bewußtlose drängten, erregten die Aufmerksamkeit zweier Bahnpolizisten, die sich von mir nicht abhalten ließen, nach einem Unfallwagen zu telefonieren, doch ehe der eintraf, kam Mara zu sich, konnte an meinem Arm in die nächste S-Bahn steigen und am Bahnhof Friedrichstraße, als Polizisten und Zollbeamte suchenden Blicks durch die Wagen gingen, sich den Anschein geben, als sähe sie diese nicht.

Auf dem Bahnhof Charlottenburg verlangte sie nach einer West-Zigarette, die man damals, der armen Ost-Leute wegen, noch stückweise kaufen konnte. Sie schrieb Telefonnummern von Freunden im Osten auf, die ich anrufen sollte. Dann mußte ich zurück an die Arbeitsstelle. Mara hatte es zu den Schwiegereltern nicht weit.

Daß die Familie ihres verhafteten Mannes den Freund der Schwiegertochter nicht gerne sah, ist verständlich. Als ich die verwinkelte Hinterhauswohnung am Stuttgarter Platz zum erstenmal aufsuchte, waren die Mienen der vielen großen und kleinen Ostpreußen eisig, beim zweitenmal feindlich, vor allem auch deshalb, weil Mara mit ihnen inzwischen völlig zerstritten war. Wir mußten uns anderswo treffen, am Halensee oder an der Siegessäule, lernten dabei den Tiergarten und den Grunewald kennen, ohne je einen Platz zu finden, der wirklich menschenleer war.

Mara fand keine Arbeit, da sie nach keiner suchte. Sie lebte von Sozialunterstützung, die sie vorwiegend in Zigaretten und Rotwein anlegte, hauste bei den verhaßten Verwandten in einer Speisekammer, deren Hinterhoffenster so schmal war, daß man den Kopf nicht hindurchstecken konnte, war verzweifelt über die viele Zeit, mit der sie nichts anzufangen wußte, brauchte mich also sehr. Bald war ich mehr Sozialhelfer als Liebhaber. Durch meinen Freund

H. verschaffte ich ihr Heimarbeit, die sie dann doch nicht machte. Ich ermunterte sie, sich ein eignes Zimmer zu suchen, doch als sie, auf der anderen Seite des Stuttgarter Platzes, Erfolg dabei hatte, war es mit unserer Notgemeinschaft auch schon vorbei.

Als ich sie zum erstenmal in ihrer neuen Behausung besuchte, empfingen sie und ihre dicke Wirtin mich jubelnd: Jetzt sei endlich der Dritte zum Skatspielen da. Bei meinem zweiten Besuch war es noch vergnügter. Im Wohnzimmer der Wirtin saßen trinkend, rauchend und singend Maras ehemalige Mitschüler zusammen. Die angehenden Bibliothekare, die von Lotte Bergtel zu glühenden Sozialisten erzogen wurden, sangen hier, von südlichen Weinen beflügelt, alle die schönen Lieder, die sie aus ihrer Kindheit kannten: *Wir lagen vor Madagaskar*, *Es zittern die morschen Knochen* und *Bomben auf Engelland*.

Freund H., den ich anschließend in seiner Neuköllner Wohnung besuchte, tröstete mich nicht mehr wie früher mit Schopenhauer- und Nietzsche-Zitaten; er kam mir auch nicht mit Hegel (über dessen Begriff Geist er, von mir fast unbemerkt, promovierte), sondern er klärte mich auf über mein Fehlverhalten: Mir fehle der Mut oder die Fähigkeit, Sexualtriebe als solche anzuerkennen; in meiner Idealisierungssucht mache ich immer Gefühle mit seelischen Konsequenzen daraus.

Er selbst hatte den Mut und die Fähigkeit, beide Sphären reinlich voneinander zu trennen. Seine Erfahrungen in der einen hielt er vor mir verborgen, über die in der anderen bekam ich kühle, präzise Berichte, vom ersten Kennenlernen im Hörsaal an. Sie war blond, klug und fleißig, hatte auf der Dom-Insel der Stadt Brandenburg ihr Abitur mit lauter Einsen bestanden, wohnte während des Studiums am Lietzensee bei Verwandten und hatte dem Osten, wo man statt Leistung Ideologie verlangte, schon endgültig den Rücken gekehrt. Ihr sanftes Aussehen täuschte. Sie war entschieden in ihren Meinungen, konnte rasch und scharf urteilen und spielte gern spöttisch ihre Überlegenheit aus. In unsere seit Kindertagen bestehende Freundschaft drang sie mit erstaunlichem Selbstbewußtsein. Sie war es, die mich Hans Castorp taufte, sich selbst also in die Ebene der Pädagogen versetzte, von der herab sie Leistungsethisches verlautbaren ließ. Um nicht gekränkt oder eifersüchtig zu werden, versuchte ich, mich in sie zu verlieben, doch scheiterte das an der mangelnden Resonanz.

Oft hatten H. und ich in dem Jahrzehnt unserer Freundschaft über Streber mit lauter Einsen gespottet. Als ich das einmal, um mich der alten Vertrautheit zu vergewissern, im Hinblick auf die Einsen der Dom-Insel versuchte, kam, statt eines Echos, eine Bemerkung darüber, daß zum Erwachsenwerden auch Leistungsbeweise gehörten. Da wußte ich, daß ich der Verlierer war.

KARRIERE

Du willst erwachsen sein und weißt noch immer nicht, was du willst, sagte meine Mutter immer wieder, und sie hatte ein Recht, so zu reden; denn Unentschiedenheit hatte es bei ihr niemals gegeben. Für sie waren immer nur ihr Mann und die Kinder wichtig gewesen und nach dem Krieg die Erinnerungen an sie.

Mein Fehler aber war nicht, daß ich nicht gewußt hätte, was ich wollte, sondern daß ich zu vieles, auch einander Ausschließendes, wollte: eine vielköpfige Familie wie die, in der ich meine Kindheit verbracht hatte; ein immerwährendes Liebesleben mit einer idealen Frau, die mir auch Freunde und die ganze übrige Welt ersetzte; ein vagabundierendes oder auch mönchisches Gelehrten- oder Literatenleben in Dachkammern und Lesesälen; oder einen

Rückzug aufs Land. Ich wollte gebunden sein und mich in
Freiheit bewegen können, wollte alles wissen und mich auf
ein Spezialgebiet konzentrieren können. Jeder Tag ohne
neue Erkenntnisse oder Erfahrungen machte mich unzu-
frieden, aber ich fühlte mich in dem gleichbleibenden Trott
des Bibliotheksdienstes wohl. Der Erfüllung von Leserwünschen, die meist nur schöne Romane zum Inhalt hatten, wurde ich bald überdrüssig, aber ab und zu kamen
auch komplizierte Wünsche, die mit der Mühe, die sie mir
machten, auch Befriedigung gaben. Die mechanischen Ord-
nungsarbeiten hatten ihr Gutes, weil sie Zeit zum Nachdenken ließen, und selbst aus der Bitternis der politischen
Schulungsstunden verstand ich Honig zu saugen, indem ich
mir Floskeln und Phrasen, Gestik und Mimik der Agitato-
ren einprägte, um sie später einmal beschreiben zu können.
Es sollten komische Auftritte werden, die den Leser das
Fürchten lehrten, Banalitäten mit dem Gewicht der Macht.

Freilich konnte ich das eintönige Bibliotheksdasein nur
deshalb so gut ertragen, weil ich in dienstfreien Stunden ein
anderes Leben führte, an Wochenenden draußen bei meiner
Mutter im Garten oder im Märkischen unterwegs auf dem
Fahrrad, und an den Abenden bei Freunden aus Kindertagen, in Buchhandlungen, Kinos, Theatern, vorwiegend im
Westen Berlins.

Auch dort lernte ich Leute kennen, die mir wert schienen, satirisch beschrieben zu werden, ältere Studenten zum
Beispiel, die den Verlust ihres Leutnantsrangs nicht verwin-
den konnten, Neuköllner Kleinbürgerinnen, die mit der In-
brunst vergessener Führerverehrung jetzt für die Freiheit
brennende Kerzen ins Fenster stellten, oder den Kleinst-
druckereibesitzer, der abends, wenn seine zwei regulären
Arbeitskräfte nach Hause gegangen waren, Studenten beschäftigte, sie dabei selbst beaufsichtigte und ihnen aus-
ufernde Vorträge über die Vorzüge eines von sozialen
Gefühlsduseleien ungebremsten Kapitalismus hielt. Auf

erhöhtem Podest sitzend, schwärmte er von den Kriegs-
jahren, in denen er ohne Auftragssorgen Heeresdienstvor-
schriften drucken und billige Kriegsgefangene beschäftigen
konnte, während heute, wegen der hohen Sozialausgaben,
Gewinn nur durch Schwarzarbeit zu erzielen war. Fünf
Stunden lang redete er ohne Pause, während wir pausenlos
Schallplattenprospekte falzten und wie brave Schüler zu-
hörten, weil er uns eine Westmark pro Stunde zahlte, die,
wenn ich sie nicht in Westbüchern anlegte, den Wert von
sechs Ostmark hatte.

Zweieinhalb Jahre lang hatte ein Stipendium von hundert
Mark mich am Leben gehalten. Als meine Anstellung mir
das Vierfache brachte, begann ich zu sparen, um irgendwann mein erstes Schriftstellerjahr finanzieren zu können,
und auch alle Nebenverdienste, wie die als Bibliotheks-
schulaushilfsdozent in den Fächern Bibliographie und Literaturgeschichte, für die zwölf Ostmark pro Doppelstunde
gezahlt wurden, waren dafür bestimmt.

Mein literarisches Wissen, dessen Spärlichkeit in der intellektuellen Öde wie Reichhaltigkeit wirkte, hatte meine
Berufung in ein Gremium zur Folge, das einen harmlosen
Namen, wie etwa Bestandskommission, führte, dessen Aufgabe aber alles andere als harmlos war. Es war eine Art
Volksgerichtshof für Bücher, ein Ausschuß zur Reduzie-
rung überkommener Bestände, derjenigen Werke also, die
das Verbot nazistischer oder unter Nazismusverdacht ste-
hender Literatur überstanden hatten, aber ihres Erscheinens
in den zwanziger oder dreißiger Jahren wegen verdächtigt
wurden, bürgerlich infiziert, also feindlich zu sein. Die Be-
fehlsgewalt in der Kommission hatten Genossen, die Le-
nins, Stalins, Shdanows und Ulbrichts Bannflüche gegen
Dekadenz und Formalismus, Kosmopolitismus und Pazifismus wörtlich zitieren konnten, sich statt auf Kenntnisse auf
ihren sogenannten Klasseninstinkt verließen und uns Fach-
berater nicht nur als Leseklaven mißbrauchten, sondern

auch, wie mir erst nachträglich klar wurde, als Alibi. Wir
konnten ihren Vernichtungselan weder bremsen noch korrigieren. Wir mußten die Bücher lesen und über sie referieren, durften auch eigene Meinungen äußern, die aber nie
berücksichtigt wurden, und schließlich bei der Formulie-
rung einer Beurteilung helfen, die unsere nicht war.

Da viele der gefährlichen Tendenzen, nach denen gefahn-
det wurde, solche waren, die auch in den Hitlerjahren als
verderblich gegolten hatten, traf das Verdammungsurteil
häufig Werke, die das Dritte Reich nur durch Zufall oder
mutige Rettungsaktionen überstanden hatten, wie die von
Bertha von Suttner und Remarque. Um nicht als Vollstrek-
ker von Naziurteilen angeprangert zu werden, wurde die
Aussonderung unter Ausschluß der Öffentlichkeit betrieben, und eigne Skrupel beschwichtigte man mit der Behauptung: Das sei eine volkspädagogische Maßnahme und
kein Verbot. Man vervielfältigte auch keine Listen, sondern
gab die Anweisungen mündlich weiter. Gedruckt wurde
nur eine allgemeingehaltene Anleitung »zur Verbesserung
der Buchbestände« und eine Beispielsammlung, die an
Hand weniger Titel deutlich machte, woran pazifistisches
und unwissenschaftliches Gift zu erkennen war. Es war ein
dürftiges Faltblatt, an das ich mich deshalb erinnere, weil in
seiner Einleitung unter mehreren Mitarbeitern zu meinem
Entsetzen auch mein Name zu lesen war.

Für den Historiker wird dieses Blättchen, falls es noch in
den Archiven zu finden sein sollte, die Kulturpolitik dieser
Zeit bezeugen, die zwar nach außen mit Hans Mayer, Bert
Brecht und Ernst Bloch renommierte, sich an der inneren
Basis aber immer mehr dogmatisch verengte und auf Funk-
tionärsniveau sank. Für mich aber war und ist dieses Papier
ein Grund zur Beschämung, doch zog ich damals daraus
nicht die Lehre, daß Mitmachen Mitverschulden bedeutet,
sondern hielt an der Meinung, daß man, um Schlimmeres
zu verhüten, schlimme Posten wenn möglich besetzen soll-

te, noch lange Zeit fest. Man mußte nur, dachte ich mir, die Methoden verfeinern. Die Offenheit, mit der ich im Aussonderungsgremium die mir teuren pazifistischen Titel verteidigt hatte, war tapfer, aber auch töricht gewesen und hatte bei den Funktionären nur Mißtrauen erregt. Um wirksam zu werden, mußte man die verordneten Theorien nicht zu widerlegen, sondern zu benutzen versuchen, und das Vokabular mußte der Sprachregelung angepaßt sein. In einem Fall war mir diese getarnte Argumentation auch schon gelungen: Meine Behauptung, der Desertionsroman *Drei Soldaten* von Dos Passos sei doch gegen eine imperialistische Armee gerichtet, hatte zwar das Buch nicht retten können, die Exekutoren aber doch wenigstens nachdenklich gemacht.

Da mich wenige Wochen nach Abschluß der Kommissionsarbeit (vielleicht als Folge davon) die Anfrage erreichte, ob ich die praktische Bibliotheksarbeit mit der theoretischen (und einer höheren Gehaltsstufe) vertauschen wollte, hatte ich bald Gelegenheit, diese Tarnmethode zur Perfektion zu entwickeln und, in einigen Fällen, auch erfolgreich damit zu sein.

Die Vermutung, daß diese edlen Motive, so echt sie auch waren, teilweise doch der Kaschierung von Ehrgeiz dienten, schließe ich heute nicht aus.

DER PLANUNGSSTRATEGE

Könnte man, übertreibend, der Büchereischule in der Breiten Straße, in der ich das bibliothekarische Abc gelernt hatte, einen Hang zur Klosterähnlichkeit unterstellen, so müßte die Institution, in der ich in die Bibliothekswissenschaft eingeführt wurde, mit einer Kaserne verglichen werden, und zwar ganz allein Gotthards wegen, ihres Schöpfers und

Herrn. War die zur Heiligkeit neigende Lotte Bergtel ein Amalgam aus Volksbüchereienthusiasmus, Kleinbürgermoral und Parteigläubigkeit gewesen, so war in Gotthard der Frontoffizier mit dem Parteiorganisator verschwistert, der Planungsstratege mit dem Draufgänger, aus dessen Mund das geflügelte Klassikerwort von der Kulturhöhenerstürmung tatsächlich nach Sturmangriff klang. Er war arbeitsbesessen, ausdauernd und herrschsüchtig; die Disziplin, die er zur Selbstzügelung brauchte, verlangte er auch von den Mitarbeitern; gnadenlos verfolgte er Unpünktlichkeiten; und in Stimmstärke, die Ärger über Unregelmäßigkeiten noch steigern konnte, war er allen im Hause voraus. Laut aber war er auch in seinen Schweigeminuten, denn er war ein Räusperer und Nasenschnaufer, und wenn er sich in Bewegung setzte, um beispielsweise seine Kontrollgänge durch die Arbeitszimmer zu machen, hörte man, seiner Prothese wegen, die er besonders hart auf den Boden setzte, seine Schritte aus denen aller anderen heraus.

Er hatte im Krieg ein Bein verloren, und sein ständiges Demonstrieren von Vitalität hatte mit diesem Verlust wohl zu tun. Für ihn, so schien es, war Macht mit Körperlichkeit verbunden, und da diese bei ihm ein Manko hatte, mußte die Vollkraft, die trotzdem da war, ständig bewiesen sein. Er, als der Erste, mußte stärker, sportlicher, auch potenter sein als die Zweiten und Dritten. Er versuchte, freilich vergeblich, die Pausengymnastik, die er in seinem Sekretariat eingeführt hatte, für das ganze Haus obligatorisch zu machen; er organisierte auf dem Hinterhof Federballspiele, in denen er über zweibeinige Intelligenz triumphieren konnte; er nahm es als Beweis seiner Machtfülle, wenn seine Affären mit Kolleginnen und Sekretärinnen ruchbar wurden; und er war der Trinkfesteste auf Betriebsfesten, bei denen sein Offizierskasinomotto: Bis früh um sechs wird gesoffen, um sieben aber steht die Truppe wieder! für alle gelten sollte – aber nicht galt.

Denn es gab mehrere von uns, und zwar aus verschiedenen Fraktionen, die sich, zumindest außerhalb des Dienstes, in Verweigerungshaltung übten und sich nichts daraus machten, in seinen Augen Schlappschwänze zu sein. Er war zu korrekt, um ihnen im Dienst ihre Auflehnung nachzutragen, und klug genug, um zu wissen, daß er die Selbstdenker nötig hatte; denn seine treuen Gefolgsleute waren nicht gerade die Leuchten des Instituts. Bei allen Selbstherrschergelüsten konnte er Widerstand, der sich mit Fachverstand paarte, gelten lassen, vorausgesetzt, er betraf nicht seinen Bereich. In diesem, der Großplanung und der politisch-organisatorischen Zielsetzung, regierte er diktatorisch. Er entwarf immer neue Grundsätze, Modelle, Strukturen, die die verzweifelten Fachabteilungen mit Konkretem zu füllen hatten. Er formulierte immer neue Präambeln, die der sich ändernden politischen Lage und den Kursschwankungen der Parteilinie gerecht zu werden versuchten. Er erfand neue Arten von Planungen mit neuen Namen, die freilich alle den Nachteil hatten, daß bei der Zeitkalkulation die Hauptbeschäftigung, nämlich das Plänemachen, nicht berücksichtigt wurde, so daß, um das Zeitmanko auszugleichen, neue Stellen erforderlich wurden, deren Beantragung im Ministerium, wo man Gotthards perspektivisches, schon bis in die Zeit des vollendeten Sozialismus reichendes Denken liebte, häufig auf Wohlwollen stieß.

Das Institut wuchs also, wenn auch, seiner geringen Bedeutung entsprechend, nur in bescheidenem Maße, und es produzierte im Wachsen wieder den Arbeitsanfall, der neues Wachstum erforderlich werden ließ. Man war viel mit sich selbst beschäftigt, mit Planung, Strukturierung und Arbeitsmethodik, mit politischer und fachlicher Weiterbildung, mit Regelungen von Urlaubsvertretungen und Unterschriftsberechtigungen, mit Partei- und Gewerkschaftsversammlungen, mit Werbeaktionen für die Deutsch-Sowjetische-Freundschafts-Gesellschaft und, nicht zuletzt, mit politischen

Feierstunden, für die es immer Anlässe gab. Meine nichtgeschriebenen gesammelten Werke wurden in diesen Jahren um eine Satire bereichert, in der ein Zentralinstitut zur Propagierung der deutschen Einheit das Ende der Einheitsbestrebung durch Intensivierung von Selbsterhaltung und Selbstvermehrung ohne Schwierigkeit und Elanverlust überlebt.

In der Realität führte die Einrichtung, die mich 1953 als sogenannten Wissenschaftlichen Mitarbeiter eingestellt hatte, den großspurigen Namen Zentralinstitut für Bibliothekswesen, war aber tatsächlich nur für die Volksbüchereien, die in Allgemeine Öffentliche Bibliotheken umbenannt wurden, bestimmt. Es war anleitend und beratend tätig, aber nicht, wie es hieß, weisungsberechtigt, und es unterstand dem Ministerium für Kultur. Aus einem städtischen war ich also zu einem staatlichen Angestellten geworden, und da die Hauptstadt des Staates aus Rücksicht auf das Viermächteabkommen formal nicht zum Staat gehören durfte, hatte ich mit dem Ostberliner Büchereiwesen, das ich bald als provinziell zu betrachten lernte, nichts mehr zu tun. Ich war nicht böse darüber, denn nach einigen Wochen der Eingewöhnung merkte ich, daß mein Wechsel doch eine Verbesserung gewesen war. Verglichen mit den Funktionären auf niederer Verwaltungsebene, war Gotthard ein Geistesriese und eine Persönlichkeit von Format. Sein Personal, das er nach fachlichen Qualitäten ausgesucht hatte, garantierte ein gewisses Niveau beim Umgang miteinander. Trotz strenger politischer Linientreue war der Umgangston lockerer, die Diskussion freier, die Toleranzgrenze für individuelle Besonderheiten weiter gesteckt.

Vielleicht war das auch der souveränen Ideologiefestigkeit Gotthards zu danken. Da er sich zutraute, die Parteilinie immer durchsetzen zu können, konnte er sich unsichere Kantonisten leisten, die er als Fachleute schätzte. Um ihren Ehrgeiz nutzen zu können, konnte er sie auch, wenn sie bestimmte Grenzen wahrten, sich abweichlerisch artikulieren lassen; denn von jedem wirklichen Einfluß hielt er sie fern. Im Parteijargon hieß das Bündnispolitik, was er da machte: die Kenntnis der bürgerlichen Elemente zu nutzen, solange es nötig war.

Ich habe ihn sieben Jahre als Vorgesetzten ertragen, habe unzählige Male auf Sitzungen seine dröhnenden Reden an mir vorbeirauschen lassen, ab und zu mit ihm allein in seinem Chefzimmer gesessen und Texte von ihm oder mir verbessert, dreimal Dienstreisen mit ihm unternommen und einmal mit ihm zusammen in einem Doppelbettzimmer nächtigen müssen, wo er schlief und schnarchte, während ich wach lag und mein Schicksal verfluchte – nie aber habe ich jemals ein persönliches Wort mit ihm gewechselt, auch wenn er betrunken war nicht. Ursache dafür waren nicht nur unsere unterschiedlichen politischen Ansichten, sondern auch eine gegenseitige, mit Spuren von Hochachtung gemischte Verachtung, die unüberwindbar war. Er verachtete Schöngeister, ich Karrieristen. Für ihn waren Skepsis und Sensibilität ein Ausdruck von Schwäche, mir schien seine Parteilinientreue von Intelligenzmangel zu zeugen. Ihm war meine Mißachtung der Machtteilhabe ganz unverständlich, mir seine bedenkenlose Herrschsucht ein Greuel. Ich mußte ihn verachten, um die Abhängigkeit von ihm ertragen zu können; er dachte von jedem, der nicht wie er war, gering. Daneben war in ihm ein Mißtrauen rege; er spürte die Opposition, die sich nur vorsichtig artikulierte; und dieser Bereich, der ihm verschlossen war, imponierte ihm auch. Die Scheu, die er deswegen im persönlichen Umgang zeigte, schien mir einen verborgenen Wesenszug zu verraten, der mein Interesse erregte und ein abschließendes Urteil verbot.

Nie hat er in meinem Beisein von seinem Vor-Parteileben gesprochen. Daß er vom Lande kam, aus dem sächsischen Teil der Lausitz, es in der Wehrmacht bis zum Oberleutnant gebracht hatte und erst nach einer kurzen christlichen Pha-

se in Marx und Lenin seine Leitbilder gefunden hatte, weiß
ich also von anderen, von Kolleginnen vorwiegend, denen
er früher einmal Zuneigung und Vertrauen geschenkt hatte,
aber immer nur kurzzeitig, da sein gewaltsam zu nennender
Ehrgeiz ihn weiter und höher trieb.

Warum er für seine Karriere das Bibliothekswesen gewählt hatte, war schwer verständlich. In Partei oder Wirtschaft hätten sich seine Fähigkeiten im Führen und Organi-
sieren auf breiterer Basis entfalten können, und sie hätten
ihm größere Machtfülle gebracht. Im Bibliothekswesen hatte er kaum Konkurrenten, und mit dem Zentralinstituts-
direktor hatte er den Höhepunkt seiner Karriere eigentlich
schon erreicht. Freilich beherrschte er damit nur die Allgemeinen Öffentlichen Bibliotheken; denn sein Traum, auch
die Wissenschaftlichen Bibliotheken, die seiner Meinung
nach noch im bürgerlichen Fahrwasser schwammen, unter
seine Herrschaft und damit auf die Parteilinie zu bringen,
erfüllte sich nie. Er konnte lediglich nach Gründung des Bi-
bliotheksverbandes, dem beide Bereiche angehörten, dort
den Präsidentenposten besetzen und damit auf internatio-
nalem Parkett auftreten, doch war sein Einfluß im Innern,
wie ich annehme, gering.

Ich war zu dieser Zeit schon nicht mehr im Bibliothekswesen tätig, traf ihn aber etwa zwanzig Jahre später bei
Feierlichkeiten für Heinrich von Kleist in Frankfurt an der
Oder wieder. Er hatte inzwischen, nach anstrengendem
Fernstudium, den Doktor- und den Professortitel erworben
und war, als Verbandspräsident, weit in der Welt umherge-
kommen. Unsere Begegnung war ihm genauso peinlich wie
mir. Wir sprachen über die Hitze, die in der zur Konzert-
halle umgestalteten Kirche herrschte, hüteten uns davor,
Vergangenes zu erwähnen, und trennten uns schnell. Unsere Zusammenarbeit von sieben Jahren hatte Gemeinsames
nicht entstehen lassen, selbst in der Rückschau nicht. Die
Spannung hatte nicht nachgelassen. Ein Versuch, Erinne-

rungen versöhnlich wirken zu lassen, wäre undenkbar gewesen. Daß er das auch so empfand, spricht für ihn.

SCHLACHTENBUMMEL

Die Ereignisse des 17. Juni 1953, die am 16. schon ein Vorspiel gehabt hatten, begannen für mich mit dem Lärm, den in Kolonne fahrende Panzerwagen auf gepflasterten Straßen machen, führten mich durch mehrere Teile Berlins und durch alle Fronten und endeten am Abend mit einer Fußwanderung, auf der ich über die zwei Seelen in meiner Brust nachdenken konnte, deren eine die revolutionäre Erregung der Massen mitgemacht hatte, während die andere durch Ordnungswidrigkeiten gekränkt worden war. Dabei war ich ganz illusionslos geblieben. Keinen Moment hatte ich einen Erfolg des Aufstandes erwartet, denn die Besatzungstruppen, die in Ost-Berlin schon seit Jahren kaum noch zu sehen gewesen waren, sich mir aber auf meinen märkischen Radfahrten überall zwischen Rathenow und Fürstenwalde, Lübben und Neuruppin in starker Massierung gezeigt hatten, kamen mir, als die wirklichen Machthaber, nie aus dem Sinn.

Schon am Morgen hatten ihre Panzer, von Jüterbog oder Zossen kommend, die Spreebrücke in Schöneweide erbeben lassen, während die Arbeiter aus den am Flußufer sich reihenden Fabriken sie mit Pfiffen und drohend gereckten Fäusten empfangen hatten. In scharfem Tempo waren sie die Edisonstraße, in der ich damals kurzzeitig wohnte, hinuntergefahren und hatten, in Erwartung weiterer Befehle, am Rande der Wuhlheide Halt gemacht.

Diese lärmenden Ungetüme, die böse Erinnerungen an Kriegszeiten in mir erweckt hatten, waren die ersten bleibenden Eindrücke dieses Tages gewesen, die zweiten gewann ich durch den Wandel der Leute, die pünktlich, wie ich, mit der S-Bahn zur Arbeit fuhren, aber nicht wie sonst schliefen, dösten oder die Zeitung lasen, sondern miteinander redeten und lachten, laut politische Witze erzählten, auf die schlechte Versorgung schimpften und die Parteifunktionäre Bonzen nannten. Die rebellische Stimmung, die alle bewegte, war erfrischend, aber auch unheimlich; denn im Lachen war Wut, in den munteren Gesprächen auch Angst zu spüren, und mit dem Mut, die bisher unterdrückte Meinung zu sagen, kamen auch Frechheit, Dummheit und Brutalität wieder hoch.

Das Institut, in dem ich noch neu war und niemanden näher kannte, war auch am Morgen des Aufruhrtages ein Hort der Parteitreue und Ordnung. Es durfte sich, so lautete Gotthards Weisung, in seiner normalen Arbeit durch die Vorgänge auf den Straßen nicht stören lassen. Doch sollte sich das als unmöglich erweisen, da die Chefs der Bezirksbibliotheken, die zu einer Konferenz angereist kamen, die alarmierende Nachricht mitbrachten, daß Träger von Parteiabzeichen in den 1.-Klasse-Abteilen beschimpft und bedroht worden waren, daß Streikende die Straßen der Innenstadt füllten und ein Heer von Arbeitern aus den Randbezirken im Anmarsch war.

Statt zu konferieren, debattierte man lange darüber, ob es nicht klüger und der sozialistischen Sache auch dienlicher wäre, in der Situation eines verschärften Klassenkampfes das Parteiabzeichen in die Tasche zu stecken, bis Gotthard, der als einziger nicht mit dem Zug heimfahren mußte, weil er ein Dienstauto mit Fahrer hatte, mit der Bemerkung: Er ließe sich lieber in Stücke reißen, als sein Revers, dem Feinde zuliebe, vom Symbol der Partei der Arbeiterklasse entblößen zu lassen, die Frage auch für andere entschied.

Die Konferenz kam aber doch nicht zustande, weil Chef und Parteisekretär ständig zum Telefon eilen, Lageberichte anhören und geben, Anweisungen zur Bewachung der

Diensträume entgegennehmen und anschließend Beratungen der Parteigruppe veranstalten mußten, während die kleine Schar der Parteilosen, die an die Arbeitsplätze zurückkehren sollte, sich auf die Suche nach Informationen über die tatsächliche Lage begab. Man telefonierte mit Freunden und Ehegatten, die in anderen Institutionen saßen, oder man besann sich darauf, daß man nicht irgendwo abseits oder im Bunker hockte, sondern sich im Zentrum befand und eigne Augen und Ohren hatte, auf die man sich besser als auf Parteiinformationen verließ.

Das Institut hatte seine wenigen Räume von der Staatsbibliothek, die früher die Preußische geheißen hatte, gemietet, und zwar an deren nordwestlicher Ecke, wo die in Clara-Zetkin- umbenannte Dorotheenstraße die Charlottenstraße kreuzt. Der Fensterblick aus meinem Arbeitszimmer ging über die erst teilweise abgeräumten Ruinengrundstücke des Museums für Meereskunde, der Dorotheenstädtischen Schule und der »Rheinterrassen« zum Bahnhof Friedrichstraße, über das Areal also, auf dem sich heute, die Sicht versperrend, ein Bürohochhaus mit dem dazugehörigen Parkhaus erhebt. Diese weitgehend leeren Flächen waren immer der Hinterhof großer Aktionen gewesen. Bei Aufmärschen hatten hier Volkspolizisten in Bereitschaft gestanden oder bei Volksfesten die Versorgungsfahrzeuge geparkt. Berge von Fahnen, Transparenten und sogenannten Winkelementen waren hier nach Demonstrationsgebrauch eingesammelt und abtransportiert worden, oder Feldküchen hatten ausgehungerte Jugendgruppen aus Suhl oder Rostock verpflegt. Der spontane, planlose Aufstand aber benötigte keinen Raum hinter der Schaufassade, er bewegte sich nur auf den Hauptstraßen; und da auch die Volkspolizei sich nicht zeigte, bot diese innerstädtische Wüste nur das alltägliche Bild.

Um das Geschehen, das von den Machthabern später faschistischer Putsch genannt wurde, mit ansehen zu können,

mußte man also die südliche Front des riesigen Staats-
bibliothekskarrees erreichen, das an die Straße Unter den
Linden stößt. Innerhalb des Gebäudes war das für Mitarbeiter, die Wegekenntnisse und einen Vierkantschlüssel,
die sogenannte Kanone, besaßen, leicht möglich. Es war ein
verschlungener Weg, den ich liebte und, unter verschiedenen
Vorwänden, oft machte. Große und kleine Stahl-, Holz-
und Drahttüren mußten geöffnet und wieder verschlossen
werden. Auf weiträumige Flure und breite Steintreppen
folgten hölzerne Magazinpfade und Wendeltreppen. Falls
man sich nicht verlief und auf der Galerie des im Kriege
zerstörten und noch nicht überdachten Kuppellesesaals lan-
dete, konnte man so den Sachkatalog mit seinen prächtigen,
schweren Bänden erreichen und mit den Benutzern zum
Ausgang gehen. Auf dem Ehrenhof, wo erschöpfte Arbeiter
auf dem Brunnenrand saßen, war es vorbei mit der gelehrten
Stille des neobarocken Hauses, doch war das Menschenmas-
sengetöse anders als das gewohnte von Staatsfeiertagen. Da
Musik, Lautsprechergebrüll und Motorengeräusche fehlten
und schüttere Sprechchöre nur vereinzelt erklangen, wirkte
das Lärmgemisch aus Schritten und Stimmen seltsam ge-
dämpft.

Da sich die Menge, ohne Fahnen und Transparente, nicht
nur auf der Fahrbahn, sondern auch auf den Bürgersteigen
und der Promenade bewegte, war nicht recht auszumachen,
wer Protestierer und wer Zuschauer war. Es ging nur langsam voran in westlicher Richtung. Ein Trupp Bauarbeiter in
Arbeitskleidung, der eine schnellere Gangart anzuschlagen
versuchte, mußte bald wieder in den Spaziergängerschritt
fallen, weil es an der Kreuzung der Friedrichstraße, wo
Protestierer von Norden kamen, nicht weiterging.

Auch war man sich wohl, da nicht nur Organisatoren,
sondern auch Zielvorstellungen fehlten, über die Marschrichtung nicht einig. Ratlosigkeit glaubte ich in den Gesichtern lesen zu können. Man war weit marschiert, um dort,

wo man oft genug hatte jubeln müssen, zu protestieren, aber keine Tribüne war da, vor der man den Zorn über Arbeitsnormen, Versorgungsmängel und Unfreiheit hätte herausschreien können; und auch kein Redner zum Artikulieren und Zentrieren der Volkswut war da. Ich, vor den drei Torbogen des wilhelminischen Kolossalbaus stehend, konnte zwar diesen Mangel empfinden, nicht aber den Wunsch in mir aufkeimen lassen, ihn selbst zu beheben; zu deutlich war ich mir meiner Unfähigkeit bewußt, öffentlich zu reden und alle Bedenken beiseite zu schieben. Ich hoffte, daß ein Volkstribun und Wegweiser der Massen sich zeigen würde, dachte gleichzeitig an die Panzer, die von den Kiefern der Wuhlheide bis zu den Linden kaum eine Stunde brauchten, und zog mich zurück in die Stille, wo in den Lesesälen hinter Schutzmauern von Büchern Gelehrte saßen, die die Aufrührer in den Straßen mit der gleichen Mißachtung straften, wie jene, denen der Aufruhr galt.

Die Konferenz war inzwischen, ohne richtig begonnen zu haben, beendet worden. Die Nachricht, daß bald der Nahverkehr eingestellt werden würde, hatte sie platzen lassen; denn die Bibliothekschefs aus Erfurt, Schwerin oder Cottbus waren auf Übernachtung nicht eingestellt. Aber auch die Institutsmitarbeiter erschreckte die Vorstellung, nach Friedrichshagen oder nach Weißensee zu Fuß gehen zu müssen. Während die Parteigruppe, wer weiß wie lange, noch tagen mußte, löste sich die Parteilosengemeinde, in der Hoffnung, noch eine S-Bahn erwischen zu können, ohne Aufhebens davon zu machen, auf.

Da in mir der Wunsch, ohne Fußmarsch nach Hause zu kommen, schwächer war als der, Geschichte mitzuerleben, wandte ich mich, als ich das Bibliotheksgebäude durch einen Nebenausgang in der Charlottenstraße verlassen hatte, nicht nach rechts, um zur S-Bahn zu kommen, sondern nach links, zur Straße Unter den Linden, wo ich mich dem langsam fließenden Strom anvertraue und dem Gedanken nachhängen konnte, daß diese preußische Prachtstraße, die schon so viele Paraden und Aufmärsche hatte erleben müssen, nun für Stunden tatsächlich volkseigen geworden war. An der Ecke der Friedrichstraße, wo der Hauptstrom nach Süden schwenkte, einige Trupps aber dem Brandenburger Tor zustrebten, sah ich mit an, wie junge Männer, ohne viel Beifall dafür zu ernten, erst einen Packen NEUES DEUTSCHLAND, dann den ganzen Zeitungskiosk in Brand setzten. In flotterem Tempo ging es die Friedrichstraße hinunter. Eingezwängt in der Masse, in der, meiner Erinnerung nach, Frauen fehlten, stand ich lange vor einem Regierungsgebäude, ohne etwas sehen zu können, schrie mit, wenn freie Wahlen gefordert wurden (und fragte mich gleichzeitig, was mit mir wohl geschähe, wenn ich jetzt aufträte und die Regierung hochleben ließe). Ich hörte, daß sich Volkspolizei sehen ließe und daß ein Minister zu der Menge zu reden versuchte. Er wurde niedergeschrien. (Später erfuhr ich, daß dieser einzige mutige Mann der Regierung der Schwermaschinenbauminister Fritz Selbmann gewesen war. Mit ihm, einem schriftstellernden Altkommunisten, mußte ich in den sechziger Jahren einmal drei Stunden allein in einem Auto verbringen, die schon deshalb sehr peinlich waren, weil der Minister a. D. sich in völliges Schweigen hüllte, auf meine schüchternen Plauderversuche nicht reagierte und beim Ein- und Aussteigen nur Knurrlaute von sich gab.)

Von Hochgefühlen, die Menschen als Teil einer Masse erfüllen können, habe ich oft gehört und gelesen, doch an mir nie empfinden können; eher fühlte ich mich, eingekeilt zwischen Menschenleibern, von Ekel gepeinigt und meiner Freiheit beraubt. Auch dort im Regierungsviertel schien mir die mich bedrängende Masse gefährlich zu werden. Ich bemühte mich, in deren lockere Randzonen zu kommen, doch wäre mein Drängeln sicher erfolglos gewesen, wenn nicht die ersten Schüsse die Menge in Bewegung gebracht hätten. Alles stob, so schnell es konnte, davon.

Zwischen diesem Moment und meiner Ankunft Unter
den Linden gibt es bei mir eine Erinnerungslücke, so daß
sich mein Fluchtweg der Beschreibung entzieht. Ich finde
mich erst am Rande der preußischen Prachtstraße wieder,
auf der sowjetische Panzer, kreuz und quer rollend, die
letzten Menschenansammlungen auseinandertrieben. An
eine Hauswand gepreßt, betrachtete ich lange die kriege-
risch anmutende Szene, überquerte in einem günstigen
Moment die Straße und ging unangefochten, an der Ruine
der Neustädtischen Kirche vorbei, zum Bahnhof, der aber
schon stillgelegt worden war. Ein Strom von Menschen
bewegte sich in den Straßen, die parallel zum Bahnkörper
verliefen, nach Osten. Ob Protestierer oder pünktlich zur
Arbeit erschienene Angestellte: alles mußte nach Hause
laufen. Ich aber, der Berlin besser als die auf den Osten fixierten Genossen kannte, fuhr mit der unter der Friedrichstraße verkehrenden U-Bahn nach Süden, politisch gesehen
also nach Westen, und war zwanzig Minuten später am
Buschkrug, von wo aus der Fußweg nach Schöneweide nur
noch ein längerer Spaziergang war.

Der Wechsel zwischen Osten und Westen war mir in diesen Jahren so zur Gewohnheit geworden, daß ich die
Gegensätze zwischen den beiden Stadthälften als selbstverständlich empfand. An diesem Tag aber war das ganz anders. Ich war nicht nur aus der Armut in den Wohlstand
geraten, ich war aus dem Krieg in den tiefsten Frieden gekommen. Die Hufeisensiedlung, das Akazienwäldchen und
die Parks, in denen die Wildrosen blühten, konnten in mir
den Eindruck erwecken, ich sei von auswärtigen Abenteu-
ern endlich wieder nach Hause gekommen. Doch war das
einer von jenen Träumen, in denen man weiß, daß man
träumt.

Während ich meinen Schulfreund Karlheinz E. besuchte,
der nicht mehr in der Taut-Siedlung, sondern in Alt-Britz
wohnte, und bei ihm im Radio die Meldung hörte, daß am

Pariser und am Potsdamer Platz die Grenze abgesperrt würde, war sicher von der Möglichkeit dazubleiben auch wieder die Rede, aber nicht ernsthafter als sonst auch. Ich hatte in diesem Jahr gerade den Versuch unternommen, ein richtiges Familienleben zu führen. Meine Mutter war nicht bereit, um erneuten Stadtlebens willen ihr dürftiges Häuschen mit Garten im Märkischen aufzugeben – allerdings auch, weil sie wußte, wie sehr ich daran hing. Wegzugehen hätte nicht nur freiwillige Aufgabe des Ererbten und Vertrauten bedeutet, sondern auch Anerkennung einer Grenzziehung, die meine nicht war.

Bewußt wurde mir das auf dem Fußweg am Abend. Die Späthstraße, eine alte Kastanienallee, die durch Laubenkolonien führte, hatte zwischen sandigen Gehwegen noch immer ihr Katzenkopfpflaster, das nur auf den beiden Kanalbrücken durch modernere Fahrbahnen ersetzt worden war. Ein Wasserwerk imitierte Backsteingotik, während Späths Baumschule, wo früher die Pfauen gekreischt hatten, wie ein märkischer Herrensitz wirkte. Hinter ihm, noch vor der zweiten Kanalbrücke, ging es nach rechts in die Königsheide, wo jeder Weg, jede Lichtung Erinnerungen an Freuden und Ängste der Kinderzeit bot.

Und dieser Weg, der in höherem Sinne doch zu mir gehörte, war nun von Mächten, die meine Zustimmung nicht hatten, durch eine Grenze zerschnitten worden. An der ersten Kanalbrücke schon standen Schlagbaum und Posten. Acht Jahre später sollte sich auch hier die Mauer erheben, und von mir wurde verlangt, sie gut und richtig zu finden. Das konnte ich nie.

Meine Befürchtung, eine Postenkette hier vorzufinden, erwies sich als unbegründet. Vielleicht war der Befehl zur Sperrung der Grenze an diese abseitige Stelle noch nicht gedrungen. Man hielt mich nur auf, um meinen Ausweis zu prüfen und meine Büroaktentasche zu inspizieren, die ich den ganzen Tag mit mir herumgeschleppt hatte; in diesen

Jahren kam ich mir ohne die Tasche wie nicht richtig bekleidet vor. Ein Hemingway-Band erregte, weil aus Amerika stammend, Mißtrauen, wurde mir aber nach langem Durchblättern wiedergegeben. Dann durfte ich meinen einsamen Erinnerungsmarsch fortsetzen, am Krematorium vorbei, später den Gleisen folgend, auf denen die S-Bahn noch immer nicht fuhr. Ich begegnete kaum einem Menschen, konnte mir also zu den Ereignissen des historischen Tages meine Gedanken machen und aus diesen die schönsten Romane dichten. Erst im proletarischen Schöneweide wurde ich wieder mit der Realität konfrontiert.

In der Brücken-, Edison- und Wilhelminenhofstraße drängten die Menschen sich auf den Bürgersteigen, gingen umher, weil es verboten war stehenzubleiben, und hüteten sich, auf die Fahrbahn zu treten, denn diese wurde von Volkspolizisten beherrscht. Sie standen dicht an dicht an der Bordsteinkante, waren mit Maschinenpistolen und Knüppeln bewaffnet, ergriffen jeden, der pfiff oder Schmähungen wagte, und stießen ihn auf bereitstehende Lastkraftwagen, während aus einem Lautsprecherwagen Aufrufe und Befehle verlesen wurden, in denen auch von Standgerichten die Rede war. Angst war in allen Gesichtern, auch in denen der Polizisten, aber größer noch war der Zorn.

Am nächsten Morgen hielt Gotthard, vom NEUEN DEUTSCHLAND ideologisch gestärkt, mit donnernder Stimme eine mitreißende Rede, in der er das, was wir miterlebt hatten, erklärte: Ein faschistischer Putsch hatte stattgefunden; er war von imperialistischen Kreisen, mit Schützenhilfe des RIAS, gesteuert worden; gekaufte Achtgroschenjungen waren von West-Berlin eingeschleust worden, um die Werktätigen aufzuhetzen; aber mit Hilfe der sowjetischen Freunde hatte die Arbeiterklasse gesiegt. Nun war es an uns, Treue zu bekunden und Dank zu sagen. Die Kundgebung sollte am Nachmittag stattfinden. Ich habe sie nicht miterlebt.

Vormittags schon fand ich Grund, das Haus zu verlassen. In der Stadtbibliothek hatte ich eine eilige und hochpolitische Publikation fertigzustellen, eine Broschüre von ungefähr hundert Seiten, die, wie ich annehme, ungelesen, wenige Jahre später aus den Bibliotheken wieder entfernt wurde: eine Bibliographie der Veröffentlichungen zu Stalins Arbeit über die Sprachwissenschaft.

Glaubte man diesem gut gegliederten Titelverzeichnis, hatten damals alle Wissenschaftssparten durch dieses späte Werk des weisen Führers eine Bereicherung oder gar Umwertung erfahren. Die Psychologie des Kleinkindes, die nationale Frage oder die Literaturgeschichtsperiodisierung wurden hier »im Lichte von Stalins genialer Arbeit ...« (so lauteten oft die Titel) ganz neu und erkenntniserweiternd betrachtet, ebenso aber auch die Hochfrequenztechnik, die Chirurgie oder der Maisanbau. Die Wissenschaft war vor dem Allmächtigen in die Knie gegangen. Obwohl es zum Heulen war, gab es für mich viel zu lachen. Es war eine Fleißarbeit, an der ich das Bibliographieren erlernte und ein Gutteil meiner Hochachtung vor den Professoren verlor.

MEIN NACHTGEFÄHRTE

Nach Herberts Tod waren meine Träume von ihm belebt. Im Institutsflur oder in einer Waldschneise kam er auf mich zu, leicht hinkend wie immer. Oder er tanzte Blues, so getragen wie möglich, steif aber doch elegant. Ein Bein setzte er vor, so daß nur die Ferse den Boden berührte, er breitete die Arme, wiegte rhythmisch den Kopf, und obwohl ich wußte, daß er tot war, regte sich Hoffnung in mir. Aber wenn ich ihn fragte, lachte er nur, oder er sang: *Dem garst'gen Paar, davor dem Memmen graut.*

Auch in späteren Zeiten, als er mir tagsüber nur einfiel, wenn ich beim Umsteigen in Ostkreuz den Blick auf das rostige Eisengestänge unter der Treppe zum Bahnsteig D heften mußte, kam er nachts immer noch, um Abschied zu nehmen, auf Landstraßen, in Dorfkirchen oder im Faschingsgedränge, wo er im Kostüm eines Casanova auftauchte und schnell wieder verschwand.

Da meine Traumerfahrung mit Toten besagte, daß sie sich rar machten mit den Jahren, um schließlich mit ihrem völligen Wegbleiben den zweiten Tod, den des Vergessens, zu sterben, nahm ich mir vor, ihn im Roman weiterleben zu lassen, doch wurde nur ein Bündel Fragmente daraus.

In ihnen führte Herbert den Namen Krautwurst, der das Seltsame seiner Erscheinung ausdrücken sollte. Wer ihn nur flüchtig kannte, scheute sich nicht, ihn komisch zu nennen, und Flachköpfe lachten wohl auch über ihn. Die Frauen aber waren meist schnell von ihm eingenommen, was weniger an seinem freundlichen Wesen als an seiner Hilflosigkeit lag. Es fehlte ihm jede Spur von Aggressivität.

Daß er ein schöner Mann war, wagten auch die in ihn Verliebten nicht zu behaupten; sie begnügten sich damit, Einzelheiten zu loben: die blauen Augen, das schwarze, sehr dichte Haar. Auf mich wirkte er beim ersten Anblick exotisch, so daß mich sein akzentfreies Deutsch überraschte und mir dessen berlinische Färbung unpassend erschien.

Da kurzärmlige Hemden und weiße durchbrochene Blusen zu meinem Erinnerungsbild gehören, muß sein erster Institutsarbeitstag im Sommer gewesen sein. Wir trafen uns nicht in dem kleinen Arbeitszimmer, das wir jahrelang miteinander teilen sollten, sondern nebenan in der Institutsbibliothek. Das saalartige hohe Eckzimmer mit großen Fenstern war sonnenbeschienen. Mit dunklem Anzug und der Gesichtshaut eines alternden Indianers über der Krawatte wirkte der Neue wie ein Erwachsener unter Jugend-

lichen, als er, um sich vorzustellen, von einem Arbeitstisch
zum anderen ging. Die Lässigkeit, die er seinen Schritten zu
geben versuchte, bewirkte nur, daß das Krampfhafte dieser
Bemühung deutlich wurde. Sein Gehfehler wäre kaum auf-
gefallen, wenn er ihn nicht zu verbergen getrachtet hätte.
Sein linkes Bein hatte man nach einer schweren Kriegsver-
wundung gekürzt.

Sein Begrüßungsrundgang dauerte lange, da er mit allen
gleich etwas zu reden hatte, und als er bei mir anlangte,
wußte er schon über die Bibliotheksbestände, die Parteizu-
gehörigkeit der Mitarbeiter und über die Anfangsschwierig-
keiten der siebzehnjährigen Sekretärin, die beim ersten Dik-
tat aus Fontane einen von Tanne gemacht hatte, Bescheid.
Die Kollegen aber, die sich ihm überlegen fühlten, wußten,
daß sie ihn nicht zu fürchten brauchten. Sie konnten ihn
freundlich, aber auch komisch finden und wenig später erklären, er tue ihnen irgendwie leid.

Daß man so schnell vertraut mit ihm wurde, lag an der
Offenheit, die er zeigte. Er war anscheinend einer, der keinen Gedanken für sich zu behalten vermochte, alles wurde
gleich Wort bei ihm. Er dachte redend, fühlte sogar redend,
redete also, wenn er sich gehenließ, unaufhörlich, weshalb
er mich in den kommenden Jahren oft an den Rand der
Verzweiflung brachte. Ich flehte ihn an, doch Erbarmen mit
mir zu haben und einmal einen Vormittag lang den Mund
zu halten; aber wenn er dann meiner Bitte tatsächlich nach-
kam, spürte ich bei der Arbeit seine stummen Verhaltens-
qualen und gab seiner Gesprächserwartung doch wieder
nach.

Entwaffnend war seine Art, Fragen nach der Person zu
stellen; denn er ließ dabei Auskünfte über sich selbst einfließen, so daß es, weil man Vertrauen mit Vertrauen vergel-
ten mußte, verlockend war, darauf einzugehen. Mehr als
Neugier trieb ihn dabei Mitteilungsbedürfnis. Er brauchte
Gespräche, und wenn er einen Partner dazu gefunden hatte,

stellte er sich völlig auf diesen ein. Wohl hatte er Lieblingsthemen, solche nämlich, die sich ins Allgemeine und Philo-
sophische wenden ließen, begnügte sich notfalls aber auch
mit Banalitäten, aus denen er manchmal überraschende
Einsichten gewann. Er konnte mit Kraftfahrern oder Parteifunktionären über die Relativität der Schnelligkeit oder des
Zeitgefühls diskutieren, und mit Putzfrauen konnte er in-
tensive Gespräche über westliche Waschmittel führen, deren
Extrakt anschließend mir serviert wurde, mitsamt seiner
werbepsychologischen, soziologischen und politischen Di-
mension.

Mit dem gegenseitigen Abfragen unseres Lebens, Lesens
und Denkens begannen wir schon am ersten Tag unserer
Bekanntschaft, und da wir, von unterschiedlichen Bedingungen ausgehend, zu ähnlichen Erfahrungsresultaten gelangt waren, also am anderen Neues kennenlernen und uns
doch gegenseitig bestätigen konnten, fanden wir nie ein
Ende damit.

Er war zwei Jahre vor mir im Rheinland geboren, als
Kind aber schon nach Berlin gekommen, wo er, in Steglitz,
noch ein richtiges Abitur abgelegt hatte. In der Wehrmacht
hatte er es nur bis zum Obergefreiten gebracht. Einer von
Granaten zerfetzten Körperseite wegen hatte er bis lange
nach Kriegsende in einem thüringischen Lazarett liegen
müssen, und da die Russen keinen Wert auf einen invaliden
Gefangenen legten, konnte er bald in Jena seine Biblio-
theksausbildung beginnen, die damals noch mit der Universität verbunden war. Hier hörte er mit besonderem Gewinn
den Philosophen Max Bense, und als dieser nach Stuttgart
flüchtete, war die Versuchung groß, es ihm nachzumachen,
aber es gab in Jena eine Frau, die ihn hielt.

Diese Frau, die er inzwischen geheiratet hatte und die
jetzt in einem nur wenige Schritte entfernten Universitäts-
institut als Bibliothekarin arbeitete, war die einzige Person
seines Lebens, die er nicht zum Gesprächsthema machte –

obgleich es nahegelegen hätte, weil er oft mit ihr telefonierte und meist in der Mittagspause zu ihr hinüberlief. Selbst ihren Vornamen, den er am Telefon nie benutzte, erfuhr ich erst, als ich sie kennenlernte; das aber geschah erst Monate nach diesem ersten Tag.

An den mit den Stirnseiten aneinandergestellten Schreibtischen sehe ich ihn noch heute mir gegenübersitzen, vor sich die meist leere Tischplatte, im Mund die Pfeife, für die er am Tag eine Schachtel Streichhölzer verbrauchte, und ich höre ihn mir seine Eigenarten erklären: beim genußvollen Kaffeetrinken zum Beispiel die Augen zu schließen (weil er nämlich dadurch der schweren Entscheidung, in die Tasse oder ins Weite zu blicken, enthoben wurde) oder Schlagsahne in rasender Schnelligkeit aufzuessen oder bei Wanderungen lieber Umwege durch Wälder zu machen, als über Ebenen ohne Sträucher und Bäume zu gehen.

Beides, die Schnellesserei und die Angst vor deckungslosem Gelände, waren Kriegsüberbleibsel, die von ihm als irrational erkannt wurden, aber nicht abgestellt werden konnten, wie ihm auch das Erschrecken vor Trillerpfeifen und der Abscheu vor Vulgärausdrücken, die an das Deutsch der Landser erinnerten, erhalten geblieben war. Er war also stärker beschädigt als ich aus dem Kriege zurückgekommen, und der Ton, in dem er davon erzählte, offenbarte mir schon in der ersten Stunde eine Seelen- und Geistesverwandtschaft, die sich nicht nur auf Vergangenes bezog. Wer so über das diktatorische Gestern redete, mußte das Heute ähnlich empfinden. Schon in der zweiten Stunde sprachen wir offen über Stalin und Ulbricht, über Koestler und die Zeitschrift DER MONAT und waren uns, mit Hölderlin, darüber einig, daß Staaten, die für die Zukunft den Himmel versprechen, in der Gegenwart Hölle sind.

Was unser Verhältnis so fruchtbar machte, war die Verschiedenheit unserer geistigen Wege, auf denen wir zu ähnlichen Positionen gelangt waren. Ihm war meine katho-

lische Herkunft so fremd wie mir die sozialdemokratischen
Einflüsse, die sein Vater auf ihn ausgeübt hatte. Meine reli-
giös-romantisch-jugendbewegte Entwicklungsphase war ihm
unverständlich, während ich seine Swing-Begeisterung, zu
der auch lange Haare, elegante Sakkos und Nächte im
»Mokka Efti« gehörten, nur mit Befremden zur Kenntnis
nahm. Statt für Rommel und Mölders hatte er sich für
Teddy Stauffer begeistert, der den verbotenen »Tiger-Rag«
unter dem Titel »Schwarzer Panther« gespielt hatte. Mit
Begeisterung aber hatte er auch die mir nicht vertrauten
Grillparzer und Hebbel gelesen, sich mit Malern, die als
entartet galten, beschäftigt und sich zum Kenner des literarischen Expressionismus entwickelt, während ich vorwiegend Storm gelesen hatte und nur bis zu Arno Holz gelangt
war. Nach dem Krieg trafen sich bei Thomas Mann unsere
Interessen, doch wurde dieser bei ihm bald überflügelt
durch Kafka, Musil und Joyce. Hochmütig nahmen wir die
DDR-Literatur zwar beruflich, aber nicht ernstlich zur
Kenntnis, verfolgten aber die westdeutsche, in der mich vor
allem Böll vom ersten Buch an faszinierte, während Herbert lediglich Nossack gerade noch gelten ließ. In der Ablehnung Brechts waren wir einig, besuchten aber jede seiner
Aufführungen. Im Kino war für Herbert der »Orphée« das
Höchste; ich bevorzugte die »Kinder des Olymp«. Er
schleppte mich in Ausstellungen und Jazz-Konzerte, in das
Louis Armstrongs zum Beispiel, ich ihn in Klassiker-Auf-
führungen, zu Vorträgen, auf den Kongreß für kulturelle
Freiheit in der Waldbühne, und ich lockte ihn zu den Se-
henswürdigkeiten der Mark. Er lehrte mich, Gemälde zu
betrachten und genußvoll Pfeife zu rauchen; ich versuchte,
ihm Historisches schmackhaft zu machen und Freude an
der Natur beizubringen. Und das alles deutete sich an seinem ersten Institutstag schon an.

Wahrscheinlich wurde auch über die Arbeit, für die wir
bezahlt wurden, gesprochen. Vielleicht kann ich mich des-

halb daran nicht erinnern, weil wir uns hierin stets einig
waren. Streit gab es später nur über die Frage, ob man bei
einer Arbeit, deren erzwungene Ausführungsart man innerlich ablehnte, doch Pflichtbewußtsein entwickeln müßte.
Herbert lehnte das rigoros ab. Wenn man wie wir, meinte
er, zum Widerstandskämpfer nicht taugte, müßte man doch
wenigstens als Sand im verhaßten Getriebe wirken und
nicht ein gut funktionierendes Rädchen sein. Mir fiel es
schwer, diesem Grundsatz zu folgen; ich sah ihn manchmal
als Deckmantel für Herberts Mangel an Ehrgeiz an.

UMWERTUNG DER WERTE

Wie die Demokratie und die Nationalstaaten, die Dampf-
maschine, der Jazz und die Jeansmode war auch die Frei-
handbibliothek aus dem Westen gekommen und in Deutschland anfangs vorwiegend auf Ablehnung gestoßen; denn zu
den pädagogischen Idealen der Volksbüchereien, wie sie
besonders in Leipzig gepflegt worden waren, paßte sie
schlecht. Zwar waren schon kurz nach der Jahrhundertwende die Hamburger Bücherhallen mit gutem Beispiel
vorangegangen, aber Schule machen konnten sie nicht.
Auch im Richtungsstreit der zwanziger und dreißiger Jahre
hatte der freie Zugang zum Buch zur Debatte gestanden,
war aber nur in einigen Städten verwirklicht worden, ande-
renorts hatte man die vom Bibliothekar bewachte Barriere
erhalten und nur den Schalter, der sogar die Sicht auf die
Bücherschätze verwehrt hatte, durch die offene Theke ersetzt. Nach dem Krieg war der Sieg der westlichen Alliier-
ten in ihrem Besatzungsgebiet auch zu dem der Freihand
geworden, während im Osten vorläufig alles beim alten
blieb. Hier war der Leipziger Einfluß, seiner völkischen
Tendenz ungeachtet, noch rege; das sowjetische Biblio-

thekswesen, das die Freihand nicht kannte und extrem didaktische Züge zeigte, war zum Vorbild erhoben worden; und die Tatsache, daß man im Westen Deutschlands das Freihandsystem favorisierte, war Grund genug, mißtrauisch zu sein. Die fachfremden Ideologen hielten die Freihand für liberalistisch, also für schädlich; die ideologisierten Fachleute wurden durch die Erfolge des neuen Systems nachdenklich; alle Praktiker sahen ihre Vorzüge leicht ein. In Ost-Berlin machte man in kleinem Stil Experimente, zu denen auch meine Eckkneipe in Oberschöneweide gehört hatte; aber obgleich die positiv ausfielen, konnte sich im Großen nichts ändern, weil niemand ohne ideologische Absicherung eine Neuerung wagte. Alle waren dafür, aber jeder wartete ab.

Das Institut war also gezwungen, sich zu der Problematik zu äußern, und Herbert und ich wurden mit dieser Aufgabe betraut. Sie lautete anders, als sie gemeint war. Wir sollten, so etwa hieß es, erforschen, ob das Freihandsystem der marxistisch-leninistischen Auffassung der Bibliotheksarbeit entspräche, also zur Erziehung des sozialistischen Menschen geeignet sei. In Wahrheit aber sollten wir nichts erforschen, sondern, das positive Ergebnis vorwegnehmend, alle Vorteile des neuen Systems, die man aus der westlichen Fachliteratur kannte, so darstellen, daß auch ein leitender Genosse sie begreifen konnte und als solche empfand. Die Fachsprache mußte also in die der Partei übersetzt werden und, was schwieriger war, eine Umwertung der Werte vorgenommen werden, so daß die liberalen Intentionen, die der Freihand zugrunde lagen, unterschlagen oder in ihr Gegenteil verkehrt wurden, die Selbständigkeit des Lesers also als neue, bessere Form der pädagogischen Beeinflussung erschien.

Daß ausgerechnet wir beiden, die wir der führenden Kraft, wie die Partei sich gern nannte, am fernsten standen, diese Aufgabe übernehmen mußten, lag daran, daß sie vom

Fach her in unsere Abteilung gehörte, die Genossin Abteilungsleiterin keine Zeit dafür hatte, da sie ständig in Gotthards Grundsatzsitzungen sitzen mußte, und Uschi, die zweite Genossin, die zu trotzigen Rebellionen neigte, nur für Kinderbibliotheken zuständig war. Auch schätzte man unsere Formulierungskünste, was aber als Lob nicht viel zu bedeuten hatte, da unter Blinden bekanntlich der Einäugige König ist.

Da die Arbeit bei ihrer Publizierung nur mir zugeschrieben wurde, nehme ich an, daß Herbert zu dieser Zeit eine andere Aufgabe hatte, bei der wiederum ich ihm half. Er bestand auf Zusammenarbeit, und ich lernte sie nach anfänglichen Zweifeln schätzen, weil unsere Fähigkeiten einander vorzüglich ergänzten und wir oft Spaß daran hatten, die verlangten Texte aus Parteiphrasen wie Parodien zusammenzusetzen und sie später ernstgenommen zu sehen. Zwar dauerte die Arbeit auf diese Weise doppelt oder dreimal so lange, aber da es sich um Zeit handelte, die uns sowieso nicht gehörte, gingen wir großzügig mit ihr um.

Herberts Begabung lag so ausschließlich im Mündlichen und Dialogischen, daß er ohne ein Gegenüber nur wenig zustande brachte, kaum einen Brief. Er brauchte den anderen als Zuhörer, Bestätiger, Widerpart, Anreger, vielleicht auch als Antreiber und Impulsgeber, hauptsächlich aber doch wohl als Mittel zur Ablenkung von seinen schwarzen Gedankenkreisläufen, derer er sich nicht erwehren konnte, wenn er auf sich gestellt war. Nur in Gegenwart anderer konnte er sich zusammenreißen und sich auf anderes als sich selbst konzentrieren. Seine Unfähigkeit zum Alleinsein trug zu den Verwirrungen, in die er später gestürzt wurde, entscheidend bei.

Mit Schriftlichem also trat er nie in Erscheinung, auch deshalb nicht, weil er, wie er mir in den ersten Tagen schon sagte, sich nicht öffentlich als Diener dieses Systems präsentieren wollte; aber dieses Selbstverbot durchzuhalten fiel ihm auf Grund seiner Schreibhemmung auch leicht. Er machte sich aber im Mündlichen nützlich. Da er zu den intelligentesten und fachlich gebildetsten Mitarbeitern zählte, selbständig denken konnte und überraschende Einfälle hatte, wurde er in Diskussionsrunden aller Art sehr geschätzt. Er war auch, wenn ein anderer die Feder führte, ein glänzender Formulierer. Die Qual, die er beim eignen Schreiben ausstehen mußte, verwandelte sich, wenn ein anderer schrieb, in freudige Hilfsbereitschaft, und er war unermüdlich beim Suchen nach dem treffendsten Ausdruck oder der besten Satzkonstruktion. Freilich mußte man Zeit für ihn haben, weil seine Vorschläge von großer Variationsbreite waren und oft in literarische Abschweifungen führten, die für mich interessanter waren als das, was ich da schrieb. Wenn ich mich schon lange für eine Variante entschlossen hatte, mußte er die Suche noch weiterführen und immer neue Vorschläge anbringen; denn seine Abscheu vor Stereotypen und gängigen Floskeln war groß. Wenn ich, um seine Wortgrübelein zu kürzen, ihm dreimal versichert hatte, daß das Gefundene genüge, kam er mit einem Entschuldigungslächeln darauf zu sprechen, daß Präzision von Sprache und Denken einander bedingten, daß an dem sogenannten Unsagbaren vielleicht nicht die Sprache die Schuld trage, sondern die Sprachbeherrschung, oder daß Gefühle ohne sprachliche Gestaltung abseits des Bewußtseins blieben, sozusagen unerlöst. Eine Abschweifung erzeugte bei ihm die nächste. Zwar ging es ihm auch um die Sprache, mehr aber noch um die Fortführung des Gesprächs.

Lese ich heute in der inzwischen bräunlich gewordenen Freihand-Broschüre, kann ich weder Freuden noch Qualen unserer Zusammenarbeit aus dem Text rekonstruieren. Die Menge der ideologischen Phrasen ist geringer, als ich in Erinnerung hatte; die zum Wesen der Sache gehörende Langeweile ist nur sparsam mit ihnen garniert. Bemerkenswert ist die Tatsache, daß damals, 1957, die Gewißheit einer künfti-

gen deutschen, natürlich sozialistischen, Einheit noch zum
verordneten Sprachritual gehörte und daß westliche Fachliteratur zu zitieren schon möglich war.

Die sich aufdrängende Frage, ob wir das Schriftchen
ohne Skrupel verfaßten, muß mit ja beantwortet werden:
diente es doch einem guten Zweck. Anders als so war der
nicht zu erreichen. Unten, bei den Kollegen, las man heraus, was wir wirklich dachten, oben war man befriedigt
von der Ergebenheit, die wir zeigten, und legte der Freihand, die nun nach und nach eingeführt wurde, nichts in
den Weg. Von überall her war nur Zustimmung zu hören.
Sogar aus der Sowjetunion kamen mit Lenin-Zitaten ge-
spickte Briefe, in denen ich Unstudierter mit Herr Professor angeredet wurde, was mich teils amüsierte und teils
erhob.

Allerdings kann ich mich auch an ein Unbehagen erinnern, als ich auf der Titelblattrückseite der Broschüre klein-
gedruckt meinen Namen entdeckte, was gegen die Gepflo-
genheiten des sonst nur kollektiv firmierenden Hauses war.
Meine Skrupellosigkeit war also an Anonymität gebunden.
Andererseits war die Namensnennung aber ehrgeizbefriedi-
gend. Kurz zuvor, ziemlich genau an meinem dreißigsten
Geburtstag, war ich in einer großangelegten Bibliotheks-
konferenz der sozialistischen Länder, in der Gotthards Or-
ganisationstalent sich glänzend bewährt hatte, mit einem
Referat über systematische Kataloge aufgetreten, war dabei
vor Angst krank geworden, hatte aber viel Lob geerntet,
war nach Polen und in die Sowjetunion eingeladen worden,
hatte also die von Ehrgeiz genährte Karriereversuchung ge-
spürt.

Groß war sie allerdings nicht, diese Versuchung, weil ich
ganz etwas anderes wollte und weil mir der charakterzer-
störende Zwang, in den ich mich damit begeben hätte, ständig vor Augen stand. Denn in dem politisch und ideologisch bewegten Jahr 1956, in dem mit dem Schwinden des

Stalin-Mythos auch Parteiblinde sehend wurden, Starrheiten sich lösten und antidogmatische Aufsätze von Lukács und Mayer selbst im Institut diskutiert werden durften, hatte ich nach der blutigen Niederschlagung des Ungarn-Aufstandes, den Prozessen gegen Intellektuelle und der erneuten Dogmatisierung manches widerliche Zu-Kreuze-Kriechen erlebt.

Als Parteiloser konnte ich wenigstens schweigen. Schon die erste Stufe einer Karriere wäre aber mit Parteimitgliedschaft verbunden gewesen. Die aber lag für mich außerhalb jeder Erwägung. Wenn mir Genossen erklärten, man müsse in die Partei gehen, um sie zu verändern, hatte ich immer den Eindruck von Selbstrechtfertigung oder Selbstbetrug.

WANDERUNGEN UND WANDLUNGEN

Herberts Seelenqualen, die seinem Gesprächsbedürfnis zugrunde lagen, aber nicht zum Gesprächsthema wurden, hatten, wie leicht zu erkennen war, mit seiner Frau Ilse zu tun. Wenn er mit ihr telefonierte, versuchte er heiter und unbefangen zu wirken, doch merkte man deutlich, wie schwer ihm das fiel. Während er bestrebt war, jedes Telefonat zu verlängern, war sie immer kurz angebunden, und manchmal legte sie, während er noch redete, den Hörer schon auf. Ich hörte das Knacken, das die Verbindung beendete, und er merkte, daß ich es hörte, redete aber trotzdem weiter, in die tote Leitung hinein. Er war immer der Werbende, der ständig Zurückweisung erfahren mußte, aber er gab nicht auf. Er litt Eifersuchtsqualen, die auch Existenzängste waren. Sein Leben schien abhängig von ihr zu sein.

Ein Abkommen zwischen uns, diesen Punkt unerwähnt zu lassen, wurde niemals geschlossen, aber doch eingehalten, auch später noch, als ich Ilse kennenlernte, mein Vorurteil gegen sie ablegte und von ihr die Tatsachen erfuhr. Eine Art Mannesehre erlaubte ihm wohl nicht, seine Abhängigkeit zuzugeben. Als seine Verzweiflung ihn in die Arme unserer Kollegin Uschi drängte, erfuhr ich über dieses Verhältnis intimste Einzelheiten, über das zu seiner Frau aber kein Wort.

Von Ilses Vorzügen aber erzählte er gerne. Bei jeder Gelegenheit rühmte er ihre Intelligenz, ihre Kritikfähigkeit, ihre Literaturkenntnisse, und bei jeder unserer ausschweifenden Diskussionen kam als dritte Stimme die der abwesenden Ilse hinzu. Oft zitierte er dann ihre scharfzüngigen Urteile, die allerdings den seinen so ähnlich waren, daß ich annehmen mußte, er hätte, um Ilse preisen zu können, ihr eigne Worte untergeschoben. Es waren aber tatsächlich die ihren. In dieser Hinsicht hatte sie von Herbert gelernt.

Aus seinen Lobpreisungen und ihrem Verhalten ihm gegenüber setzte ich mir das Bild einer intelligenten und kaltherzigen Schönen zusammen, das ich aber berichtigen mußte, als ich sie im Gedränge eines Louis-Armstrong-Konzerts im Sportpalast kennenlernte. Kaltherzig war sie wahrhaftig nicht.

Da sie mich aus Herberts Erzählungen kannte, brachte sie mir bald Vertrauen entgegen und machte mich mit ihrer kaum lösbaren Lage bekannt. Ihre Qualen waren zwar andersgeartet, aber nicht geringer als seine. Sie mußte eine Trennung erzwingen, die auch für sie zerstörerisch sein würde. Denn sie war mehrfach an Herbert gebunden: durch seine Liebe zu ihr, die nicht nur Bedrückendes für sie hatte, durch Dankbarkeit, weil er einen denkenden Menschen aus ihr gemacht hatte, und durch eine geistige Gleichgestimmtheit, die sie bei anderen nicht finden konnte. Aber sie liebte ihn nicht.

Einen anderen Mann gab es auch, aber der war angeblich nicht wichtig; er war nicht Grund, nicht einmal Anlaß zur

63

Flucht, die sie vorhatte. Um die beiderseitige Qual zu beenden und nicht für immer als Herberts Geschöpf weiterzuleben, durfte sie seinen Erpressungen, die bis zu Selbstmorddrohungen gingen, nicht länger nachgeben, sonst ging ihr Leben darüber hin. Sie wußte genau, was getan werden mußte, war aber, weil sie sich für Herbert verantwortlich fühlte, unfähig, ihr Wissen in Tat umzusetzen. Sie hatte ihm gegenüber Fürsorgepflichten; denn seiner beherrschenden Rolle in geistigen Bereichen entsprach seine Abhängigkeit in praktischen Dingen. Sie war davon überzeugt, daß er ohne sie völlig verkommen oder verhungern würde, hielt es deshalb für ihre Pflicht, ihm Ersatz zu schaffen, förderte also sein innerbetriebliches Abenteuer, machte es aber dadurch kaputt. Denn Uschi war Ilses Versuch, sie zur Verbündeten zu gewinnen, Beweis für die Unauflösbarkeit dieser seltsamen Ehebande. Sie fühlte sich in einen bösen Handel verwickelt und brach die Affäre, obwohl diese Folgen hatte, schnell ab.

Auch ich war für Ilse als Verbündeter wichtig. Meine Freundschaft mit Herbert entlastete sie moralisch und schaffte ihr Freiräume, für die sie mir dankbar war. Die beiden hatten, aus Jena kommend, erst ein möbliertes Zimmer, dann eine winzige Wohnung am südöstlichen Stadtrand gefunden und in den ersten Wochen gemeinsam in beiden Teilen Berlins Theater, Kinos, Museen und Bars besucht. Doch bald war sie, anfangs dienstliche Pflichten vorschützend, am Abend ihrer eignen Wege gegangen, immer von dem Gedanken belastet, daß Herbert wartend zu Hause saß und Angst um sie hatte. Jetzt aber war er abends manchmal bei mir zu Hause oder mit mir unterwegs.

Daß ich gegen Ende der fünfziger Jahre auch viele Urlaubstage mit Herbert verbrachte, war für Ilse eine Entlastung, geschah aber nicht etwa ihretwegen oder aus Mitleid mit ihm. Unsere gemeinsamen Wochen auf Landstraßen und Waldwegen waren für mich, trotz vieler Regen- und

Hungertage, die sorglosesten, heitersten und anregendsten dieser Jahre, und auch er war wohl, wenn wir unterwegs waren, zeitweilig seine Seelenqual los. Da er als Kind weder Schwimmen noch Radfahren gelernt hatte, verzichteten wir auf die Fahrräder und wurden zu Wanderern. Denn erstaunlicherweise war Herbert trotz seiner Lädierung ein ausdauernder Fußgänger, dem aber der Begriff Wandern zu pathetisch und zu altmodisch erschien. Er nannte es Vagabundieren, traf aber damit nur unseren Geldmangel und unsere äußere Erscheinung, nicht aber das Wohlorganisierte und Bildungsbeflissene, das uns zu Kirchen, Schlössern und historisch bedeutsamen Orten trieb.

Sparsame Leute waren wir beide. Unser Gehalt war bescheiden, und da wir uns häufig in West-Berlin aufhielten, wo sich der Wert unserer Mark durch fünf oder sechs dividierte, war unser Budget immer gering. Auch bemühten wir uns um Rücklagen. Ich sparte verbissen für ein verdienstloses Jahr zum Schreiben, Herbert für Geschenke für Ilse, die noch weniger als wir verdiente und Wert auf modische, also westliche, Kleidung legte. Urlaub mußte folglich so gut wie kostenlos sein.

Um nicht zugeben zu müssen, daß er Angst vor Urlaubseinsamkeit hatte, gab Herbert vor, nur der Billigkeit wegen diese Fußmärsche mitzumachen, die er, wenn sie ins Grüne gingen, unsinnig nannte; denn von Natur hielt er angeblich nicht viel. Das entsprach unserer selbstparodistischen Rollenverteilung, die wir uns nach Erzählungen über unsere Jugendentwicklung zurechtgemacht hatten: Ich war Romantiker, Vergangenheitsschwärmer, Naturbursche, er Kulturfanatiker, Dekadenter, Swingheini; was ihm Barhocker und Blues waren, waren für mich Waldteiche und Volkslieder. Nur in der Kunst, auch der sakralen, trafen wir uns, ohne aus den Rollen zu fallen. Sie gab unseren Unternehmungen Sinn und Ziel.

Im April und Oktober, den Ferienzeiten der Individualisten, machten wir uns auf unsere Vagabondagen; in den übrigen Zeiten des Jahres wurde geplant. Für die nähere Umgebung, also für den Osten, für den wir uns unserer Finanzlage wegen entscheiden mußten, gab es noch keine Kunst- oder Reiseführer, und auf Landkarten war, wie wir bald merken mußten, wenig Verlaß. Da die Räume des Instituts sich im Gebäude der Staatsbibliothek befanden, war es einfach für uns, an Kunst- und Geschichtsliteratur heranzukommen; nur war die älteren Datums und beschrieb Zustände, die sich durch Krieg und sozialistischen Nachkrieg verändert hatten, zum Schlechteren in jedem Fall. Wenn wir uns beispielsweise Romanik- oder Backsteingotik-Routen erarbeiten wollten, wußten wir zwar, daß Höhepunkte wie Jerichow und Gernrode, Prenzlau und Tangermünde noch existierten, aber über die gegenwärtigen Zustände der vielen kleinen Zwischenstationen in Dörfern und Kleinstädten wußten wir nichts. Da wir die schweren Kunstbände nicht mitschleppen konnten, machten wir uns Notizen und Skizzen. Wir wälzten Reichsbahnfahrpläne, um kunstlose Strecken mit der Bahn überwinden zu können, zählten die Kilometer, die sich zu Fuß zurücklegen ließen, und legten nach Berechnung der Tagesmarschmöglichkeiten die Schlaforte fest.

Der aufwendigste Teil der Planung aber war die Reservierung von Schlafplätzen. Noch gab es keine Hotelführer, und als es die ersten gab, waren sie unzuverlässig, weil die größeren Häuser durch Enteignung oder Westflucht ihrer Besitzer zu Betriebsheimen, Büros oder Parteischulen umfunktioniert wurden und die Dorfgasthäuser ihren Betrieb einstellten, da durch Steuerdruck und Preisregulierung daran nichts zu verdienen war. Die Vernichtung des privaten Gaststättengewerbes erschwerte das individuelle Reisen. In touristisch erschlossenen Gebieten, wie dem Harz und dem Spreewald, war es manchmal nicht möglich, auch nur einen Kaffee zu trinken; denn in den Gaststätten mußten Kollektive versorgt werden; da war für »wilde Reisende«, wie wir genannt wurden, kein Platz.

Durch Hartnäckigkeit in der Vorplanung kamen wir aber trotzdem immer irgendwo unter. Wir schrieben mit beiliegender Rückantwortkarte an Stadtverwaltungen und Dorfbürgermeister und baten sie, uns Übernachtungsmöglichkeit nachzuweisen; und in den meisten Fällen hatten wir damit Erfolg. Wir erlebten zerschlissene Hoteleleganz der Jahrhundertwende, Betriebsheimödnisse und Strohschütten in Sportlerherbergen; und mehr als drei Mark für die Nacht bezahlten wir nie. Um das Geld für das Frühstück zu sparen, gingen wir nüchtern zum nächsten Laden, aßen auf einer Parkbank oder am Waldrand und tranken Milch aus der zerbeulten Zweiliterkanne, die eines der lebensnotwendigen Gepäckstücke war.

Manchmal hinderten uns Regengüsse daran, die vorgeschriebene Strecke zu schaffen. Oft hielten wir Umwege für Abkürzungen und machten aus zehn Kilometern zwanzig. Oft narrten uns unsere Landkarten, entweder weil sie alt waren und beispielsweise die Bodetalsperre im Harzvorland noch nicht verzeichneten, oder weil sie neu und bewußt falsch waren und die Truppenübungsplätze verschwiegen, deretwegen ein Fünftel der Mark abgesperrt war. In Wind und Wetter wallfahrteten wir von einer historischen oder kunsthistorischen Merkwürdigkeit zur anderen, oder wenigstens doch zu der Stelle, an der sie einmal gewesen war. Wir konnten uns darin üben, Reste gotischer Sterngewölbe in Ruinen zu finden und die Standorte von Herrensitzen ausfindig zu machen, die es nicht mehr gab. Zwischen Brennesseln und Holunderbüschen auf Fundamentresten sitzend, bewunderten wir im Geiste, was wir auf alten Bildern gesehen hatten, und kamen uns donquijotisch vor. Der Schönheit der Vergangenheit wegen liefen wir uns die Füße blutig und kamen doch immer nur in der tristen Gegenwart an.

Da ich mit Herberts Dauergesprächsbereitschaft schon

vertraut gemacht habe, ist es unnötig zu sagen, daß die langen Wegstrecken zwischen den Kunststätten nie langweilig wurden. Sein Dialogdrang, der mich im Alltag häufig gereizt machte, kürzte die Landstraßen und wirkte anstekkend, so daß auch ich bald in Herberts Krankheit der sofortigen Wortwerdung von Gedanken verfiel. Da keiner von uns missionarische oder rechthaberische Neigungen hatte und jeder neugierig war auf den anderen, aber nicht urteilen wollte, führten wir eher Vergleichs- als Streitgespräche und verdoppelten unser Wissen und unsere Erfahrung dabei. Da wir unendlich viel Zeit hatten, konnten wir unkonzentriert und ausschweifend reden. Was wir unterwegs sahen oder erlebten, konnte stundenlang analysiert oder zu Gelesenem in Verbindung gebracht werden. Quedlinburg wurde selbstverständlich zu Kaisersaschern, ein baufälliges Hotel mit wirren unbeleuchteten Gängen war Kafkas »Schloß« ähnlich, und in der Ruine einer feldsteinernen märkischen Dorfkirche in Odernähe erzählte Herbert so genau von den äußeren Umständen und den seelischen Folgen seiner Verwundung, daß mir Details davon später in meine Träume gerieten, als hätte ich als Beobachter bei den Nebelwerfern diese Todesnähe am eignen Leibe erlebt.

Ich konnte mit meinem Schatz an Klassikerzitaten, Balladen und Liedern aufwarten. Herbert konnte kurze Geschichten, wie »Odradek« oder den »Schlag ans Hoftor«, fast auswendig, und auf die Melodie des St. Louis Blues konnte er Passagen aus »Huttens letzte Tage« singen, besonders gern die Verse: »Dem garst'gen Paar, davor dem Memmen graut, hab' immerdar ich fest ins Aug' geschaut.« Auf den Trümmern des Marwitz-Schlosses in Friedersdorf sitzend, regte das zu den kühnsten Gedankenverbindungen zwischen Orten und Zeiten an.

Die Ungewißheit, ob wir am Ziel unserer ermüdenden Touren die gesuchte Kirche, den Friedhof oder das Gutshaus noch vorfinden würden, brachte Herbert auf den Ge-

danken, Prognosen zu wagen, so wie es Kleist wenige Tage
vor seinem Tode in Friedersdorf mit der Gräfin Moltke und
Marwitz gemacht hatte. Ob Krieg oder Frieden kommen,
Napoleon stürzen oder triumphieren würde, hatte jeder der
Verzweifelten damals notieren sollen; wir prognostizierten
kurzfristigere und banalere Dinge: ob in Lübben Paul Gerhardt auf seinem mit Liedanfängen verzierten Sockel noch
stünde, ob die Stadt öde oder belebt sein würde, ob sich in
Straupitz ein Pastor zum Öffnen der übergroßen schinkel-
schen Dorfkirche fände, ob die Fähre über die Elbe bei
Werben noch funktioniere oder ob es in der Obststadt Wer-
der tatsächlich Äpfel zu kaufen gab.

Wir verfaßten keine prognostischen Texte, wie die Ad-
ligen damals, sondern behalfen uns mit Fragebögen und
Punktsystemen. Die Arbeit am Text war dem Fahrtentage-
buch vorbehalten, dessen Führung Herbert zur Bedingung
seiner Teilnahme gemacht hatte. Neben den Zustandsbe-
schreibungen der Nachtquartiere waren ihm dabei die Begegnungen mit Menschen besonders wichtig: der Spazier-
gänger im naturgeschützten Harzwald zum Beispiel, der
das nutzlos herumliegende Holz beklagte, mit dem man
doch den vielen Frierenden ihre Wohnungen heizen könnte; der Pastor, der uns die Kunstschätze seiner Kirche zeigte und dabei über die Leute schimpfte, die in Kirchen nicht
Gott, sondern Kunstwerke suchten; der Volkspolizist, der
mißtrauisch unsere Ausweise kontrollierte, Ziel und Zweck
der Reise wissen wollte und auf unsere ausführlichen Erklärungen immer wieder fragte, wozu aber das gut sein soll;
der Tropfsteinhöhlenfremdenführer, der beim Betreten jeder Grotte sagte: Hier können wir uns wieder Phantasie
vorstellen; oder den Quedlinburger Heimatforscher, der,
auf die früher regierenden Äbtissinnen anspielend, ausrief:
Wenn heute Frauenemanzipation verlangt wird, können wir
Quedlinburger nur sagen: Haha!

Da alle Gespräche mit Landleuten sich um die beginnenden Kollektivierungsrepressalien drehten, waren wir tagelang damit beschäftigt, für sozialistische Realisten Romankonzeptionen mit prächtigen Parteisekretären und knorrigen, aber gutherzigen Bauerngestalten zu entwerfen oder eine Tragödie mit griechischen Chören zu dichten, in der der Chor der schlechten Bauern immerfort murmeln mußte: Nee, nee, nee, wir gehen nicht in die LPG.

Als 1960 unter der Bezeichnung »Sozialistischer Frühling auf dem Lande« die Repressalien ihren Höhe- und Endpunkt erreichten, im Institut literaturpropagandistische Schriften zur Bewußtseinsbildung der Bauern erarbeitet werden mußten und die Auffanglager im Westen sich täglich mit mehr DDR-Flüchtenden füllten, war es mit unseren Streifzügen bereits vorbei. Im Jahr zuvor hatten wir zum letztenmal die Rucksäcke geschultert, hatten wie immer beklagt, nicht nur Zahnbürste, Rasierzeug, Messer und Löffel mitgenommen zu haben, hatten die Regencapes übergeworfen, die stets klappernde Milchkanne in die Hand genommen und nach Wolkenauflockerungen Ausschau gehalten, aber die sorglose Stimmung, die Dauerregen nicht zu trüben vermochte, hatte sich nicht eingestellt. Es hatte Verstimmungen zwischen uns gegeben, die seinerseits mit meinem ersten Auftreten als DDR-Autor zusammengehangen hatten, meinerseits aber mit Herberts geringem Interesse an unserer Tour. Er hatte es, ohne es direkt auszusprechen, als Verrat an unseren Grundsätzen empfunden, daß ich mich in die Gilde der verachteten DDR-Schreiber einzureihen gedachte; ich hatte ihn für einen Spielverderber gehalten, weil er für unseren Spaß nicht mehr den nötigen Ernst aufgebracht hatte. Umständlich, in dem Bestreben, mich nicht zu verletzen, hatte er mir zu verstehen gegeben, daß es jetzt Wichtigeres für ihn gebe, als diese Kunstwanderungskinderei.

Erst später begriff ich die Tiefe des Zwiespalts, der sich zwischen uns aufgetan hatte. Beide waren wir im Begriff, in eine neue Lebensphase zu treten, er aus Existenznöten, ich von Ehrgeiz getrieben. Er sah angstvoll dem Ungewissen im Westen entgegen, hatte aber die Genugtuung, sich selber treu bleiben zu können; ich war voll Hoffnung, aber schlechten Gewissens, zu Kompromissen bereit.

Ein Versuch, ihm sein Vorhaben auszureden, wäre unserer Beziehung genauso unwürdig gewesen wie einer von seiner Seite, mich zu veranlassen, diesen Schritt auch zu tun. Wieder und wieder war von uns die Grenzüberschreitung erwogen worden, und in der Möglichkeitsform hatten wir alle Gründe und Gegengründe ausführlich erörtern können, jetzt aber, da eine Entscheidung gefallen war, wurde sie ohne Erklärungen respektiert. Jedes Wort hätte nach Rechtfertigung oder Vorwurf geklungen. Ich hätte die Frage herausgehört, wie lange ich diese Lügenexistenz ohne innere Beschädigung noch würde fortsetzen können; er hätte darauf gewartet, daß ich seine politischen Argumente nach privaten Ursprüngen untersuche und das sich enthüllende Gemenge unstatthaft nennen könnte. Also enthielten wir uns jeglichen Kommentars.

Als H., der dominierende Freund aus Kindertagen, Anfang der fünfziger Jahre Berlin verlassen hatte, um in Stuttgart eine steile Karriere zu machen, hatte er mich mitnehmen wollen und mir später meine Weigerung oft noch vorgeworfen. Er kannte mich gut genug, um mich nicht der Diktaturfreundlichkeit zu verdächtigen. Daß Sorge um meine alte Mutter, die noch immer in ihrer Holzlaube wohnte, mich binden könnte, hielt er für eine Ausrede. Er nahm als Grund für meine altmodische Seßhaftigkeit Kleinmut an. Angscht hast du, sagte er in falsch klingendem Schwäbisch, als eine Dienstreise ihn einmal nach Berlin führte, und er hatte damit, wie immer, auch Richtiges getroffen, nur setzte er es, falsch wie immer, zu absolut. Angst davor, mit meinen bescheidenen Gaben in der großen Welt nicht bestehen zu können, war es natürlich auch gewesen. Aber Angst hat man vor Vielem, ohne daß sie Entscheidungen hindert; denn man hat auch Kraft, sie zu überwinden – wenn es sich lohnt. Für mich aber lohnte sich keine Karriere, auch eine in Stuttgart nicht.

Hätte Herbert versucht, mich zum Mitkommen zu überreden, hätte er nicht, wie H. damals, darauf verwiesen, daß in einer Gesellschaft, die Leistung nicht honoriert, nur die Flaschen zurückbleiben, sondern er hätte gesagt, was wir uns hundertmal schon gesagt hatten: daß man, ohne Schaden an Geist und Seele zu nehmen, auf Dauer in diesem Zwangsklima nicht leben kann.

Daß Ilse, und nicht diese seit Jahren vorhandene Erkenntnis, die Entscheidung über den Wechsel herbeigeführt hatte, wäre von ihm wahrscheinlich ausgespart worden, er hätte ja sonst noch zu guter Letzt sein selbstauferlegtes Schweigegebot brechen, von seinen Eheproblemen reden und zugeben müssen, daß sie beide dem Aberglauben anhingen, jenseits der Grenze, unter freieren und wohlhabenderen Verhältnissen, würden auch persönliche Krisen besser zu lösen sein.

Daß ihr neues Leben im Westen in Freundschaft, aber zur Probe getrennt, beginnen sollte, daß er im heimatlichen West-Berlin, wo er schon ein Zimmer gemietet hatte, und sie am Rhein wohnen wollte, erfuhr ich erst mehr als ein Jahr später, im Frühjahr 1961, als Ilse mich telefonisch ins Presse-Café bestellte, mir in einer halben Stunde das vergangene Jahr schilderte, mir das Versprechen abnahm, mich um Herbert zu kümmern, und, nach hastigem Abschied, die S-Bahn in Richtung Westen benutzte.

Herberts Schilderung dieses Jahres dauerte dann drei Tage und Nächte lang.

BRUDER VERNEHMER

Verhaftet wurden Ilse und Herbert, als sie am Morgen ihres Abreisetages die Straße betraten. Von zwei Zivilisten wurden sie in ein Auto genötigt, das aber auf Herberts Verlangen nicht abfahren durfte, ehe das bestellte Taxi gekommen und von einem der Männer weggeschickt worden war.

Herbert behauptete, als er mir ein Jahr später davon erzählte, nicht nur erstaunlich ruhig, sondern auch belustigt gewesen zu sein. Wie im Kriminalfilm sei er sich vorgekommen, weil die Männer Filmhelden, wenn auch stümperhaft, nachgeahmt hätten. Er habe versucht, ihnen klarzumachen, daß ihr Auftreten die Abbildtheorie der marxistisch-leninistischen Ästhetik Lügen strafe: Nicht abgebildet würde die Wirklichkeit von der Kunst, sondern von ihr geformt. Aber die beiden seien Dummköpfe gewesen, die gar nicht begriffen hätten, wovon er sprach.

Angeblich belustigt hatte ihn anfangs auch die Sprachregelung im Gefängnis: schon bei seiner Einlieferung die Erklärung, daß die Anstalt, in der er nun einsitze, eine sozialistische wäre. Schnell gewöhnt hatte er sich an die neuen Vokabeln, ihre Verschönerungs- oder Verhüllungsfunktion aber immer im Bewußtsein bewahrt. Seinem Vernehmer, der ihm im zweiten Einzelhafthalbjahr viele Stunden gewidmet hatte, war er häufig ins Wort gefallen und hatte ihn, unter Verwendung von NEUES-DEUTSCHLAND-Zitaten, auf ideologische Sprachentstellungen aufmerksam gemacht. Doch der hatte sich davon nicht beeindrucken lassen. Daß die Guten sich immer versammeln, die Bösen dagegen sich zusammenrotten, die einen in den Kerker geworfen, die anderen ihrer gerechten Strafe zugeführt werden, hatte er mit der notwendigen Parteilichkeit auch der Sprache erklären können, weshalb ja auch ein Spion, der für die gute Sache der Arbeitermacht spionierte, nicht Spion, sondern Kundschafter hieß.

Herberts Erlebnisberichte hatten Anekdotencharakter. Es war ihnen anzumerken, daß sie in der Einsamkeit seiner Zelle schon vorgeformt worden waren. Er war begierig, sie loszuwerden, und sprach so hastig und atemlos, wie er Schlagsahne zu essen pflegte. Bevor er an Schlaf denken konnte, mußten die Geschichten aus ihm heraus.

Ich hatte damals gerade meinen Beruf aufgegeben und war in eine billige Hinterhofwohnung mit dünnen Wänden gezogen, wo Rücksicht auf den Nachtschlaf der Nachbarn zu nehmen war. Herbert aber war unfähig, auf die Lautstärke seiner Stimme zu achten, und ich war so gepackt von seiner Erzählung, daß ich Müdigkeit, Ort und Uhrzeit vergaß. So wie sich der Schreck über den Tod eines anderen mit dem Gedanken an eignes Sterben verbindet, kam mir der Bericht, den ich hörte, wie eine Prognose künftigen eignen Erlebens vor. Ein Jahr Untersuchungshaft mit Dutzenden von Verhören, ohne zu wissen, wessen man dich beschuldigt: das konnte früher oder später auch mein Schicksal sein.

Als um ein Uhr, wie allnächtlich, sich die stille Gegend mit den Betrunkenen belebte, die Clärchens Ballhaus auf die Straße gesetzt hatte, war Herbert noch bei den nächtlichen Anfangsverhören, bei denen zwar nicht geschlagen, aber mit Schlägen gedroht worden war. Bei grellem Licht, das die Vernehmer für ihn unsichtbar machte, war er stundenlang ausgefragt worden. Der heiße Kaffee, war ihm, ehe er trinken konnte, scheinbar unbeabsichtigt, aber doch so, daß er die Absicht erraten konnte, über die Hände gegossen worden. Und nie war ihm klargeworden, was man aus ihm herausfragen wollte; denn die Absicht, die DDR zu verlassen, hatte er in der ersten Minute bereits bekannt.

Wenn ich in die Küche ging, um frischen Tee zu bereiten,

folgte mir Herbert, um seinen Bericht über die schlaflosen Nächte mit Klopfzeichengesprächen an Heizungsrohren nicht unterbrechen zu müssen. Wenn ich das Fenster öffnete, um unseren Pfeifenrauch abziehen zu lassen, versuchte er mir das Glück begreiflich zu machen, das es bedeutete, ein Fenster öffnen zu können, und sei es auch nur eins, wie hier in der Auguststraße, zum Hinterhof. Er pries den Schatz des Auswendiggelernten, der ihn das erste Vierteljahr, in dem nichts Gedrucktes in seine Zelle gelangt war, ohne Verblödung hatte überstehen lassen. Tagelang hatte er über vergessene Zeilen des »Taucher« oder des »Archibald Douglas« sinnieren können; sogar zu Kinderliedern und Schlagern hatte er Zuflucht genommen und das fragmentarisch Gebliebene selbstherrlich ergänzt. Aus den Zeitungen, die ihm im zweiten Quartal zugeteilt worden waren, hatte er mehr, als in ihnen stand, herauslesen können; und als ihm im zweiten Halbjahr auch Bibliotheksbände in die Zelle gereicht worden waren, hatten ihn die Sowjetromane, die wir jahrelang pflichtgemäß propagiert, aber niemals gelesen hatten, mit Freude erfüllt. So gründlich war die Lektüre der dicken Ashajews, Babajewskis und Fadejews gewesen, daß er die vielen untadeligen Helden nicht nur mit Namen kannte, sondern auch noch ihre Zukunftsträume erzählen konnte, die ihn davon überzeugt hatten, daß das Endziel aller Leiden, Aufopferungen und Kämpfe, der ewigwährende Kommunismus also, das Reich der Kleinbürger und Spießer sein wird.

Das größte Geschenk aber, das ihm im zweiten Halbjahr gemacht wurde, war ein intelligenter Vernehmer gewesen, der Herberts Herz schon anfangs dadurch gewonnen hatte, daß er nicht auf der Anrede mit seinem militärischen Rang bestanden hatte, sondern den pazifistischen Prinzipien des Häftlings entgegengekommen war. Statt Herr Hauptmann durfte der zu Vernehmende Herr Vernehmer zu dem Vernehmer sagen. Und da die Verhöre selten dem Frage-Antwort-Schema gehorchten, eher zu Plauderstunden oder Lektionen wurden, in denen Herberts Kommunikationsbedürfnis sich ausleben durfte, bekam er von diesen Zusammenkünften niemals genug.

Man war im Rahmen des Möglichen nett zueinander, beachtete sich herausbildende Konventionen, zu denen zum Beispiel gehörte, daß der Häftling nicht nach der Frau, der Vernehmer nicht nach dem Ziel der Vernehmung gefragt werden durfte, und erlaubte sich Hinweise auf gegenseitige Sympathie. Nur wenn Herbert Zweifel an der Richtigkeit der Parteilinie in seinem Gesprächspartner zu wecken versuchte und dieser solche Versuchungen abwehren mußte, wurden auch politische Fragen zum Thema; sonst wurden die unterschiedlichen Auffassungen stillschweigend akzeptiert. Nicht bekehrt, sondern ausgehorcht sollte der Häftling ja werden. Aber wessen man ihn verdächtigte und was man demzufolge aus ihm herausfragen wollte, wußte er nicht und erfuhr es auch nie – wie er auch nie über die Denunziation, die zu seiner Verhaftung geführt hatte, etwas in Erfahrung bringen konnte. Die Verdachtsrichtung konnte er nur durch mehrfach wiederkehrende Fragen nach Westberliner Bars, die er besucht hatte, vermuten. Die »Eierschale« interessierte besonders, in ihr eine Rosi, die immer in Schwarz ging, und ein Russe, der angeblich ein Mitarbeiter der sowjetischen Botschaft war.

Natürlich wurde auch über Kollegen und Freunde ausführlich geplaudert, wobei der Herr Vernehmer seine Ehrlichkeit dadurch bewies, daß er seine Personalkenntnisse, über de Bruyn zum Beispiel, offen bekannte. Die Charakterbilder, die er entwarf, sollten Herbert zum Widerspruch reizen, und obwohl der Verhörte die Methode durchschaute, gelang das auch.

Interesse aber zeigte der Herr Vernehmer auch an Sachbezügen, leitete also gern von Personalien zu Realien über, ließ sich die Aufgabenbereiche der Institutsmitarbeiter erklären und wollte Genaueres über die Struktur des Bibliothekswesens hören, so daß Herbert, der auf diese Weise seinem Redebedürfnis guten Gewissens freien Lauf lassen konnte, überraschend zum Lehrer geworden war. Sein gelehriger Schüler, der wohl aus geheimberuflichen Gründen einen zweiten Bildungsweg bei ihm absolvierte, war von guter Auffassungsgabe und sachlich und terminologisch bald sattelfest. Er konnte Stichwörter von Schlagwörtern unterscheiden, sich unter Formal- und Realkatalogen etwas vorstellen, und er war in die Diskussionen über die Freihandaufstellung eingeweiht.

Herbert meinte, daß ich den Mann im Gerichtssaal gesehen haben müßte; er habe schräg vor mir gesessen, und in der Gruppe der als Besucher getarnten Staatssicherheitsleute sei sein intelligentes Gesicht auffallend gewesen. Ich aber konnte mich nicht erinnern; ein intelligentes Gesicht hatte ich nicht gesehen.

IM NAMEN DER PARTEI

Wenige Tage vor dem Jahrestag seiner Verhaftung war das Ehepaar vor Gericht gestellt worden und hatte sich dort zum erstenmal wiedergesehen. Den Termin hatte ich von einer Freundin Ilses erfahren. Wider Erwarten wurden wir nach einer Ausweiskontrolle in den kleinen Gerichtsraum eingelassen und von den zehn bis zwölf jungen Männern, die, Publikum spielend, auf den schäbigen Zuschauerbänken saßen, eingehend gemustert. Eindringlinge in einer geschlossenen Gesellschaft schienen wir hier zu sein.

Herbert winkte mir zu. Er freute sich sichtlich. Sein aufmunterndes Lächeln schien mir sagen zu sollen: So schlimm wird es nicht werden, ich kenne den Laden hier schon. Er hatte sich vorgenommen, auf keinen Fall ängstlich oder beflissen zu scheinen, doch hatte das, da man den Vorsatz merkte, zur Folge, daß er nicht selbstbewußt oder aufsässig wirkte, sondern wie einer, der einen Selbstbewußten und Aufsässigen spielt. Er wollte, wie man bald merkte, zu Ilses Entlastung alle Schuld auf sich nehmen, sich als die treibende Kraft bei der Straftat geben, die für ihn, wie er betonte, eine solche nicht war. Ungefragt bezeichnete er sich als Pazifisten, der den immer militaristischer gewordenen Staat fliehen mußte. Er übertrieb seine Bindung an die verbotenen Sozialdemokraten, beschrieb die Gefühle, die ihn bei der Zettelabgabe, die man Wahl nennen mußte, bewegten, und beklagte, während im Pseudopublikum Empörung laut wurde, die mangelnde Freiheit der Kunst.

Der unter dem Ulbricht-Porträt sitzende Richter, der Namen wie Proust oder Camus, die Herbert als Beispiele anführte, sicher noch nie gehört hatte, war bei dem Redestrom, den seine ersten Fragen schon ausgelöst hatten, aus seinem Konzept geraten und mußte erst durch die Reaktion von den Zuschauerbänken an die Parteischulweisheit erinnert werden, daß keine Kritik an Partei und Staat unwidersprochen bleiben durfte. Doch ging er, nachdem auch er seiner Empörung Ausdruck gegeben hatte, nicht näher auf Herberts Selbstbezichtigung ein. Seine Aufgabe war nicht, wie bald deutlich wurde, das Urteil zu fällen, sondern das bereits fertige nur zu verlesen, davor aber etwas zu inszenieren, das dem Versuch einer Wahrheitsfindung durch einen verständnisvollen und unvoreingenommenen Richter glich.

Bei Ilse gelang das vortrefflich, weil sie sein Denk- und Einfühlungsvermögen nicht überforderte und die Gründe für ihr politisches Fehlverhalten seiner Vorstellungswelt einpaßte: Daß die Tochter eines Jenaer Hotelbesitzers, den der sozialistische Staat enteignet hatte, im Elternhaus feindlichen Einflüssen ausgesetzt und zur Republikflucht verleitet worden war, leuchtete ein.

Herberts Werdegang und seine Weigerung, Reue zu zeigen, paßten dagegen nicht in das schlichte Weltbild des Richters. Er sah hier nur Widersprüche, die er in folgende Frage kleidete: Sie als Intelligenzler können mir sicher erklären, warum einer wie Sie, der in der Familie antifaschistisch erzogen wurde, nur mit Widerwillen in der Wehrmacht diente, dort nie befördet wurde und beinahe wegen Wehrkraftzersetzung verurteilt worden wäre, in unserem antifaschistischen Staat keine führende Rolle spielt?

Später hat diese funktionärskurzschlüssige Frage uns noch häufig erheitert; aber als sie damals gestellt wurde, fühlte sich Herbert ernsthaft von ihr beleidigt. Er verbat sich entschieden die in der Frage anklingende Unterstellung, er habe jemals auch nur erwogen, in diesem Staat ein Amt bekleiden zu wollen, um dann den verdutzten Richter, der einen Moment so aussah, als ob er antworten wollte, zu fragen: Und welche führende Rolle haben Sie unter Hitler gespielt?

Nun mußte der Richter, bevor er Herbert darüber belehrte, daß hier nur einer, er nämlich, Fragen zu stellen habe, das Auditorium zur Ruhe mahnen. Denn die Publikumsspieler, die wohl auch die Aufgabe hatten, die richtige Stimmung zu machen, ließen mit Ausrufen wie Unverschämtheit! Verleumdung! ihren Unmut laut werden, weshalb Herbert nun zu ihnen gewandt von seiner Erfahrung erzählte, daß mancher Befehlsempfänger von damals auch heute freudig und gut funktioniert.

Um dem kurzen Prozeß den Anschein von Echtheit zu geben, war auch ein Zeuge geladen worden. Bei seiner Vernehmung wurde die Öffentlichkeit ausgeschlossen, und Herbert stellte den Antrag, den Raum auch verlassen zu dürfen: Er wollte den Liebhaber Ilses nicht sehen. Für eine Zigarettenlänge etwa standen auf dem Flur nun drei Gruppen getrennt voneinander: wir drei echten Zuschauer, die zehn oder zwölf Zuschauer-Imitatoren und der Angeklagte mit seinem uniformierten Bewacher, der zwar die Übergabe von Zigaretten und ein Händeschütteln erlaubte, ein Gespräch aber verbot. Doch Herbert konnte nicht an sich halten, denn er hatte mir Wichtiges mitzuteilen: daß nämlich Kafka, wie seine jüngste Erfahrung lehre, der aktuellste aller Schriftsteller sei.

Erwartungsgemäß hatte Herberts Selbstbezichtigung auf das Urteil nicht den geringsten Einfluß. Wegen versuchter Republikflucht wurden beide zu einem Jahr Gefängnis verurteilt. Die Untersuchungshaft wurde angerechnet, so daß sie nur wenige Tage noch absitzen mußten, sie im Frauengefängnis, Barnimstraße, er in Rummelsburg, in einer Zelle mit fünf Kriminellen, die ihm so viele Geschichten aus ihrem Leben zum Besten gaben, daß ich, als er sie mir wiedererzählte, den Eindruck hatte, er habe nicht eine Woche, sondern ein Jahr mit ihnen verbracht.

Während Ilse die Nacht nach ihrer Entlassung schon in einem Westberliner Flüchtlingslager verbrachte und bald darauf, wie sie telefonisch mitteilte, mit dem Flugzeug Frankfurt erreichte, saß Herbert tagelang bei mir, um sich die Angst von der Seele zu reden. Allein sein konnte er nicht.

Nach wie vor sprach er nicht über sein Verhältnis zu Ilse, deutete lediglich an, daß die Trennung nur eine zeitweilige sei, doch wenn er, wie immer redend, eine Entscheidung über den Zeitpunkt seiner Übersiedlung zu fällen versuchte, kam Ilse dabei nicht vor. Sein Zögern, von dem man im April 1961 schon ahnte, daß es ein Verpassen aller Fluchtmöglichkeiten bedeuten könnte, hatte zwei Gründe: Er fürchtete das Alleinsein im Westen, und er wollte das Schicksal Hans-Werners abwarten, der seinetwegen nun auch im Gefängnis saß.

Hans-Werner war zeitweilig der Dritte in unserm Bunde gewesen. Er war ebenfalls Institutsmitarbeiter, älter als wir, länger und hagerer und mit einer anderen Vorgeschichte, die auch im Prozeß, ihn belastend, zur Sprache kam. Er

war einer jener SPD-Mitglieder, die 1946 in die SED übernommen worden waren. Im Dresdner Bibliothekswesen
war er rasch aufgestiegen, doch war es am 17. Juni 1953 mit
seiner Karriere zu Ende gewesen. Einer Beratung im Zentralinstitut wegen war er an diesem Tag nach Berlin gefahren und hatte es sich nach vorzeitigem Abbruch der Sitzung
nicht nehmen lassen, trotz der Unruhe auf den Straßen verbotenerweise den Westteil der Stadt aufzusuchen und sein
mühsam erspartes Ostgeld dort umzutauschen, um in der
Buchhandlung im Bahnhof Zoologischer Garten die wichtigsten Neuerscheinungen zu erstehen. Vor Ladenschluß
hatte er sich von den reichhaltigen Buchangeboten nicht
trennen können, inzwischen aber waren die Grenzen geschlossen worden. Er mußte beim Roten Kreuz unterkriechen, und als er drei Tage später in den Osten zurückkehren durfte, wurde sein Fall registriert. Seine Version der
Geschehnisse: Er sei von der revoltierenden Menge unwillentlich über die Grenze gedrängt worden, glaubte ihm keiner. Er verlor seinen leitenden Posten und wurde aus der
Partei ausgestoßen. Erst Jahre später holte Gotthard die
brachliegende Fachkraft ans Institut nach Berlin.

Ich wohnte Ende der fünfziger Jahre zur Untermiete am
östlichen Stadtrand, in Wilhelmshagen, Hans-Werner noch
weiter draußen, in Hessenwinkel, in einer großen Villa am
Seeufer, die einst von vornehmer Pracht gewesen, inzwischen aber völlig verkommen war. Die Kellerräume, die seine Frau und er dort bewohnten, waren kalt, feucht und
dunkel, aber für unsere Verhältnisse damals von ungewöhnlicher Größe. Für die Büchermassen Hans-Werners aber
waren sie viel zu klein.

Anders als Herbert, dem es genügte, drei Bände Kafka,
den *Ulysses* und den *Zauberberg* in seinem Besitz zu wissen, war Hans-Werner ein leidenschaftlicher Büchersammler. Wenn Herbert, um sich zu rechtfertigen, die Möglichkeit der Entleihung in Bibliotheken beider Berlin-Hälften

erwähnte, mußte Hans-Werner ihn auf die Möglichkeit der Kontrollenverschärfung oder gar Grenzsperrung hinweisen und ihn daran erinnern, daß die uns dann noch zugänglichen Bibliotheken, da sie sich nur aus der DDR-Produktion speisten, weltliterarisch immer einseitiger und veralteter wurden. Auch war Hans-Werner nicht nur an Literatur, sondern auch an Politik interessiert. Er war, wie auch ich, treuer Leser der in der DDR besonders verhaßten Zeitschrift DER MONAT. Er besaß vieles von Huxley und Koestler und bald nach seinem Erscheinen auch Wolfgang Leonhardts *Die Revolution entläßt ihre Kinder*; und alles lieh er uns, vielleicht innerlich widerstrebend, auch aus.

Beim Transport verbotener Bücher über die Grenze war er der Mutigste, den ich kannte; zu Hause in seiner Kellerwohnung konnte er lustig sein, manchmal auch übermütig; sonst aber wirkte er immer wie einer, den ständige Ängste plagen und der sich in Erwartung von Schicksalsschlägen unsichtbar zu machen versucht. Im Institut, wo er sich durch eine immerwährende Leidensmiene vor Anforderungen zu schützen versuchte, vermied er es, seine privaten Kontakte zu Herbert und mir bekannt werden zu lassen; harmlose Gespräche wagte er oft nur flüsternd zu führen; und wenn man seiner zufällig auf dem Kurfürstendamm ansichtig wurde, merkte man ihm die Angst, gesehen zu werden, von weitem schon an. Den Kopf zwischen die Schultern gezogen, scheue Blicke nach allen Seiten werfend, die Tasche mit Büchern krampfhaft unter die Achsel gezogen, strebte er eilenden Schrittes zum S-Bahnhof Zoologischer Garten, immer dicht an den Häuserwänden entlang. Der dümmste Volkspolizist an der Grenze, sagte Herbert belustigt, muß doch erkennen, daß hier das verkörperte schlechte Gewissen erscheint.

Da wir im Institut selten zusammenkamen und uns am Morgen, wenn wir um sechs Uhr fünfunddreißig dieselbe S-Bahn benutzten, stets aus dem Wege gingen, weil wir die fünfzigminütige Fahrt zur Lektüre brauchten, sprachen wir fast nur bei ihm zu Haus miteinander, in einer der engen Zellen aus Bücherwänden, wo auch am Tage Elektrobeleuchtung notwendig war. Um den vorhandenen Raum bibliothekstechnisch ganz auszunutzen, waren die selbstgebauten Regale, unter Nichtbeachtung der Fenster, die, da sie bis zur Hälfte unter der Erdoberfläche lagen, sowieso wenig Licht einließen, wabenförmig aufgestellt worden, so daß ein Gewirr von Gängen und Kleinsträumen entstanden war. Hier, wo die Feuerzangenbowle nie, wie sie sollte, gelingen wollte, schien der Staat, der uns bedrückte, so fern wie die weite Welt, in die wir nicht reisen durften. Hier war die Nische, mit der zwei Jahrzehnte später ein prominenter Zugereister, ein DDR-Kenner und -Liebhaber, das Leben in diesem Staat zu charakterisieren meinte, dabei aber die Bedrohung, die bis in diese freundliche Abgeschiedenheit reichte, zu erwähnen vergaß.

Immer war sie hier gegenwärtig: in den Gesprächen, die, spöttisch oder verbittert, um die Macht, die unser Leben und Denken zu bestimmen trachtete, kreisten – und in der späteren Aufarbeitung unserer Zusammenkünfte im Strafprozeß. Wanzen genannte Abhörgeräte waren zwar nicht installiert gewesen, aber Hans-Werner, der auch ein Faible für Technisches hatte, war früh schon Besitzer eines Tonbandgeräts geworden und hatte nicht nur Vorträge der dritten Radioprogramme aufgenommen, sondern uns auch mit Mitschnitten unserer Feuerzangenbowlendebatten erfreut. Sammeleifer war bei ihm auch auf diesem Gebiet wirksam gewesen, so daß der Unsinn, den wir im Rausch von uns gegeben hatten, nach der Hausdurchsuchung protokolliert werden konnte. Auch die Gesangsdarbietungen Angeheiterter hatten dabei interessiert.

Anlaß für Hans-Werners Verhaftung war ein Gespräch mit Kollegen im Westteil der Stadt gewesen, das wohl dem Staatssicherheitsdienst denunziert worden war. Die Möglichkeit eines Protestschreibens gegen Herberts Verhaftung war Thema gewesen. Doch im Prozeß später waren noch andere Verbrechen hinzugekommen, mit denen, laut Anklage, Hans-Werner dem Sozialismus geschadet, die Existenz der DDR untergraben und damit den Weltfrieden gefährdet hatte. Eine Gefängsnisstrafe von einem Jahr und neun Monaten hatte er, nach Ansicht der Richter, damit verdient.

Herberts Prozeß hatte, fast im Verborgenen, in einem Berliner Stadtbezirksgericht stattgefunden, Hans-Werners dagegen, den man nach Potsdam verlegt hatte, wurde in großem Stil aufgezogen, um den Werktätigen, die von ihren Betrieben dorthin geschickt worden waren, vorzuführen, zu welchen Verbrechen intellektuelle Verworfenheit führt. Einen Saal hatte man so mit Zuschauern füllen können. Auch eine Truppe des Instituts, zu dem ich seit fünf Monaten nicht mehr gehörte, war unter Gotthards Führung erschienen und hatte, etwas beklommen, auf den hinteren Bankreihen Platz genommen, während Herbert darauf bestanden hatte, in der Nähe Hans-Werners zu sitzen; denn er wußte, wie wichtig für den Angeklagten eine wohlwollende Miene unter den Zuschauern ist.

Sollten die Funktionäre, die diesen Schauprozeß inszeniert hatten, im Saal eine Stimmung erwartet haben, wie sie die Stasi-Bediensteten bei Herberts Prozeß vorgeführt hatten, wurden sie bitter enttäuscht. Obwohl die Zuschauer doch wohl sorgfältig ausgewählt worden waren, gab es keine Haß- oder Entrüstungsausbrüche. Das Schweigen zeugte eher von einem Gefühl der Bedrückung, das vielleicht dadurch verstärkt wurde, daß der Angeklagte, der nur kurz antwortete und nichts zu seiner Verteidigung sagte, das Bild eines Depressiven und Kranken bot. Auch wenn der Staatsanwalt laut und pathetisch und der Richter zynisch und beleidigend wurde, fand das im Saal keine Resonanz. Man verstand wenig von dem, was verhandelt wurde, merkte aber, daß die Straftaten nur Lappalien waren. Sollte der

Zweck der Großveranstaltung aber in der Einschüchterung gelegen haben, war sie wohl ein Erfolg.

An mir selbst merkte ich, wie diese Machtdemonstration wirkte: Während ich sie leicht durchschaubar, lächerlich und empörend nannte, fühlte ich, neben der Verachtung, auch eine Angst in mir wachsen, die künftig mehr Vorsicht empfahl. War es doch nur dem Zufall zu danken, daß nicht ich dort saß, wo Hans-Werner jetzt sitzen mußte. Die Jahrgänge des MONAT, die ich sofort nach der Hausdurchsuchung in Hessenwinkel des Nachts in fremden Mülltonnen hatte verschwinden lassen, hätten auch bei mir entdeckt werden können. Auch ich war darüber belehrt worden, daß Angestellte staatlicher Stellen die Westsektoren Berlins nicht betreten, nicht mit dortigen Behörden reden und schon gar nicht Devisengesetze verletzen durften. Auch mir hätte man vorwerfen können, durch Benutzung westlicher Bibliotheken und durch Abhören von RIAS-Sendungen den ideologischen Aggressoren des Imperialismus Beihilfe geleistet zu haben. Auch bei mir hätte die Straftat des Verbreitens verbotener Bücher als erwiesen gegolten, wenn sie in offenen Regalen, also der Ehefrau zugänglich, aufbewahrt worden waren. Und wenn es der Wille der Ankläger gewesen wäre, hätte ich auch Kenntnis von geheimen Bekundungen faschistischer Gesinnung gehabt.

Als Beweis dafür, daß Hans-Werners Verbrechen sich aus Quellen faschistischen Geistes speisten, dienten der Anklage die Tonbandmitschnitte unserer feuerzangenbowlengetränkten Silvesterfeier, bei der Gedächtnisleistungen in jungen Jahren zum Gesprächsthema geworden und durch »Hänschen klein« und Abzählverse, Schillers nicht endenwollende »Glocke« und durch alle Strophen des Westerwaldliedes demonstriert worden waren. Da der besoffene Hans-Werner uns das Lied nicht aufgesagt, sondern gesungen hatte, konnte er nun aus dem Munde des Richters hören: Er habe bei der Feier des Jahreswechsels das neue Jahr durch Absingen faschistischer Lieder begrüßt.

Hier konnte Herbert, der mir seine Erregung bisher nur flüsternd mitgeteilt hatte, nicht an sich halten. Er sprang auf und fragte den Richter, ob er den harmlosen Text des Liedes vom schönen Westerwald, über dessen Höhen der Wind so kalt pfeift, überhaupt kenne, und bekam, nach einer Rüge, folgende Antwort darauf: Nicht der Text sei entscheidend, sondern die Tatsache, daß das Lied in der faschistischen Wehrmacht gesungen worden war; auch sei es für den Angeklagten bezeichnend, daß er in trunkenem Zustand eine westdeutsche Landschaft besungen habe und nicht, beispielsweise, unseren Thüringer Wald.

Um Hans-Werner etwas aufzumuntern, versuchte Herbert zweimal noch zu Wort zu kommen. Er wollte wissen, warum der Besitz des SPIEGEL, der doch so häufig im NEUEN DEUTSCHLAND zitiert wurde, strafbar sei, und er klärte den Richter, der eine Benutzerkarte der Amerika-Gedenk-Bibliothek, die als Beweisstück vorgeführt worden war, als eine des Amerika-Hauses bezeichnet hatte, über den Unterschied zwischen diesen Institutionen auf. Dem Richter aber, der wohl mangelnde Kenntnis durch Parteilichkeit wettgemacht wähnte, war dieser Fehler durchaus nicht peinlich. Er bedankte sich sogar für den Einwurf und meinte: Einen gravierenden Unterschied zwischen den amerikanischen Besatzern und ihren Westberliner Lakaien könne er auch bei genauester Betrachtung nicht sehen.

Da wir in der Nähe der Anklagebank saßen, konnten wir nach der Urteilsverkündung, als die Menge, noch immer schweigend, nach draußen drängte, den völlig gebrochenen Hans-Werner begrüßen. Dann wurde er abgeführt.

Gotthard erwartete mich am Ausgang. Er mußte noch die Bemerkung loswerden, daß man Verrätern die Hand nicht gebe – und es ist bezeichnend für meine Art des Erinnerns, daß ich noch genau weiß, was er und wie er es sagte, nicht aber, wie ich darauf reagierte. Wahrscheinlich sagte ich langsam Reagierender nichts.

ANFANG MIT HINDERNISSEN

Drei Schriftstellern war ich, bevor ich selbst einer wurde, begegnet, und keiner von ihnen hatte in mir den Wunsch geweckt, weitere kennenzulernen. Alfred Kantorowicz, den ich an der Bibliothekarschule aus seinem Spanienbuch vorlesen gehört hatte, war meiner skeptischen Bemerkung über Kriegshelden wie ein cholerischer Parteifunktionär entgegengetreten; eine Maria Langner, die ich den Lesern meiner Bibliothek als Autorin des mit dem Nationalpreis geehrten Aktivisten-Romans *Stahl* zu präsentieren gehabt hatte, war beleidigt gewesen, als ich ihr auf die leichtsinnige Frage nach Leserwünschen auch anvertraut hatte, daß ihr Buch zu den niemals verlangten gehörte; und ein Kurt Huhn, der zu den schreibenden Parteiveteranen, nicht aber zu den Sprachbeherrschern zählte, beantwortete in einer Weiterbildungsveranstaltung eine grammatikalische Korrektur, die ich schüchtern anbrachte, mit einem Wutausbruch, der interessanter war als die Erzählung, aus der er gelesen hatte, weil er in seiner Unbeherrschtheit sehr offen war. Er bezichtigte mich nämlich der Sympathie zu jener intellektuellen Parteischreiberclique, die, wie er meinte, die Ästhetik über die Parteilichkeit stellte und damit, wie sich bald schon erweisen würde, die Arbeiterklasse verriet. Er nannte auch Namen, den Weiskopf, den Hermlin und die Seghers, und machte damit publik, was die Öffentlichkeit nicht hatte erfahren sollen, daß nämlich die nach außen hin so geschlossen wirkende Mannschaft der Parteiautoren in Wirklichkeit heillos zerstritten war.

Das Resümee meiner Erfahrungen lautete also: Schriftsteller sind immer beleidigt – eine Erkenntnis, die ich bald durch indirekte Berührung mit ihnen vertiefen konnte, wo-

bei mir klar wurde, daß Grundlage ihres ständigen Gekränktseins eine nie recht befriedigte, mit dem Verstand
nicht regierbare Eitelkeit war.

Diese wurde erst angestachelt, dann aber verletzt durch
ein Vorhaben, das Gotthard dem Institut aufgehalst hatte,
weil ein Beitrag zum Schriftstellerkongreß verlangt worden
war. Es wurde als kühnes Vorhaben bezeichnet, nicht nur
weil seine Erarbeitung eigentlich Sache eines Verlages gewesen wäre, sondern auch weil ideologische Fehler dabei un-
ausweichlich waren und es dergleichen bisher nicht gegeben
hatte: ein DDR-Schriftstellerlexikon.

Als es fertig war und im Januar 1956 auf dem Kongreß,
dem vierten (sie wurden durchnumeriert wie die Partei-
tage), verteilt wurde, war es ein kleinformatiges blaues
Büchlein, dessen dilettantisch gestaltetes Umschlagbild, eine
Friedenstaube, ihm die Bezeichnung Taubenzüchterkalen-
der eingebracht hatte; aber als an ihm noch gearbeitet
wurde, war es ein Zankapfel zwischen den Institutsmitar-
beitern, die das Kreuz des Umgangs mit den Autoren zu
tragen hatten, und den Autoren, von denen viele gekränkt
oder erbost waren, weil die Würdigung, die sie im Text erfuhren, ihrer Meinung von eigner Bedeutung selten entsprach.

Alle waren gebeten worden, stichwortartige Angaben zu
Leben und Werken zu liefern; fast alle waren zu ausführlich
geworden, am längsten die, die am unbedeutendsten waren,
und viele waren mit notwendiger Kürzung nicht einverstanden, oder sie wollten wissen, wieviel Zeilen dieser und jener
bekäme, um dann, wenn sie nicht Briefe schrieben, sondern, was häufig geschah, selber kamen, empört aufzufah-
ren: Diesen X oder Y halten Sie für wichtiger als mich?

Eine originelle Ausnahme gab es, die allerdings Kummer
besonderer Art machte. Bert Brecht nämlich verlangte, daß
unter seinem Namen nur Geburtsjahr und -ort stehen sollte. Das aber war, der Proportion wegen, nicht möglich;

man hätte Mißachtung oder das Fallen in Ungnade daraus lesen können. So brisant war die Frage, daß sie eine Entscheidung auf höherer Ebene verlangte; dort aber ließ man das Aus-der-Reihe-Tanzen nicht zu. Ob man den Wunsch des Autors nun ignorierte oder ob man ihn davon abbrachte: jedenfalls hatte am Ende der Brecht-Artikel den richtigen Umfang: länger als der von Noll, Wiens oder Huchel, aber kürzer als der von Johannes R. Becher, den Ulbricht bekanntlich zum wichtigsten Dichter dieses Jahrhunderts ernannt hatte; und auch der wichtigste Preis, den Brecht erhalten hatte, war unter Anführung des langen Namens (Internationaler Stalin-Preis für die Festigung des Friedens zwischen den Völkern) erwähnt.

Glücklicherweise war ich an dem Unternehmen nur am Rande, als bibliographische Hilfskraft, beteiligt, wurde aber am Vortag des Kongresses dazu verurteilt, mit Gotthards Chauffeur zusammen einige hundert Exemplare des blauen Büchleins, das mit Hängen und Würgen termingerecht hatte fertiggestellt werden können, von der Druckerei in den Schriftstellerverband zu befördern, damit jeder Kongreßteilnehmer diesen wichtigen Beitrag des sozialistischen Bibliothekswesens am Kongreßmorgen schon in die Hände bekam.

Im Schriftstellerverband, in dessen Räumen sich schon die ausländischen Delegationen drängten, schickte uns ein Mitarbeiter, der von unserem Bändchen nichts wußte, zum nächsten, der auch keine Ahnung hatte, so daß wir die schweren Pakete durch mehrere rauchgeschwängerte, von fremden, vorwiegend slawischen Lauten erfüllte Zimmer schleppten, bis wir schließlich an eine junge Frau gerieten, die zwar auch keine Zeit für uns hatte, aber doch von der Lieferung wußte, sich als Christa Wolf vorstellte, ganz und gar nicht so aussah, als ob sie einmal berühmt werden würde, und die denkwürdigen Worte sagte: Stellen Sie die Pakete dort in der Ecke ab.

In meiner Erinnerung sehe ich sie mit einem FDJ-Blauhemd bekleidet, doch ist das möglicherweise dadurch ins Bild gekommen, weil ich sie mir bei der Lektüre ihrer Aufsätze und Rezensionen immer als Blaubehemdete vorgestellt hatte, allerdings mit einem weniger angenehmen Gesicht. Von einem ihrer Artikel, in dem sie davon berichtet hatte, daß sie bei einem Krankenhausaufenthalt mit Entsetzen die Vorliebe der Werktätigen für Trivialliteratur entdeckt hatte, war ich sogar zu einer Entgegnung angeregt worden, die, wenn ich das richtig erinnere, zwar die Weltfremdheit der Autorin ironisiert hatte, ihr in literaturpädagogischer Verstiegenheit aber ebenbürtig gewesen war.

Aber nicht nur, weil ich zum erstenmal Christa Wolf begegnete, sind mir diese Minuten so deutlich in Erinnerung geblieben, sondern auch eines Wohlgefühls beim Verlassen des Hauses wegen, das sich aus der Bedrückung, die ich in ihm empfunden hatte, erklärte – und das später, als ich lustlos dazugehörte, jedesmal wiederkehrte, wenn ich die ideologiegeladene Autorenzentrale verließ.

Nach diesem Botengang zu den Schriftstellern hatte ich jahrelang keine Berührung mit ihnen und auch kein Bedürfnis danach. Als Schreiber aber war ich recht fleißig. In der bibliothekarischen Fachpresse rezensierte ich Neuerscheinungen, vorwiegend solche klassischer Werke, äußerte mich zu Fragen der Systematik und der systematischen Kataloge, verfaßte eine größere Arbeit über die Geschichte der volksbibliothekarischen Druckkataloge, die als bürgerlich diskreditiert und folglich nie publiziert wurde, und war still für mich darum bemüht, meine psychischen Kriegsschäden durch Schreiben zu heilen, was auch besser als der Roman, der das Heilmittel war, gelang. Er wurde wieder und wieder begonnen und abgebrochen; neue Wanderungen durch die Mark Brandenburg, die auch nicht gelangen, wurden dazwischen geschoben; und nur Kriegs- und Nachkriegsgeschichten, die mich des Nachts, wenn ich den Füllfederhalter beiseite legte, von meinem Talent überzeugt sein ließen, um mich am nächsten Tag in Verzweiflung zu stürzen, gingen mir relativ flink von der Hand. Die kurzen waren nach Hemingways, später nach Bölls Muster gewoben, bei den längeren dienten andere als Vorlagen, Wilhelm Raabe zum Beispiel, Tschechow und Eichendorff.

Eine von ihnen, der auch Tageslicht und längeres Lagern den Glanz nicht zu nehmen vermochten, ließ ich dem Aufbau-Verlag zukommen, dessen Cheflektor Casper mich bald danach zu sich bestellte, um mir zu erklären, daß Verlage und Leser bei den jungen Autoren nicht von Verzweiflung und Skepsis, sondern von Mut und Begeisterung lesen wollten, also Geschichten von heute und hier. Da die Stoffe dafür auf der Straße, nicht aber in Bibliotheken lägen, sei Berufswechsel der beste Rat, den er mir geben könne; in Großbetrieben oder auf Baustellen entstehe die neue Literatur.

Auch der zweite Berater, der sich mir einige Jahre später ungefragt aufdrängte, als ich einen Band mit Kurzgeschichten beim Mitteldeutschen Verlag eingereicht hatte, war meinem Beruf, den er mit Bücherstaub assoziierte, nicht wohlgesonnen und legte mir einen Wechsel zur staatlichen Jugendorganisation ans Herz. Er hieß Nahke, leitete damals, bevor er in höhere Regionen aufstieg, eine kurzlebige Zeitschrift und gehörte zu jenen unangenehmen Leuten, die einen beim ersten Sehen schon duzten, was bei Nicht-Genossen wohl heißen sollte: Du gehörst auch ohne Parteibuch zu uns. Auf der Suche nach Beiträgern für seine Zeitschrift war er in Halle auf meine Geschichten gestoßen, hatte sie talentiert, aber so abseitig gefunden, daß er keine von ihnen abdrucken, wohl aber den Schreiber gewinnen wollte. Mensch, sagte er, du kannst schreiben, aber was du da schreibst, interessiert doch keinen, es fehlt der Elan unserer Zeit. Um mich von diesem anstecken zu lassen, sollte ich meinen verstaubten Beruf an den Nagel hängen oder mich wenigstens beurlauben lassen, um Kultur zu den Jugendbrigaden zu bringen, die Industrien aus dem Boden stampften oder Sümpfe zu blühendem Ackerland machten. Dort, sage ich dir, gibt es Stoffe für tausend Geschichten, und das Stipendium, das wir dir zahlen, ist höher als dein Gehalt.

Wäre ich beim Mitteldeutschen Verlag an die entsprechenden Leute geraten, hätte ich mich auf ähnliche Vorschläge gefaßt machen können; denn die Anstrengung, eine Literatur zum Ruhme von Staat und Partei zu schaffen, war in dieser Zeit, Ende der fünfziger Jahre, groß. Ulbricht und sein Politbüro ließen viel über literarische Fragen verlauten, und den Verlagen war aufgegeben, eine Literatur zu entwikkeln, die das DDR-Leben so darstellte, wie es nach Parteimeinung sein sollte, nicht wie es war. Es waren die Zeiten, in denen fleißige Leser von Parteitagsprotokollen sich als literarische Fachleute fühlten, weil sie wußten, daß gute Literatur volkstümlich, parteilich, typisch und vorwärtsweisend zu sein hatte, und in denen junge Autoren kräftig gefördert wurden, vorausgesetzt sie hatten nichts gegen die Gängelei der Partei. Daß die Regierung Beschlüsse über Romane faßte und jeder Parteisekretär sich als Literaturkritiker fühlte, konnte man, wenn man von Literatur nichts verstand, beeindruckend finden; ich aber litt unter der Peinlichkeit dieser Selbstgewißheit, versuchte, die Anmaßung komisch zu finden, war aber gezwungen, sie ernst zu nehmen, denn sie war mit der Macht verbunden, ohne deren Einwilligung nicht die kürzeste Kurzgeschichte gedruckt werden konnte, geschweige ein Buch.

Unter den vielen Verlagen, die die SED in ihren Besitz gebracht hatte, war der Mitteldeutsche, wo vor allem die neue, sozialistische Literatur entstehen sollte, der einzige, von dem jeder, der mit ihm zu tun hatte, das wußte; denn die SED-Bezirksleitung Halle redete hier vernehmlich in Editions- und Personalfragen mit. Daß ausgerechnet in diesem Verlage kurzzeitig ein Lektor wirkte, der ähnlich wie ich über Literatur und Literaturpolitik dachte, war für mich ein unerwartetes Glück. Der Brief, den er mir schrieb, war kurz und verhalten. Von dem Band mit Kurzgeschichten, den ich eingesandt hatte, war er nicht etwa begeistert. Es gebe, so schrieb er, auf den 250 Seiten einige beeindruckende Sätze, über die er gern mit mir reden würde. Er sei dann und dann in Berlin und würde im Presse-Café auf mich warten, eine Nummer von SINN UND FORM in der Hand.

Das Presse-Café am Bahnhof Friedrichstraße, dessen obere Räume dem Verband der Journalisten gehörten, war im Parterre, wo jedermann Zugang hatte, zum Künstler-Treffpunkt des Ostens geworden, wo die einen hingingen, um sich bewundern zu lassen, die anderen, um bekannte Gesichter, das Manfred Krugs zum Beispiel, zu sehen. Ich hatte Herbert, der alle Cafés liebte, sich hier aber eher als anderswo Hoffnung auf Schlagsahne machen konnte, manchmal dorthin begleitet, ihn des sinnlosen Herumsitzens wegen gescholten und seine Freude an der Zurschaustellung von Eitelkeiten schon aus Prinzip nicht geteilt. Jetzt fürchtete ich, ihm hier (es war noch vor seiner Verhaftung) begegnen zu können und mein Schreibanfänger-Geheimnis lüften zu müssen. Aber diese Beschämung blieb mir vorläufig erspart.

Peinlich genug aber war dieses erste Verlagsgespräch trotzdem. Ein einzelner Tisch war in dem überfüllten Café nicht zu haben gewesen; an einem großen mußten wir uns gegenübersitzen und das Stimmengewirr durch Lautstärke zu übertönen versuchen, so daß ein Herr an der Stirnseite interessiert unserm Gespräch folgen konnte und drei Mädchen am anderen Tischende irritierend oft in Schweigen verfielen, um dann kichernd die Köpfe zusammenzustekken, als amüsierten sie sich über uns.

Mein Gegenüber, in dem ich ohne das vereinbarte Erkennungszeichen einen schöngeistigen Lektor niemals vermutet hätte, schien von der lauten Umgebung ganz unberührt. Er war etwas jünger als ich, aber größer und wesentlich breiter, von der Massigkeit und Gediegenheit eines Landmannes, den nichts aus der Ruhe bringt. Sein Lächeln war das eines Weisen, sein Witz so geistreich und hintergründig, daß ich ihn manchmal als solchen gar nicht erkennen konnte, und sein kehliger Dialekt war mir fremd. Wenn er »die Herren von der Hauptverwaltung« erwähnte (und damit die Zensoren meinte) oder seinen Lehrer Ernst Bloch zitierte, glaubte ich schlesische, dann wieder sächsische Laute heraushören zu können, bis ich erfuhr, daß sie in die Oberlausitz gehörten, aus deren Hügelland der Abiturient zum Studium nach Leipzig gekommen war.

Wie brieflich schon angekündigt, hielt er wenig von meinen epigonalen Geschichten, glaubte aber Zeichen von Selbständigkeit in ihnen entdecken zu können und fühlte sich deshalb zum Mutmachen verpflichtet – aber ohne alle Gewähr. Für nichts, meinte er, könne er garantieren: für mein Können und meine Ausdauer so wenig wie für seine Macht, das Geschriebene zum Druck zu befördern; denn darüber würde in Berlin, nicht in Halle entschieden, und selbst dort, im Verlag also, sei sein Rückhalt gering. Er sei dort als Lektor ebenso Außenseiter, wie ich als Autor einer zu werden verspreche, falls nicht der schnelle Erfolg mir wichtiger wäre als Qualität. Diese aber sehe er ansatzweise in jenen erwähnten Sätzen aufscheinen, weil hier die penetrant vorherrschende Sentimentalität durch ironische Töne erträglich gemacht würde. In dieser Richtung weiterzuarbeiten lohne vielleicht.

Heute, fünfunddreißig Jahre danach, will mir scheinen, als hätte ich mich auf dieser ersten Autorenkarrierenstufe reichlich einfältig benommen, obwohl ich mir die Enttäuschung darüber, daß meine Geschichten des Drucks nicht für würdig gehalten wurden, nicht anmerken ließ. Ich war schüchtern, unfähig über Eignes zu reden, mißtrauisch und schwer von Begriff. Lange glaubte ich, einer Institution gegenüber zu sitzen, ohne zu merken, daß deren Abgesandter ein Bündnis mit mir eingehen wollte, um weitgehend unabhängig von ihr zu sein. Das Vertrauen, das er mir entgegenbrachte, vergalt ich ihm mit vorsichtigem Abwarten, und seine Güte als Lektor lernte ich vollständig erst durch die Mängel des nächsten schätzen, dem ich bald darauf in die Hände fiel.

Ich brauchte also einige Zeit, um mit Horst Drescher, so hieß er, vertraut zu werden; aber als ich es war und wir unsere Schreibpläne und -erfahrungen austauschen konnten, war es mit dieser idealen Zusammenarbeit zwischen Lektor und Autor schon bald wieder vorbei. Ein solches Bündnis zur Bewahrung des Eignen konnte in diesen Jahren von der Partei nicht geduldet werden. Nachdem die Zensurbehörde mehrere Werke, darunter zwei meiner Geschichten, die er betreut und für druckreif gehalten hatte, nicht drucken wollte und der Verlag von ihm eine devote Haltung dazu verlangte, mußte er gehen.

Obwohl er als Autor ehrgeizige Pläne hatte, machte er auch später kaum Kompromisse, verzichtete lieber auf Publikationsmöglichkeiten und arbeitete, um existieren zu können, im Blumengeschäft seiner Frau. Der Vorschlag, ein unabhängiges Schreiberleben durch Kränzebinden und Blumenverkauf an der Friedhofspforte zu sichern, wurde von ihm auch mir unterbreitet, aber da ich Berlin nicht verlassen, mich nicht an ihn binden und die Hoffnung, gedruckt zu werden, nicht aufgeben wollte, lehnte ich ab.

Die Konsequenz, die er zeigte, hing auch damit zusammen, daß er sicher war, als Schriftsteller etwas leisten zu können. Diese Sicherheit aber fehlte mir. Ich mußte mich willig und wendig zeigen, denn ich brauchte Bestätigung durch Publikation. Als die erste Erzählung, eine Kriegsgeschichte mit Gegenwartsrahmen, von der Zensurbehörde abgelehnt wurde, begann ich an Hand einer langen Liste beanstandeter Stellen mit Änderungen; denn nach entsprechender Umarbeitung hatte man eine Genehmigung in Aussicht gestellt. Da mußte, um die antiimperialistische Aussage zu verstärken, der Wehrmachtsoffizier das Böse, das er verkörperte, auch noch in die Bundeswehr tragen; dem resignativen Ton des Erzählers mußten optimistische Lichter aufgesteckt werden; und ein schäbiges DDR-Hotelzimmer wurde durch Weglassung eines stockfleckigen Handtuches etwas verschönt.

Während ich noch dabei war, diese unerträglich sentimentale Geschichte durch Berücksichtigung der Behördenwünsche gänzlich ungenießbar zu machen, wurde schon die nächste verboten, diesmal aber keine Hoffnung auf Genehmigung nach Umarbeitung gemacht. Die Erzählung hieß *Hochzeit in Weltzow*, spielte nach dem Krieg auf dem Lande und war für den Zensor, wie es schien, schon deshalb unmöglich, weil sie humorvoll war.

Die vierseitige Aburteilung, die Jahre später, als sie nur noch Kuriositätswert hatte, in meine Hände gelangte, stammte von einem erfolglosen Autor, dem ich niemals begegnet bin. Er war wohl einer von jenen Leuten, die sich nebenbei Geld als sogenannte Außengutachter verdienten, also als Aushilfszensoren, die um ihren guten Ruf nicht zu bangen brauchten, da das Geschäft anonym vor sich ging. Um ihre Geldquelle nicht zu gefährden, waren sie oft schärfer als die richtigen Zensoren. Denn in diesem Metier war noch nie jemand wegen zu großer Strenge bestraft worden, wohl aber wegen Freizügigkeit.

Hauptvorwurf gegen die Humoreske war das Fehlen des Klassenstandpunkts, was sich schon darin ausdrückte, daß der Ich-Erzähler, obwohl aus der Arbeiterklasse stammend, nicht genügend moralische Qualitäten hatte. Wenn er hungert, denkt er ans Essen, statt an die Arbeiterehre; einen Mit-Kriegsgefangenen, der von Beruf Großbauer ist, nennt er schändlicherweise Kumpel; und wenn er ein Care-Paket annimmt, »läßt er sich also«, wie der Gutachter meint,

»vom Ami kaufen«, ohne daß der Autor das rügt. Nur einmal, heißt es vorwurfsvoll weiter, ist von der Sozialistischen Einheitspartei die Rede, und da wird sie der CDU gegenübergestellt, obwohl sie doch schon die Blockpolitik praktizierte; und der Gastwirt, der nach ihr fragt, tritt ihr bei, weil sie mehr Anhänger hat, also mehr säuft. Auf diese Weise, so folgert der Zensor, wird der Entschluß, der Partei beizutreten, der Lächerlichkeit preisgegeben, wie überhaupt in der ganzen Erzählung dem Negativen, so wörtlich, »kein Äquivalent des Positiven gegenübersteht«. Unter diesen Umständen mußte also das Fazit lauten: »Wegen der in der Einschätzung genannten ideologischen Mängel empfehle ich, die Druckgenehmigung nicht zu erteilen. Berlin, den 28. August 1959. Erwin Kohn.«

Ich habe davon wohl erst vier Wochen später erfahren. Denn neben der umständlich formulierten Weisheit, daß die Fähigkeit, die Dummheit zu sehen, und die Unfähigkeit, sie zu ertragen, leider in gleichem Maße wachsen, notierte ich in meinem Tagebuch erst Anfang Oktober die Feststellung: So endet eine literarische Laufbahn, bevor sie begann.

GESAMTDEUTSCHES

Wem es zu danken war, daß die beiden Erzählungen, die von der Zensur abgelehnt worden waren, einige Zeit später doch publiziert werden konnten, ist mir entfallen, oder ich habe es nie gewußt. Vielleicht hatte ein Zensor gewechselt, oder der Verlag hatte Einspruch erhoben, oder meine Fügsamkeit bei der Bearbeitung beanstandeter Stellen hatte die Literaturfunktionäre von meiner Harmlosigkeit überzeugt.

Als mir die beiden Broschüren, die in eine billige Anfänger-Reihe gehörten, vor Augen kamen, blieb die erwartete

Freude aus. Meinen Namen auf den schäbigen Heften zu lesen machte nicht stolz, sondern beklommen. Nun war mein Autorenehrgeiz, den ich verheimlicht hatte, ans Licht gekommen. Nun konnte jeder die Diskrepanz zwischen meinen hohen literarischen Ansprüchen und meinen bescheidenen Produkten erkennen, und jeder, der meine Ansichten kannte, mußte deren Unterdrückung oder Verfälschung sehen.

Ich war also beschämt, aber nicht lange. Denn Herbert, der mir seine Verachtung durch Ignorierung meines Erfolges deutlich gemacht hätte, saß im Gefängnis, und das Echo der Leser war derart, daß die vermißte Freude verspätet nun doch noch kam. Man signalisierte mir Einverständnis, behauptete, zwischen den Zeilen lesen zu können, und sah mein Eingehen auf Machthaberwünsche als notwendiges Opfer an. Man machte mich glauben, daß meine individuelle Sicht auf Menschen und Dinge durch Sprachregelung zwar verdeckt, aber nicht in eine parteigemäße verkehrt werden könnte. Gleichempfindende läsen das Ursprüngliche schon heraus.

Daß ich das gerne hörte, ist leicht verständlich. Es besänftigte mein schlechtes Gewissen, machte mir Mut, auch künftig ans Veröffentlichen zu denken, und gab mir den Eindruck, Stimme mancher gleichgesinnter Stummer zu sein.

Nicht ohne Einfluß auf meine sich bessernde Stimmungslage war freilich auch die finanzielle Seite der Sache. Groß war der Gewinn zwar nicht, den diese Eine-Mark-Hefte erbrachten, aber da es ein Nebenverdienst war, der für das tägliche Brot nicht gebraucht wurde, vermehrte er mein Freiheits-Sparkonto, nährte die Hoffnung, vom Schreiben bescheiden leben zu können, und förderte den Drang zur Selbständigkeit.

Möglicherweise hätte ich den Entschluß, die Institutsarbeit aufzugeben, noch aufgeschoben, wäre die Situation dort für mich nicht immer unangenehmer geworden. Um gütlich scheiden zu können, war es besser, es bald zu tun.

Die Verschlechterung meiner Lage hing teilweise mit Herberts und Hans-Werners Verhaftung zusammen. Ich hatte nun keinen mehr, der mir unsere tägliche Schizophrenie durch Analysieren, Verspotten, Zerreden erträglich machte, keinen, mit dem ich mich in Versammlungen durch Zublinzeln oder unmerkliches Mundverziehen verständigen konnte und der mir, wenn es nötig war, nein zu sagen, den Rücken stärkte, und sei es allein durch seine Gegenwart.

Erstaunlicherweise wurde ich wegen meiner Freundschaft zu Herbert niemals belästigt. Teils, wie ich annehme, auf Anweisung, teils aus Vorsicht redete keiner über den Verhafteten; man tat so, als habe Herbert nie existiert. Niemand bestellte mich zu Verhören, niemand verlangte, daß ich mich distanzierte. Da man aber in ähnlich gelagerten Fällen von dergleichen gehört hatte und gerüchteweise verlautete, daß Männer vom Staatssicherheitsdienst beim Chef ein- und ausgingen, wartete ich täglich darauf.

Aber auch ohne diese Vorfälle wäre meine Isolierung immer stärker spürbar geworden, weil bei den Genossen die Hoffnung, mich ändern zu können, im Laufe der Jahre geschwunden war. Da ich nicht dazu neigte, meine Meinung zu offenbaren oder sie anderen aufzudrängen, hatte ich den Politpädagogen anfangs als entwicklungsfähig gegolten, also als einer, der mit der Zeit auf die richtige Denklinie zu bringen war. Das aber hatte sich in sechsjähriger Zusammenarbeit als falsch erwiesen. Zwar hatte ich gutwillig, fleißig und teilweise erfolgreich meine Dienste geleistet, aber immer erkennen lassen, daß ich außerhalb meines Arbeitsverhältnisses in keiner Weise verfügbar war. Im ersten Jahr hatte man noch versucht, mich für die Einheitspartei zu werben; das wäre im sechsten Jahr völlig undenkbar gewesen. Zu gut wußte man übereinander Bescheid.

Die härteste Konfrontation hatte es bei der Werbekampagne für die Betriebskampfgruppe gegeben, bei der Gotthard, der Beinamputierte, sein Bestes an Militanz und Stimmstärke gegeben hatte und erfolgreich damit gewesen war. Außer den Uralten, Lahmen und Kranken, zu denen auch Hans-Werner sich hatte schlagen können, hatten sich alle männlichen Institutsmitarbeiter zur Freiwilligkeit zwingen lassen, nur an Herbert und mir war Gotthard gescheitert, außerdem auch noch an seinem Fahrer; aber dem sah er, in nahezu rührender Anhänglichkeit, alles, selbst ideologische Mängel, nach.

Es hatte gräßliche, langandauernde Aussprachen mit Lenin-Zitaten, philosophischen Höhenflügen und platten Notwehrgeschichten gegeben; ich war der Unterminierung des Sozialismus und der Torpedierung des Weltfriedens bezichtigt worden; Entlassungsdrohungen waren zu hören gewesen, und ich hatte für den schlimmsten Fall meine Kündigung angekündigt; aber weder das eine noch das andere geschah. Nur die Stimmung zwischen uns wurde eisig. Jemanden außerhalb seiner Machtsphäre zu wissen, ertrug der Chef schlecht.

Mit dem Beginn des Kampfgruppenrummels, der zeitweilig wichtiger gewesen war als die Arbeitsaufgaben, hatte sich auch mein Verhältnis zu den Kollegen verschlechtert; denn für jene, die sich aus Parteidisziplin oder Überzeugung in die unkleidsamen grauen Uniformen hatten stecken lassen, hatte ich mich nun endgültig als politischer Versager oder gar als Gegner erwiesen, während solche, die sich gegen ihre Überzeugung zum Waffendienst hatten zwingen lassen, mir aus Vorsicht, oder weil sie ein schlechtes Gewissen hatten, gern aus dem Wege gingen. Alle aber, die sich an Wochenenden Platzpatronengefechte liefern und im Gelände eingraben mußten, sahen mit Mißgunst, daß ich derweilen friedlich meine Freizeit genoß.

Der Abschied von der bibliothekarischen Arbeit wäre mir schwerer gefallen, wäre sie nicht ständig mit Gewissenskonflikten verbunden gewesen, die meist dadurch entstanden, daß ich den Vorrang des Ideologischen vor dem Bibliothekarischen zulassen mußte, auch wenn es dem Fachverstand widersprach. Bei meiner letzten Aufgabe, der Erarbeitung einer Systematik, deren Einführung allen Öffentlichen Bibliotheken zur Pflicht gemacht werden sollte, war dieses Prinzip ins Absurde getrieben und wurde später für die praktische Arbeit von unangenehmer Konsequenz. Allmonatlich trat eine Kommission von Praktikern aus den Bezirken zusammen, die meine Vorschläge prüfen, an ihren Buchbeständen erproben und bei Unbrauchbarkeit auch verwerfen mußten; doch konnten auch ihre von mir provozierten und unterstützten Proteste nichts daran ändern, daß das sowjetische Vorbild nachgeahmt werden mußte und deshalb zum Beispiel der Marxismus-Leninismus als erste Hauptgruppe, groß A, an die Spitze rückte, obwohl das Einordnungsschwierigkeiten und unzählige Querverweise zur Folge hatte, da es der Wissenschaftsgliederung widersprach.

In der Kommission, vor der ich kein Hehl aus meiner Abneigung gegen diese Zwänge machte, hatte man mitleidiges Verständnis für meine Lage, aber wenn ich mir vorstellte, daß ich einmal gezwungen sein könnte, in Rostock, Suhl oder Nordhausen als Vertreter des Zentralinstituts auftreten und diesen Unsinn verteidigen zu müssen, war mir doch elend zumute, und ich sehnte mein vorzeitiges Ausscheiden herbei.

Groß war die Gefahr freilich nicht, für solche Missionen verwendet zu werden. In den Bezirken zu repräsentieren war normalerweise Sache der höheren Chargen, die das richtige Parteibuch hatten; Fachidioten wie ich waren mehr für den inneren Verbrauch bestimmt. Wenn ich dienstlich, in überfüllten, meist unpünktlichen Zügen, in die Provinz zu reisen hatte, war ich entweder Teil einer Gruppe, die irgendwas analysieren sollte, oder ich war im Interesse meiner Spezialgebiete, wie Sachkatalogsgestaltung oder Freihandaufstellung, unterwegs. Ich hatte mit einzelnen Kollegen zu reden, nie aber in Versammlungen Reden zu halten; und wenn ich, was selten geschah, zu Tagungen geschickt wurde, war immer ein Genosse, der repräsentieren und mich beaufsichtigen mußte, dabei.

Als dieser einmal vor einer Reise plötzlich erkrankte und ich allein zu einer Bezirkstagung fahren mußte, um eine Anweisung bekanntzumachen, brachte ich die dortigen Genossen, die mich Unorganisierten nicht kannten, wider Willen in eine peinliche Lage. Ihnen erschien es ratsam, in der Pause vor meinem Auftreten die Parteigruppe zu versammeln, um sich über die neue Verordnung vorweg eine Einheitsmeinung zu bilden, damit die allgemeine Diskussion später nicht in unerwünschte Bereiche lief. Als nun zu Beginn der Pause die Genossen gebeten wurden, im Saal zu bleiben, war ich mit unter den wenigen, die ihn verließen, was erst als Mißverständnis gedeutet wurde, weil man aus der Zentrale selbstverständlich einen Genossen erwartet hatte, dann aber die Leitung in Verlegenheit stürzte, weil man mich einerseits für die Parteigruppenberatung brauchte, mich andererseits aber nicht zulassen durfte. Statt über die Sache wurde nun lange über diese Verfahrungsfrage beraten und schließlich entschieden, das Prinzip nicht zu verletzen, auf den Parteilosen also zu verzichten und lieber ohne vorherige Parteidisziplinierung in die Debatte zu gehen.

Daß mir vor öffentlichem Auftreten stets grauste, hing zwar auch mit meinem Naturell zusammen, wurde aber durch meine Skrupel verstärkt. Da ich beim Aussprechen des Gebotenen das Gewollte nie vergessen konnte, also die nicht lautwerdende Wahrheit immer im Kopfe hatte, wirkte ich unsicher und fand nicht den richtigen Ton. So ungeschickt war ich als Redner, daß die einen mich nicht für voll nahmen, die Sensibleren unter den Zuhörern aber meine prekäre Lage erahnen konnten. Auch wenn ich mich haargenau nach den Sprachregelungen zu richten versucht hatte, wurde ich oft von Gleichgesinnten als einer der ihren erkannt.

Wie wenig mir Tarnung in dieser Hinsicht gelingen konnte, wurde mir gegen Ende meiner Bibliotheksjahre bei einer gesamtdeutschen Begegnung deutlich, die mir noch als Erinnerung auf den Magen schlägt. Mein chronisches Leiden hatte wohl eine ihrer Quellen in diesen drei oder vier schleswig-holsteinischen Tagen. Jedenfalls war der elende Zustand, den ich damals erlebte, nicht allein auf die ungewohnten kulinarischen Genüsse zurückzuführen, sondern auch und in stärkerem Maße auf eine Seelenlage, die zwischen Scham, Stolz, Angst vor Blamage und Vorsicht schwankte und die nach Entscheidungen schrie.

Dieses deutsch-deutsche Zusammentreffen, das in Mölln stattfand, aber auch in die Bibliotheken von Hamburg und Rendsburg führte, sollte angeblich der Verständigung dienen, doch hatte die DDR-Delegation, die Gotthard führte, selbstverständlich auch Abgrenzungspflichten. Alle Versuche von Einflußnahme sollten energisch zurückgewiesen und eine Bresche in die bürgerlich-liberalistische Bibliotheksfront geschlagen werden. Geschlossenheit und Prinzipienfestigkeit war deshalb höchstes Gebot.

Verkrampft war man auf beiden Seiten, auf einer allerdings einheitlicher als auf der anderen, auf der man sich betont individualistisch und vielstimmig gab. Die einen mußten sich davor hüten, den Namen des östlichen Staates über die Lippen zu bringen, konnten aber auch nicht, um nicht zu beleidigen, wie gewohnt von der Ostzone oder der Zone reden, sondern mußten sprachliche Umwege machen, beispielsweise von den »Landsleuten von drüben« sprechen oder altfränkisch und allgemein von den »Bibliothekaren aus allen deutschen Landen« reden, wie es bei einer offiziellen Begrüßung zu hören war. Die anderen hatten zwar im Sprachregelungsgehorsam mehr Übung, da die Benen-

nungszwänge häufiger und schneller gewechselt hatten,
mußten sich aber auf fremdem Terrain friedlicher und zivi-
ler geben, manche gewohnte Begriffe, wie Imperialisten
und Klassenfeinde, vermeiden, sich andererseits aber, um
nicht des Versöhnlertums verdächtigt zu werden, immer
klar und deutlich parteilich zeigen, so daß bei vielen hier
und dort gleichlautenden Fachbegriffen, die aber, wie es
hieß, im Arbeiter- und Bauern-Land andere Inhalte hatten,
ein Zusatz wie sozialistisch oder antifaschistisch oder hu-
manistisch erforderlich war.

Die Ehre der Teilnahme an dieser Tagung hatte ich ihrem
Thema zu danken. Es ging um Freihandbibliotheken, und
man brauchte mich, um über deren Kataloge zu reden.
Mein Referat hatte ich der Leitung vorlegen müssen, die es
in ihrem Sinne ergänzt und berichtigt hatte, so daß alles,
was ich in Mölln dann vortrug, der verordneten Linie entsprach. Trotzdem verlief mein Auftritt nicht so, wie Gotthard es wollte; denn die westdeutschen Kollegen reagierten
auf mich ganz anders als auf ihn und seine Genossen, die
übrigens im Feindesland ihre Parteiabzeichen nicht tragen
durften. Es gab eine Fachdiskussion ohne politische Spitzen; indem man so tat, als seien in meinem Vortrag die
Zwangsfloskeln gar nicht vorhanden gewesen, ersparte man
mir, dazu Stellung zu nehmen. Ich spürte deutlich, was mir
anschließend auch mehrfach bestätigt wurde: Man hatte
meine unglückliche Lage erkannt.

Vielleicht war es die Unfähigkeit, Scham und Pein zu
verbergen, die mich durchschaubar machte. Vielleicht war
die Fremdheit zu spüren, mit der ich mich unter den
DDR-Delegierten bewegte. Vielleicht aber fehlte mir auch
nur jene mit ständigem Mißtrauen verbundene Selbst- und
Siegesgewißheit, die normale Kontakte mit den Genossen
so schwierig machte, auch wenn der Wille dazu vorhanden
war. Jedenfalls saß ich bald schon mit den Kollegen aus
Hamburg, Köln und Rendsburg zusammen, von denen ich

einige ältere, deren Namen ich aus der Fachliteratur kannte, mit Recht meine Lehrmeister hätte nennen können. Was ich ihnen da vorgetragen hatte, war ein Extrakt aus ihren Schriften gewesen, nur sozialistisch verbrämt. Ihr mit der Freihand verbundenes Glaubensbekenntnis bestand in der Meinungs- und Lesefreiheit, und ich habe mich damals bald als ihr heimlicher Glaubensbruder bekannt.

Selten habe ich zu Menschen so schnell Vertrauen gefaßt wie zu diesen Kollegen, die meine Zwangsunterwerfung als solche erkannten und mich bald als einen der ihren ansahen. Gotthard und seine Leute sah ich nur in den Sitzungen. Wenn er mich im Gespräch über Literatur, die er nicht kannte, erlebte, waren ihm Ärger und Wut anzumerken. Er fühlte sich nicht nur politisch verraten, sondern auch persönlich zurückgesetzt. Er kam nicht selbst, um mich zu ermahnen, sondern schickte einen Vertrauten, der mich beiseite winkte und mich flüsternd im halbdunkeln Gang der Pflichtvergessenheit zieh. Das sei eine Dienstreise und kein Privatvergnügen, es sei nicht erlaubt, sich vom Kollektiv abzusondern, ich aber täte das geradezu demonstrativ. Merkst du denn nicht, schloß er, mich vertraulich duzend: Man streckt die Fangarme nach dir aus.

Diese Besorgnis war unbegründet. Die Gefahr sah man in dem, was man Abwerbung nannte und auf eine imperialistische Verschwörung zurückführte, deren Ziel die Schwächung des Sozialismus war. In Wahrheit war von Abwerbung hier keine Rede, und doch war die Sorge darüber nicht unberechtigt, denn ich, von mir aus, wurde abwerbungsbereit. Ich sah die baulich und technisch hervorragend ausgestatteten Bibliotheken, die Buchbestände, die alles enthielten, was ich im Osten vermißte, und ich erlebte die angst- und dogmenfreie politische Diskussion. Die Vorstellung, hier meinen Beruf ausüben zu können, war verlockend, und die Gewißheit, bei diesen versierten und engagierten Berufskollegen im Notfall Rat und Hilfe finden zu können, beruhigte sehr.

Am zweiten Tag schwänzte ich nachmittags die Zusammenkünfte, weil einer der Tagungsteilnehmer mir angeboten hatte, mich mit dem Auto nach Neustadt/Holstein zu fahren, wo meine Schwester Leiterin eines Kinderheims war. Wir hatten einige Stunden Zeit zum Erzählen, und nachdem ich von der Tagung berichtet hatte, fragte meine Schwester verständlicherweise: Und warum bleibst du nicht einfach hier?

Wahrscheinlich werde ich ihr geantwortet haben: Ich täte es sicher, wenn unsere Mutter nicht wäre, die ihre Laube im Märkischen nicht aufgeben will. Ich kann sie dort nicht alleine lassen, und außerdem hat sie uns alle, wie du an dir merkst, dazu erzogen, daß man dort, wo man hingestellt wurde, ausharren muß.

Daß ich ihr von den ersten Literaturversuchen erzählte und von dem Traum, als Selbständiger leben zu können, ist unwahrscheinlich. Aber die Hoffnung darauf war groß. Sie machte mir die Rückfahrt erträglich. Nicht lange danach kündigte ich und zog, der geringeren Miete wegen, in ein vom Abriß bedrohtes Hinterhaus in der Auguststraße. Mein erster freier Tag war der 1. April 1961. Im November wurde ich fünfunddreißig. Im August wurde die Mauer gebaut.

IM SCHATTEN DER MAUER

Als käme es darauf an, Trauer, Wut und Verzweiflung bis zu einem Zustand zu steigern, der es mir unmöglich machen sollte, die gewaltsame Teilung der Stadt jemals als normal zu empfinden, war ich am 13. August 1961 von früh bis spät unterwegs. Es trieb mich dazu, das mit Bangen Erwartete und doch nicht für möglich Gehaltene mitzuerleben, die Wandlung des Albtraums in Realität mit eignen Augen zu sehen. Ich wollte dabei sein, wenn man uns einsperrte, wollte zu der Menge gehören, deren Blicke den Bewaffneten wenigstens zeigten, daß sie mit Jubel nicht rechnen konnten. Ich hoffte, Spuren schlechten Gewissens in den Augen der Wächter entdecken zu können, rechnete auch mit spontanem Aufbegehren, fand aber auf beiden Seiten nur Aufgeregtheit und Angst. Siegesjubel, der am nächsten Morgen die kraftmeiernden Zeitungen füllte, war in keinem dieser Gesichter zu lesen, und niemanden traf ich, der, wie das NEUE DEUTSCHLAND, behauptet hätte, daß man nun endlich wieder frei atmen könnte.

Der Stadtbezirk Mitte, der mir in den nächsten Jahrzehnten so vertraut wie Britz und Neukölln werden sollte, war im Norden, Süden und Westen von den Westsektoren umschlossen, so daß ich von meinem Hinterhaus aus zu Fuß alle Grenzen in zehn bis zwanzig Minuten erreichen konnte. In den Monaten zuvor hatte ich sie alle erkundet, teils um unkontrollierte Übergänge zu finden, teils historischer Reminiszenzen wegen; denn Orts- und Geschichtskenntnisse gehörten für mich immer zum Heimischwerden dazu. Vertraut war ich nicht nur mit den berühmten Punkten, wie dem Brandenburger Tor oder dem Checkpoint Charly in der südlichen Friedrichstraße, sondern auch mit der im Krieg zerstörten Gegend hinter dem Spittelmarkt und der Leipziger Straße, wo man auf Nebenstraßen, denen die Häuser fehlten, oder auf Trampelpfaden zum Moritzplatz oder dem Halleschen Tor gehen konnte; ich kannte den Grenzbereich zwischen Tiergarten und Wilhelmstraße, die am Reichstag beginnende Spreekrümmung, wo das Flußufer zur Grenze wurde, und natürlich auch die benachbarten Grenzstraßen im Norden, die manchmal auch längs geteilt waren, so daß Mieter, die im Osten wohnten, beim Verlassen des Hauses im Westen waren, und wo sich im

Gleisgewirr des Nordbahnhofs, zu dem wir noch immer Stettiner sagten, die Grenze für mich verlor.

Auffallend, wenn auch historisch erklärbar, war es, daß viele Friedhöfe im Grenzbereich lagen, der der Sophiengemeinde an der Bergstraße zum Beispiel, wo ich am 13. August die Grenze gar nicht zu sehen bekam. Überall sonst standen hüben wie drüben die Zivilisten, und zwischen ihnen bewegten sich, drohend oder Stacheldraht ausrollend, die Uniformierten; hier aber, in der Bergstraße, wo der Friedhof bis an die Grenze reichte, wollte man bis in dessen unübersichtlichen Bereich niemand erst kommen lassen. Man trieb die Leute, mich mit, bis an die Invalidenstraße zurück.

Da die Soldaten der Postenkette in meinen Träumen später dieses Zurückjagen in den Osten immer wieder besorgen mußten, bin ich nicht sicher, ob sie tatsächlich die Bajonette gefällt hatten oder aber Maschinenpistolen im Anschlag hielten. Die Drohung mit der Gewalt jedenfalls machte bleibenden Eindruck. Sie verfestigte die Furcht, die die Eingeschlossenen regierbar machte, hinderte aber auch daran, die Mauer, wie die Partei es wollte, als Schutzwall zu sehen. Die Sage von der notwendigen Abwehr des eroberungssüchtigen Westens haben wohl auch die gläubigsten Parteileute nicht geglaubt.

Seltsam aber erging es mir mit den Mauerträumen, die mich übrigens auch nach dem Abriß der Mauer manchmal noch plagen, seltsam, weil sie sozusagen umgekehrt waren, also nicht in die Freiheit der weiten Welt, sondern nach Hause zielten; die Mauer war immer das Hindernis, das die Rückkehr in die Heimat versperrt. Auf unerklärliche Weise habe ich die Mauer überwinden können, bin nun allein ohne Geld in der Fremde und weiß, daß eine Rückkehr unmöglich ist. Ich versuche es wieder und wieder, stoße aber immer auf Uniformierte, die keinen Durchlaß gewähren, oder auf Stacheldraht, Bajonette, Beton. Nie bringt ein Mauerdurchbruch die Rettung aus dieser verzweifelten Lage, sondern immer erst ein gnädiges Erwachen, das dann auch das Rätsel der Umkehrung löst. Die Heimat, nach der ich im Traum mich verzehre, liegt nämlich nicht in Berlin-Mitte oder im Dorf meiner Mutter, sondern dort, wo ich die ersten siebzehn Lebensjahre verlebte, in Britz nämlich, das nun zu den unerreichbaren Westsektoren gehört.

Aber nicht nur im Traum, auch im Leben, habe ich mich mit der Mauer nie abgefunden. Um sie als normal empfinden zu können, war ich zu sehr mit dem ganzen Berlin und dem ganzen Deutschland verbunden; um sie als Notwendigkeit begreifen zu können, hatte ich für die Belange ihrer Erbauer zu wenig Verständnis; und die von manchen gehegte Hoffnung, daß sich in ihrem Schutz im Innern größere Liberalität ausbreiten könnte, teilte ich nie.

Trotzdem mußte man mit ihr leben, konnte sich nicht über Jahre, Jahrzehnte, weil man den Schritt nach Westen nicht rechtzeitig getan hatte, einen entschlußlosen Dummkopf schelten, konnte sich nicht für ewig in Sehnsucht nach dem Kurfürstendamm oder dem Britzer Dorfteich verzehren, nicht ständig als schmerzlich empfinden, daß man den Taunus, den Odenwald oder Mainfranken, die man noch in den fünfziger Jahren, wenn auch unter ständigen Geldnöten, mit dem Fahrrad durchquert hatte, nicht mehr erleben konnte und daß Kopenhagen, Paris oder Rom einem für immer verschlossen waren. Man mußte vergessen lernen, daß die häufig besuchte Ackerstraße, wo Fräulein Broder in der schäbigsten aller schäbigen Wohnungen lebte, noch eine Fortsetzung nach Norden hatte, mußte sich darin üben, die Eingänge zu den nicht mehr betretbaren U-Bahn-Stationen nicht zu vermissen, und wenn man unter dem Straßenpflaster in Fünf-Minuten-Abständen die U-Bahnen von Westen nach Westen rasseln hörte, mußte man irgendwann einmal aufhören zu denken: Ach, wer doch da mitfahren könnte, nach Tegel oder Neukölln. Um eingesperrt überhaupt leben zu können, mußte man so zu leben versuchen, als gäbe es die Absperrung nicht.

Und der Versuch glückte, bei den meisten Leuten sogar vortrefflich. Schon einige Wochen nach Errichtung der Mauer, als sie für die Medien im Westen an Neuigkeitswert verloren hatte und nur Fluchtaktionen sie wieder in die Schlagzeilen rückten, begannen viele schon, sie selbstverständlich zu finden und Positives an ihr zu sehen. Man lebte ruhiger in ihrem Schatten. Man war der Entscheidung, zu fliehen oder zu bleiben, enthoben; das Provisorische hatte feste Konturen bekommen; das Vorläufige sah, verstärkt durch die Haltung des Westens, der unter Protesten alles hatte geschehen lassen, plötzlich nach Dauer aus. Auf Dauer also galt es sich einzurichten, Familien zu gründen, Kinder zu kriegen, sich um besseren Wohnraum und ein Wochenendgrundstück zu kümmern, um der Karriere willen der Partei beizutreten, zumindest aber nicht unliebsam aufzufallen und sich vielleicht auch der Ideologie mehr zu öffnen; denn in politischer Dauerschizophrenie lebt es sich schlecht.

Die Gewöhnung konnte ich auch an mir selbst studieren. Zwar blieb meine Meinung zum Mauerbau unverändert, aber ich lernte, mein Leben auf die neuen Bedingungen einzustellen und nicht ständig über die Freiheitsbeschneidung erbost zu sein. Um den Schmerz wieder wach werden zu lassen, brauchte nicht erst ein Flüchtling erschossen zu werden; es genügten kleinere Anlässe, wie der Ausbau der Grenzanlagen, die Sichtblenden auf der Marschallbrücke, die den Blick auf den Reichstag verhindern sollten, oder die neuen Landkarten und Stadtpläne, die West-Berlin nur als weißen Fleck zeigten, als endete an den Grenzen die Welt.

Selbst die Verzweiflung darüber, westliche Buchhandlungen und Bibliotheken nicht mehr aufsuchen zu können, legte sich mit der Zeit. Zur Information fanden sich andere

Wege, zum Beispiel die dritten Hörfunkprogramme, die nun für mich größere Bedeutung gewannen, die wissenschaftlichen Bibliotheken, die einem, wenn man in ihnen Bescheid wußte und ein Vertrauensverhältnis zu den Bibliothekaren hatte, viel geistige Konterbande vermitteln konnten. Hilfreich waren auch Verwandte und Freunde von jenseits der Mauer, die die strapaziösen und zeitraubenden Kontrollen nicht scheuten und den Mut hatten, Zeitschriften und Bücher zu schmuggeln, und dann später die Korrespondenten, deren Bekanntschaft auch immer Informationsgewinn war. Der Erste von ihnen, der Ost-Berlin schon eifrig besuchte, als noch keine Akkreditierungen möglich waren, war der Tübinger Christoph Müller, der damals als Lokalreporter für den TAGESSPIEGEL arbeitete und nebenbei mich und andere mit Neuerscheinungen von Enzensberger, Arno Schmidt, Uwe Johnson und Grass versorgte und einmal auch Martin Walser in mein Hinterhaus brachte, der freilich, wofür ich Verständnis hatte, an den anwesenden Damen mehr interessiert war als an mir.

In anderer Weise von der Mauer beschattet war auch die DDR-Literaturszene, in die ich mich nun widerwillig hineinziehen ließ. Ich geriet unter so viele Genossen, wie ich sie vorher noch nie um mich gehabt hatte. Da wahrscheinlich jene, die wie ich dachten, auch wie ich schwiegen, schien hier alles linientreu, optimistisch und selbstsicher zu sein. Man pflegte den auftrumpfenden Ton, in dem man die Errichtung der Mauer als Sieg über den Klassengegner gefeiert hatte, und ließ auch sein Wissen und seine Interessen an der Staatsgrenze enden, zumindest nach Westen hin.

Letzteres freilich galt nur für die Niederungen, in die ich gezogen wurde, nicht aber für die höheren Regionen, wo man die Bundesrepublik immer im Blick behielt. Noch war theoretisch und propagandistisch der angebliche Kampf um die deutsche Einheit nicht aufgegeben, doch wurde das neue Dogma von den zwei deutschen Nationen mit zwei

Kulturen merkbar schon vorbereitet. Auf den unteren Stufen des kulturellen Lebens wurde es sowieso schon von Anfang an praktiziert.

Der Mitteldeutsche Verlag in Halle war Ende der fünfziger Jahre damit beauftragt worden, eine Literatur zu entwickeln, die dem entsprechen sollte, was die Partei darunter verstand. Er hatte 1959 die Bitterfelder Konferenz ausrichten müssen, auf der Ulbricht persönlich den jungen Autoren literarische Aufgaben gestellt hatte, und da diese teilweise auch erfüllt wurden, war die Verlagsproduktion dementsprechend, nämlich unter allem Niveau. Für einen Erzähler, der halbwegs Lesbares zustande brachte, war es in diesem Umfeld leicht, als Begabung zu gelten. Ich wurde also rasch weiterempfohlen, zum Film zum Beispiel, wo schon mit Entwürfen, aus denen Fertiges nicht unbedingt werden mußte, ein bißchen Geld zu verdienen war. Ein Angebot kam auch vom NEUEN DEUTSCHLAND; ich sollte für die Wochenendbeilage etwas Besinnliches, wie Worte zum Sonntag, schreiben; doch wehrte ich das mit der Behauptung, daß mir dazu nur Christliches einfallen würde, entschieden ab.

Die erste Berührung mit jungen Autoren hatte ich auf einer Konferenz des Verlages in Halle, deren Besuch ich später bereute, weil ich das dort übliche Du Jahrzehnte lang nicht mehr loswurde und einen Widerwillen dagegen entwickelte, der mich veranlaßte, mit verehrten oder geliebten Leuten so lang wie möglich per Sie zu sein.

An das Thema der Tagung kann ich mich nicht mehr erinnern, wohl aber an meine Leiden in einer fröhlichen Tischrunde, in der viel geraucht, getrunken und schwadroniert wurde und der massige Erik Neutsch Wortführer war. Während Eberhard Panitz, der noch viele sozialistische Trivialromane verfassen sollte, mich peinlicherweise fragte, zu welcher Parteigruppe ich denn eigentlich gehörte, und der freundliche Reiner Kunze, der schon mehrere Lyrikbände, mit so bezeichnenden Titeln wie *Die Zukunft sitzt am Tische, Aber die Nachtigall jubelt*, veröffentlicht hatte, versonnen lächelnd in die Rauchschwaden blickte, als wollte er sich aus ihnen die Inspirationen holen, forderte Neutsch, der zehn Jahre später, wenn er getrunken hatte, seinen Genossen und Bestsellerkonkurrenten Hermann Kant mit Haß und übler Nachrede verfolgen sollte, die anwesenden jungen Genies dazu auf, den Schwur abzulegen, niemals im Leben, wie die alten Schriftstellergenossen es taten, sich gegenseitig die Erfolge zu neiden, sich anzufeinden oder bei der Partei anzuschwärzen. Wir, rief er, werden zusammenhalten, als Kollektiv der literarischen Einzelkämpfer werden wir den Alten beweisen, daß das Konkurrenzdenken aus kapitalistischen Zeiten für uns nicht mehr gilt.

Zu den Lärmmachern am Tisch gehörte auch Walter Radetz, mein neuer Lektor, ein in den Osten übergesiedelter KPD-Mann aus Wolfsburg, der schon mehrere Lektoren- und Cheflektorenposten bekleidet und wegen Unfähigkeit wieder verloren hatte, nebenbei aber auch agitatorische Funkdramatik und Prosa schrieb. Da er mich so wenig wie ich ihn ausstehen konnte, und meine Geschichten ihm nicht eindeutig und parteilich genug waren, war unser Verhältnis von Anfang an spannungsgeladen. Er fühlte sich als Mitautor meiner Geschichten und brachte es fertig, mir Passagen, die ihm fehlten oder ihm nicht gefielen, Wort für Wort vorzuschreiben, mit endlosen Dialogen, in denen in Zentralkomiteestönen alles gesagt wurde, was er für notwendig hielt. Meine entsetzte Abwehr beleidigte ihn natürlich, und er rächte sich dadurch, daß er den ersten Teil meines ersten Romans für politisch völlig verfehlt erklärte. Doch da man im Verlag seine Meinung nicht teilte und mich nicht verlieren wollte, befreite man mich von ihm.

Mit dieser unerfreulichen Kurzepisode verbunden war eine länger währende, eher kuriose, die aber durch eine Begegnung, die sie herbeiführte, für mein weiteres Leben bedeutungsvoll war. Radetz nämlich, der auch Funktionen im Schriftstellerverband hatte, leitete damals die Berliner Arbeitsgemeinschaft junger Autoren und hielt es für selbstverständlich, daß auch ich diese Bildungsmöglichkeit nutzte und damit den ersten Schritt zur Mitgliedschaft im Schriftstellerverband tat. Einmal im Monat kam man abends für zwei Stunden zusammen, lauschte gelangweilt einem der Anfänger, der selbstbewußt oder verlegen seine Gedichte oder Geschichten den meist gnädigen Urteilen der anderen Anfänger aussetzte, oder man hörte einem als prominent geltenden Autor oder einem Literaturwissenschaftler zu. Jung waren nur wenige von den jungen Autoren, und die Begabten, denen die Arbeitsgemeinschaft nur notwendige Vorstufe für die Aufnahme in den Schriftstellerverband war, machten sich rar. Die Masse der Anwesenden setzte sich aus schon bejahrten Frauen und Männern zusammen, deren Hervorbringungen niemand drucken wollte, weshalb ihr Zustand als junger Autor ein immerwährender war. Ihr Eifer, in den nur sie selbst Hoffnungen setzten, hätte Mitleid erregen können, wäre ihre politische Haltung nicht gar zu beflissen gewesen. Sie hatten in Radetz ein Beispiel für die Erkenntnis vor Augen, daß manches Minimum an Begabung durch Parteilichkeitszusatz zum Erfolg geführt hatte. Nur war bei ihnen auch dieses Minimum leider nicht da.

Daß die wenigen ernstzunehmenden Leute diese langweilige Vorschule nur selten besuchten, versteht sich von selbst. Tragelehn und Mickel, die neben Brechts Haarschnitt und Brechts Zigarre auch ihre an Brecht geschulte Intelligenz zur Schau stellten, gaben nur Gastrollen, und auch die schwatz- und schimpflustige Irmtraud Morgner, die mir in nasalen, schwerverständlichen Tönen die Großartigkeit des von ihr zu erfindenden phantastischen Realismus klarzumachen versuchte, ließ sich selten nur sehen. Intellektuelle wirkten in dieser Runde auch störend und brachten

Radetz mit ihrem Marxismus, der anders war als der seine, nur in Verwirrung. Der dicke Volkspolizist, der schon seit zehn Jahren kleine Alltagsgeschichten von Streifengängen in Weißensee zu erzählen versuchte, behagte ihm mehr.

Da auch ich den Zirkel weniger besuchte als schwänzte, muß ich es als himmlische Fügung betrachten, daß ich an jenem Abend, als die Hörspieldramaturgie den jungen Autoren Einblick in ihre Arbeit gewährte, zufällig anwesend war. Weder zuvor noch danach hatte ein Vortrag für mich so weitreichende Folgen. Einige Tage vergingen im Nachsinnen darüber, ob hellblondes Haar über schwarzbraunen Augen von natürlicher Färbung sein könnte. Als diese Frage sich nach Wochen dadurch beantwortet hatte, daß die Augen bei Tageslicht von einem zum Haar passenden Blau waren, brauchte ich Monate zu der Entscheidung, ob zur Intensivierung einer Bekanntschaft geduldiges Warten oder Aufdringlichkeit günstiger wäre; und Jahre schließlich wurden für die Werbung gebraucht. Sie war gegenseitig und am Ende erfolgreich. Geworben wurde ich für einige Wochen des Hörspielschreibens, während das Ergebnis meiner Werbung (dessen bloße Erwähnung eigentlich schon den Bruch eines Versprechens bedeutet) zumindest ein Leben lang währt.

DER HOLZWEG

Daß mein erster und längster Roman auch mein schlechtester wurde, hing mit dem Anfängerglauben zusammen, alles Ausgedachte auch erzählen zu können. Ich wollte mehr als meine Erfahrungen geben, und ich kannte die Grenzen meiner Fähigkeiten noch nicht.

Die Verlogenheit des Buches hatte andere Gründe. Mein Ehrgeiz, gedruckt zu werden, war größer als die Verpflichtung zur eignen Wahrheit gewesen. Um den Erwartungen des Verlages entgegenzukommen, hatte ich meinen Erlebnissen und Erfahrungen einen anderen Sinn untergeschoben und die Verbote dabei immer im Kopf gehabt. Mein Blick war beim Schreiben starr auf die Zensur gerichtet gewesen, und diese erwies sich dankbar dafür. Das Buch wurde gedruckt, gelobt und mit einem Preis ausgezeichnet. Als Willi Bredel, dessen Romane mich, wenn ich gezwungen war, sie zu lesen, entsetzlich gelangweilt hatten, mir in der Akademie der Künste die Urkunde und einen Scheck über zehntausend Mark überreichte, war mir, wie meine Mutter es ausgedrückt hätte, blümerant zu Mute, denn ich wußte: Hier wurde Willfährigkeit honoriert.

Von dem Preisgeld und von mehreren Auflagen des Romans konnte ich jahrelang leben. Als ich mich endlich dazu entschloß, einen weiteren Druck nicht mehr zuzulassen, war der Roman in der Öffentlichkeit bald vergessen, ich aber beschäftigte mich in schlaflosen Nächten noch lange mit ihm. Um den Stoff meines Lebens nicht verloren geben zu müssen, war ich mehrmals versucht, den Roman umzuschreiben. Aber wenn ich die ersten Seiten mit Befremden wieder gelesen hatte, wurde mir das Aussichtslose dieses Vorhabens klar. Hier war mit Verbessern und Kürzen nichts zu erreichen. Ich hätte auf die Ursprünge zurückgehen müssen. Denn die ganze Anlage war falsch.

Von Kriegsende an war ich mit dem Buch immer wieder beschäftigt gewesen. Erst hatte es, seiner Hauptquelle gemäß, die Form eines Tagebuchs haben sollen, dann war es zu einer Reportage geworden, und als es sich zum Roman gemausert hatte, war der Geist Georg Lukács' und Wilhelm Meisters hineingefahren und hatte es, weil die Totalität der Gesellschaft erfaßt werden sollte, unförmig und langatmig gemacht. Aus der geplanten Darstellung des Geisteszustandes meiner Jugend in den Nachkriegsjahren war ein Bildungsroman geworden, der das ursprüngliche Thema ans

Erziehungsschema verriet. Das Glück der Freiheit von aller Bindung wurde so zum pädagogischen Auftakt, die Abwehr aller ideologischen Fesseln zur Suche danach. Zwar entläßt der Roman seinen Helden am Schluß nicht als Sozialisten, aber doch als einen, der es bald werden kann.

Über Krieg und Nachkrieg zu schreiben, war in den fünfziger und sechziger Jahren, wenn man gedruckt werden wollte, nur mit Verschweigen und Lügen möglich; denn alles, was uns in diesen Jahren Angst gemacht hatte, war tabuisiert. Kein Sowjetsoldat durfte in Deutschland geplündert und vergewaltigt haben, kein nach dem Krieg Internierter in Buchenwald, Ketschendorf oder in Sibirien verendet sein. Von den deutschen Offizieren, die von den Amerikanern in die sowjetisch besetzte Zone entlassen und von den Russen sofort wieder gefangen und abtransportiert wurden, durfte genauso wenig verlauten wie von den Opfern der Bodenreform und der Bauernvertreibung, von den Justizmorden in Waldheim, von der sogenannten Aktion Rose, die den Hotelbesitzern an der Küste gegolten hatte, oder von den hohen Gefängnisstrafen für kritische Worte oder einen politischen Witz.

So viel, wie ich heute weiß, wußte ich damals noch nicht darüber, aber nichts war mir gänzlich verborgen geblieben; doch nicht einmal andeutungsweise kommt dergleichen in dem Roman vor. Man war gut trainiert aufs Verschweigen, denn gefährlich war auch das Reden darüber, das Hetze genannt wurde und bestraft werden konnte. Denunziert wurde viel. Man behielt besser für sich, was man wußte, und da es noch besser war, davon gar nichts zu wissen, galt die Nichtbeachtung des Schweigegebots bald als ungehörig. Zwang wurde zur Konvention.

Als der *Hohlweg*, so hieß der Roman, mit dem Heinrich-Mann-Preis geehrt wurde, konnte ich zum erstenmal die Beobachtung machen, daß die Gesprächskonventionen, trotz der engen Grenzen, die ihnen gesteckt waren, sich auf den

verschiedenen Ebenen unterschiedlich entwickelt hatten;
sie wurden, zumindest in Kunstbereichen (in die der Politik
und der Wirtschaft hatte ich keinen Einblick) um einige
Nuancen lockerer nach oben hin. Das hing vielleicht auch
mit dem höheren Bildungsgrad, der vorausgesetzt werden
konnte, zusammen, in weit höherem Maße aber mit der
größeren Selbstsicherheit. Auch war man geschützter in
diesen der Macht näheren Kreisen. Man wußte, wie Gnade
und Ungnade zustande kamen; man bekam eher Wind von
Änderungen des Kurses, so daß man sich darauf einstellen
konnte; man hatte Freunde in Machtpositionen, an die man
in Notfällen sich wenden konnte; und der eigne Name,
wenn er bekannt genug war, schützte auch. Auch wurde
das Gespräch dadurch freier, daß man Parteilichkeit und
Ergebenheit, die man auf unteren Stufen dauernd hervor-
kehren mußte, zwar nicht ganz vermeiden, aber doch nur
sporadisch am Rande mitlaufen lassen konnte; denn die
Rangerhöhung, die man erfahren hatte, war für beides ja
schon ein Beweis. So konnte man Kenntnisse, die man aus
westlichen Medien hatte, sogar mit Quellenangabe ins Gespräch einfließen lassen, wenn nur im Tonfall ein Vorbehalt
merkbar blieb. Dem Volk war zu dieser Zeit noch das Hören und Sehen von Westsendern verboten; Schulkinder
mußten sich zur strengen Abstinenz in dieser Hinsicht ver-
pflichten; im Schriftstellerverband verschwieg man, wenn
man gesündigt hatte; in der Akademie aber galt es als
selbstverständlich, daß man sich so auf dem laufenden
hielt. Ähnliches galt auch für die Lektüre; die ganze Moderne, die nicht ediert werden durfte, war unter den Auserwählten, soweit sie sich dafür interessierten, gesprächsweise
präsent.

Einem Mitglied der Akademie der Künste war ich schon
vor dem Preisverleihungsempfang begegnet: dem greisen,
fast erblindeten Arnold Zweig. Acht Tage lang hatte ich ihn
im Schriftstellerheim in Petzow bei den Mahlzeiten sehen

und hören können, und da seine Frau Beatrice es wünschte, hatte ich kleine Spaziergänge mit den beiden gemacht. So weit das Grundstück der Villa reichte, waren wir in Trippelschritten am Ufer des Schwielowsees auf und ab gegangen, und ich hatte, da sein *Grischa*-Roman mir einmal sehr viel bedeutet hatte, versucht, den verehrten Autor wenigstens reizend zu finden, was aber nur unvollkommen gelang. Denn wenn er nicht komisch war, war er unerträglich, behandelte seine zierliche Frau, die Malerin war, wie ein störrisches Dienstmädchen und sah in den Anwesenden, die er um sich zu scharen liebte, nichts als eine beflissene Zuhörerschaft. Nach der Mineralwasserflasche zu siebzehn Pfennigen, die er am Morgen geöffnet, aber nicht völlig geleert hatte, mußte am Abend das ganze Haus abgesucht werden. Der Frau, die manchmal versuchte, aus dem Monolog ein Gespräch zu machen, wurde in höhnischer Weise (Was redest du da schon wieder für Unsinn!) der Mund verboten. Und seine routiniert erzählten Geschichten, die er jeden Tag aufs Neue erzählte und sie bestaunt und belacht haben wollte, wurden nach drei Tagen allen zur Qual.

Seltsam an diesen Geschichten war übrigens die Diskrepanz zwischen Sprache und Inhalt. Der Fünfundsiebzigjährige hatte vom Wortschatz der DDR und von ihrer Sprachregelung nichts übernommen, so daß der Eindruck hätte entstehen können, hier setzte sich ein Selbstdenker bewußt vom Verordneten ab. Dem aber stand sein DDR-Lob entgegen, das einen einfachen und einleuchtenden Grund hatte, den nämlich, daß die DDR gut zu ihm war. Der Verleger Kurt Wolff, so ging eine Geschichte, hatte mit der Begründung, daß er Kaufmann sei, Schriftsteller aber Idealisten sein müßten, mit den Honoraren geknausert; Rowohlt hatte dasselbe getan, doch ohne jede Begründung; der Aufbau-Verlag aber zahlte ihm mehr, als er brauchen konnte, so daß sein Interesse an Geld völlig erloschen war. Als er 1951, obwohl nicht der Partei zugehörig (so ging eine andere Abend für Abend gehörte Geschichte), die Ehre gehabt hatte, an der Zentralkomiteestagung über Formalismus in Kunst und Literatur teilzunehmen, war ihm nicht, wie er befürchtet hatte, seiner Verteidigung Brechts und Dessaus wegen Feindschaft entgegengeschlagen, sondern Wilhelm Pieck hatte ihn zum Kaffee geladen und ihm für die Teilnahme gedankt. Das NEUE DEUTSCHLAND, so konnte ich beim Mittagessen erfahren, war die beste aller deutschsprachigen Zeitungen, denn es hatte seinen letzten runden Geburtstag mit dem längsten aller Artikel gefeiert; und die Einheitspartei war die literaturfreundlichste aller Parteien; denn als er Sorgen mit seinem DDR-Radio gehabt hatte, war gleich der Volksbildungsminister gekommen und hatte ihm eine Einfuhrgenehmigung für ein neues Radio aus dem Westen gebracht.

Als ich ihm nach der Preisverleihung wieder begegnete, Kurt Wolffs Begründung der Knauserei beim Sekt noch einmal belachen durfte und Frau Beatrice, die sich an mich noch erinnern konnte, mich in die Villa des hohen Paares nach Niederschönhausen einlud, machte ich mir wohl auch Gedanken darüber, daß es besser sei, verehrten Autoren nicht zu nahe zu kommen; stärker beschäftigte mich aber die Frage, wann ein Preisgekrönter, ohne die Konvention zu verletzen, die Feier verlassen darf. Es gab nämlich keinen, mit dem ich gern noch geredet hätte, dafür aber mehrere, denen ich aus dem Weg gehen wollte, Professor Hans Koch zum Beispiel, einem hochgradig nervösen Eiferer, der mit Vorträgen über sozialistischen Realismus glänzte, Otto Gotsche, dem miserablen Schriftsteller und Sekretär Ulbrichts, der glücklicherweise, wie sich herausstellen sollte, meine Abneigung erwiderte, oder auch Alfred Kurella, dem Oberdogmatiker, der, seiner Bildung und Intelligenz wegen, als besonders gefährlich galt.

Dieser konnte mich gerade noch am Ausgang erwischen, um mir Folgendes mit auf den Weg zu geben: Seine Frau

habe meinen Roman gelesen, mit Interesse, aber auch mit
Enttäuschung, weil ihm die Leidenschaft für die Sache der
Arbeiterklasse fehle; sie hoffe, diesem Buch würde bald
eine Fortsetzung folgen, in der des Helden Reifeprozeß
sich vollende und damit Vorwärtsweisendes in das Werk
komme, ein Elan, wie ihn das letzte Programm der KPdSU
zeige, das nüchtern, aber doch mitreißend die Vollendung
des Kommunismus auf das Jahr 1980 datiere. Er schließe
sich dem Wunsch seiner Frau an.

An der Garderobe wurde ich noch von einem rundlichen
Herrn aufgehalten, der sich mir, in dem sicheren Glauben,
daß sein Name bekannt sei, als Hans Rodenberg vorstellte
und die Belehrungen dieses Festtages damit krönte, daß er
mir mit dem Zeigefinger auf jene Stelle der Jacke tippte, wo
bei ihm das Abzeichen der Einheitspartei prangte, und mir
dazu erklärte, worauf es in der Kunst ankomme: nicht auf
Begabung, die sei Voraussetzung, sondern darauf, daß hier
– womit er das Herz meinte – in unauslöschlichen Lettern
geschrieben stehe: DDR – mon amour!

Als ich einige Jahre später das neobarocke Akademie-
gebäude am Robert-Koch-Platz wieder aufsuchen mußte,
weil die Redakteure von SINN UND FORM die Ablehnung
einer Erzählung, der der geforderte Optimismus fehlte,
nicht schriftlich fixieren wollten, fühlte ich mich wesentlich
wohler als an dem Tag meiner Ehrung. Dem freundlich-
stotternden Armin Zeissler, der mir die Ausweglosigkeit
meiner Geschichte vorhalten und ihre Ablehnung mitteilen
mußte, konnte ich tröstende Worte sagen. Sicher war er
über meine gute Laune erstaunt.

WESTWÄRTS, AUFWÄRTS

Da man wissender und empfindlicher wird mit den Jahren, kann eine unangenehme Situation in der Rückschau quälender sein als bei ihrem Erleben. Damals war sie rasch überwunden, und man war zufrieden damit, sie überstanden zu haben, aber dreißig Jahre danach ist man von ihr peinlich berührt.

Um sich diesen Nachholschmerz zu ersparen, kann man das Vergangene in entlegene Gedächtnisbereiche verlagern. Aber auch diese lassen sich durch Codewörter wieder öffnen – durch das Wort Siegmundshof beispielsweise, das einen Ort im Bezirk Tiergarten bezeichnet, also in West-Berlin.

Ich fand das Wort in den Stasi-Akten, die 1964 über mich angelegt wurden, vielleicht nur, um herauszubekommen, ob ich zu einem Gruppenausflug über die Mauer geeignet war. Da die Spitzel »Pergamon« und »André« Belastendes nicht zu berichten hatten, durfte ich in einer Gruppe des Schriftstellerverbandes, in dem ich inzwischen, auch der sozialen Vergünstigungen wegen, Mitglied geworden war, mitfahren, nachmittags durch die Kontrollen im Bahnhof Friedrichstraße und am Abend zurück.

Drei Jahre nach dem Bau der Mauer und nicht lange nach dem ersten Passierscheinabkommen, das Westberlinern erlaubte, im Ostsektor Verwandtenbesuche zu machen, hatte eine Studentenvereinigung DDR-Autoren zu Lesungen eingeladen, und der Schriftstellerverband hatte sich darauf eingelassen, weil die Zusammensetzung der Lesemannschaft in seiner Befugnis geblieben war. Er schickte also seine parteitreuen Autoren, darüber hinaus aber auch Leute, die eine Qualität dokumentieren sollten, die in Parteitagsreden »Un-

terschiedlichkeit der Handschriften« und »Weite und Vielfalt« hieß. Vor zahlreichen Zuhörern lasen bei jeder Veranstaltung drei oder vier Autoren, mit mir zusammen
Manfred Bieler und Peter Hacks. Neben Studenten waren
auch Journalisten aus beiden Teilen der Stadt gekommen,
und der Osten hatte, um die Diskussion in genehme Bah-
nen zu lenken, auch Literaturwissenschaftler entsandt. Manchem von ihnen bin ich hier erstmals begegnet, auch dem
Literaturredakteur des NEUEN DEUTSCHLAND, Klaus Höpcke,
der in späteren Jahren das Amt des Oberzensors versah.

Mehr mir Bekannte aber waren aus dem Westen gekommen, Schulfreunde darunter, Bibliothekskollegen, die vor
dem Mauerbau den Osten verlassen hatten, Verwandte meiner Mutter, die aus ihrer märkischen Heimat geflohen waren, Buchhändler, die mich als mittellosen Buchinteressenten
kannten, und Christoph Müller vom TAGESSPIEGEL – Zeugen aus allen Lebensstadien also, die ich, bei aller Dankbarkeit für ihr Interesse, zum Teufel wünschte, weil sie mir die
schwierige Rolle, die ich zu spielen hatte, durch ihre Anwesenheit noch schwieriger machten. Sie warteten darauf,
mich so, wie sie mich kannten oder gekannt hatten, zu erleben, und mußten enttäuscht werden. War ich mir selbst
doch fremd.

Ich haßte es, öffentlich aufzutreten. Ich fand es meiner
nicht angemessen, und Angst vor dem Versagen quälte mich
auch. Vor dem Ereignis hatte ich schlaflose Nächte, in denen
Visionen von Auftrittskatastrophen sich häuften, danach
schämte ich mich, es nicht besser gemacht zu haben, und ich
bereute, dem Zwang oder der Verlockung zu dieser Zurschaustellung erlegen zu sein. Unangenehm war mir auch
die Entdeckung, daß ich auf Podien ein anderer wurde,
einer, der Wohlgefallen erregen will. In dieser Rolle war ich
mir selbst zuwider. Meine Aufgabe war es, am Schreibtisch
zu sitzen und Wohlüberlegtes zu Papier zu bringen, nicht
aber, mich auszustellen in all meiner Unausgegorenheit.

Gräßlich war also schon das Auftreten als solches, gräßlicher aber noch die notwendige Verstellung, die sich aus der politischen Situation ergab. Beiden Seiten war ich verpflichtet, existentiell dem Osten, in dessen Herrschaftsbereich ich lebte, mein Geld verdiente und Anerkennung gefunden hatte, geistig und moralisch dem Westen, in dem ich mit meinen Ansichten und Interessen zu Hause war. Ich mußte vorsichtig sein, um mich nicht zu gefährden, konnte aber, da ich auch Ehrgeiz hatte, mich nicht DDR-engstirnig zeigen. Ernst genommen wollte ich werden, und die, die mich von früher kannten, sollten nicht den Eindruck gewinnen, ich hätte mich nach Ulbrichts Decke gestreckt.

Eine Vorzensur hatte nicht stattgefunden; jeder konnte die Texte, die er vorlesen wollte, selber bestimmen. Ich hatte eine Erzählung gewählt, die ich unter dem Schock der Mauererrichtung geschrieben und mit der Erinnerung an eine vom DDR-Militär okkupierte Wald- und Seenlandschaft verbunden hatte. Sie spielte aber ein Vierteljahrhundert vorher, in der Zeit vor dem Krieg. Ein Knabe, der unter dem Organisationszwang leidet, ersehnt sich die Freiheit in entlegenen Wäldern, doch als er sein Traumziel erreicht, ist der See zugeschüttet, der Wald versperrt. »Wir lehnten am Zaun«, heißt es da am Schluß der Erzählung, »die Hände in die Maschen gekrallt, müde und zu Tode erschöpft, hungrige Häftlinge, die teuflisch genarrt waren. Hatte ich das nicht schon einmal geträumt, das Gitter vor der Freiheit?«

In der Diskussion, der ich gern durch eine Ohnmacht entgangen wäre, versuchten die aus dem Osten Gesandten, die Erzählung von Gegenwärtigem fernzuhalten und sie ganz auf die antifaschistische Bahn zu bringen. Es kamen die üblichen Leserfragen nach Schreibgewohnheiten, Vorbildern und Einflüssen. Dann aber, als ich schon dachte, man würde, meine unglückliche Lage erkennend, mich mit politischen Fragen verschonen, kam doch noch, unter Zitierung der oben erwähnten Passage, die ständig in der Luft liegende und durch die Erzählung noch zusätzlich provozierte Mauer-Frage, auf die ich stockend und weitschweifig eine Antwort versuchte und sie letztlich doch schuldig blieb.

Danach fühlte ich mich erbärmlich. Ich hatte mit meiner Meinung nicht nur hinter dem Berg gehalten, sondern mein Ausweichen auch noch merken lassen. Neben Hacks und Bieler, die vor mir lasen, war ich bläßlich und ängstlich erschienen. Der elegante, selbstsichere Hacks hatte die Zuhörer verblüfft durch die ernstgemeinte Behauptung, daß gute Dramatik nur noch im Sozialismus entstehen könne, was man am besten erkenne, wenn man die minderwertigen westdeutschen Theaterschreiber mit seiner und seiner Frau einsamer Größe vergleiche. Und Manfred Bieler, dessen innere Lage meiner wohl ähnelte, hatte viel Alkohol zu sich genommen, so daß er kaum noch zum Lesen und gar nicht mehr zum Diskutieren fähig gewesen war.

Wichtig an diesem blamablen Auftreten im Westen wurden für mich aber die Reaktionen des Ostens. Wie ich bald merken konnte, war man erstaunlicherweise mit mir zufrieden gewesen, was ich mir nachträglich so erkläre: Erstens war ich freiwillig von dem Ausflug über die Mauer zurückgekommen; zweitens hatte meine Geschichte die Freizügigkeit des sozialistischen Staates bewiesen; und drittens hatte ich meine Meinung über den Mauerbau nicht geäußert, die Loyalität der DDR gegenüber also gewahrt.

Nie redete jemand mit mir darüber, doch zeigte sich, daß man meinte, mich brauchen zu können. Ich durfte in den kommenden Jahren mit Delegationen nach Polen, Jugoslawien und in die Sowjetunion reisen; man lancierte mich in Vorstandsgremien, in denen ich, auch wenn ich engagierter gewesen wäre, nichts hätte verändern können; man ließ mich PEN-Mitglied werden; und irgendwann in den nächsten Jahren machte man, zum letztenmal, den Versuch, mich für die Einheitspartei zu werben, und trug mir die Ablehnung, die ich mit Nichtübereinstimmung in religiösen und kulturpolitischen Fragen begründet hatte, nie merkbar nach.

Der erste Vertrauensbeweis aber, den man mir noch im selben Jahr erbrachte, war die Aufforderung, mit Hermann Kant zusammen zur Buchmesse nach Frankfurt am Main zu fahren, unter Aufsicht des Lyrikers und Stasi-Zuträgers Paul Wiens.

Mit Kant bin ich vorher in Polen, mit Wiens später in Jugoslawien gewesen und kann deshalb sagen, daß beide angenehme Reisebegleiter waren, nicht ihres amüsanten Geplauders wegen, das einem schnell zuviel werden konnte, sondern weil man in ihrer Begleitung niemals Gefahr lief, öffentlich auftreten zu müssen. Beide drängten sich ständig danach.

Dieser erste Messebesuch war aufregend und anstrengend, obwohl ich mich allen Pflichten am DDR-Stand, wo mein Buch verständlicherweise kaum beachtet wurde, weitgehend entzog. Ich saß, wie berauscht von der Fülle, an den Ständen der westdeutschen Verlage, hortete Verlagskataloge, so daß ich den Koffer auf der Heimreise kaum noch zu tragen vermochte; ich traf Herberts ehemalige Frau Ilse und war in stundenlangen Gesprächen nicht fähig, ihr zu erklären, warum Herbert die Monate zwischen der Haftentlassung und dem Bau der Mauer nicht für die Flucht in den Westen genutzt hatte. Und ich traf meinen alten Freund H.

Der Mensch, der von der Schulzeit an den stärksten Einfluß auf mich ausgeübt hatte, war mir, obwohl wir in den letzten zehn Jahren unseren Briefwechsel reduziert und uns nur dreimal gesehen hatten, nicht fremd geworden, auch seine vertraute Überlegenheit war immer noch da. Nur wehrte ich mich jetzt dagegen, wodurch unsere Gespräche, die in alter Weise rücksichtslos waren, zusätzlich Aggressives bekamen, obwohl sie nicht mehr wie früher von Gin angeheizt wurden, sondern von schwäbischem Landwein, auf den H. sich umgestellt hatte – und den er für mich mit bezahlen mußte. Die paar Mark Tagegeld, die mir gewährt worden waren, reichten kaum für ein Mittagessen. H. aber nächtigte im teuren Frankfurter Hof. Wir machten uns lustig darüber, daß unser Treffen alle Klischees einer deutschen Ost-West-Begegnung bestätigte. Aber auch das Verlachen von Abhängigkeiten schafft sie nicht aus der Welt.

Er hatte viel erreicht in den Jahren, war Chefredakteur mehrerer Zeitschriften geworden, für die er, als er Anfang der fünfziger Jahre von Berlin nach Stuttgart gegangen war, Adressen getippt hatte, und der Verlagsleiterposten war nicht mehr fern. Die Opfer, die dieser Aufstieg gekostet hatte, wurden von ihm erwähnt, aber nicht näher erläutert, wie überhaupt, nach gewohnter Weise, nicht seine erfolgreiche, sondern meine fragwürdige Existenz Gesprächsgegenstand war.

Er zeichnete mir ein Bild meines von unklaren Gefühlen bestimmten Lebens, von der Schul- und Flakhelferzeit angefangen, die uns nicht, wie er meinte, nur unserer Freundschaft wegen in der Erinnerung so sentimental stimmte, sondern weil es geistig eine bequeme Zeit war. Der Zwang, dem wir unterworfen waren, erlaubte Entscheidungs- und Tatenlosigkeit ohne schlechtes Gewissen. Mit der Ablehnung dessen, was war, konnten wir uns begnügen. Wir waren dem Zeitgeist davongelaufen und brauchten nur abzuwarten, bis die Tatsachen uns nachkommen würden. Dann aber, als die Ordnung, die uns in die Kasernen gezwungen hatte, zerstört war, hatte es auch mit der schöngeistigen Trägheit vorbei zu sein. Nun diente kein Zwang mehr als Ausrede. Nun mußte man souverän werden, aus sich etwas zu machen versuchen, nicht aber, das ging auf mich, sich treiben lassen: mal aufs Dorf, weil man da nicht zu hungern brauchte, mal in den Schuldienst, weil man das ohne Anstrengung konnte, dann in die Bibliothek, weil das den

Liebhabereien entgegenkam. Das alles war Plätschern im Seichten gewesen, auch genannt Dünnbrettbohren, oder die Anwendung der Erkenntnis, daß der Einäugige König wird unter Blinden. Unter diesen Umständen bleibt man gern hinterm Ofen hocken, statt sich draußen den Wind um die Nase wehen zu lassen. Da ist es ärmlich, aber behaglich, weil alles vertraut ist, weil auch die von Kindheit an gewohnte Diktatur wieder da ist, die die Anstrengung individueller Entfaltung genauso verbietet wie das Wagnis eines Ortswechsels und die sogar beim Schreiben von schlechten Büchern als Entschuldigung dienen kann.

Während er mich auf diese Weise beschimpfte und dabei wohl wirklich dachte, daß er mich besser als ich mich selbst kannte, kam mir der Gedanke, daß sein Aufstieg ihn vielleicht ziemlich einsam gemacht hatte, so daß sein Bestreben, mich nachzuholen, ganz selbstlos nicht war. Ich hütete mich aber, solche Vermutung zu äußern, versuchte vielmehr ihm klarzumachen, warum ich vorläufig noch bleiben mußte, aber er hielt alles für Ausflüchte, die ich benutzte, um nicht zugeben zu müssen, daß der eigentliche Beweggrund die Angst vor der Bewährung war.

Die kleine Kneipe, in der wir saßen, war inzwischen schon leer geworden. Der Wirt begann, die Stühle auf die Tische zu stellen. Ich besann mich darauf, daß ich noch in mein Nachtquartier in einem entfernten Vorort mußte. H. drückte mir Geld in die Hand, damit ich ein Taxi benutzen konnte, und fand es, noch immer bei seinem Thema verweilend, bezeichnend, daß ich den fragwürdigen Schriftsteller Heinrich Böll verehrte, der die Provinz, klebrige Kleinbürgergefühle und die Leistungsverweigerung pries.

Aber noch hatte H. mich nicht aufgegeben, wie am nächsten Tag deutlich wurde, als wir uns bei einem Empfang wiedersahen und er mich dem Verleger Helmut Kindler vorstellte, der mir von seinem Riesenprojekt eines mehrbändigen Weltliteraturlexikons erzählte, zu dem ihm noch einige Leute, auch Germanisten, fehlten, weshalb er mich fragte, ob ich nicht Lust dazu hätte und wann ich denn anfangen könnte, am besten gleich. Meinem Einwand, daß ich ein studierter Germanist gar nicht sei, begegnete er mit der Feststellung, daß er nicht Leute mit Zeugnissen und Examen, sondern mit Wissen und Können und möglichst auch mit Bibliothekserfahrung brauche, und da Dr. H. mich ihm als einen solchen geschildert habe, baue er auch darauf.

Als am nächsten Tag der Zug hinter Bebra die Grenzsperranlagen passierte, hatte ich das Gefühl, mit meiner Ablehnung des Angebots die größte Torheit meines Lebens begangen zu haben, gleichzeitig aber war ich mir der Unausweichlichkeit meines Entschlusses bewußt. Mir grauste beim Anblick der Volkspolizisten, der schäbigen Bahnhöfe und halbverfallenen Fabriken, und ich verzweifelte bei dem Gedanken, die vielleicht letzte Fluchtmöglichkeit leichtsinnig verspielt zu haben, und doch regte sich darunter auch die Genugtuung, nicht pflichtvergessen gewesen zu sein. Ich hatte Frankfurt und die Buchmesse genossen, mir war der Westen sehr gut bekommen, und ich war sicher, daß ich, wenn ich geblieben wäre, mich schnell hätte einleben können, aber meine Verantwortung lag anderswo.

Die Verlockung, auch die, neu beginnen zu können, war groß gewesen, entsprechend groß war auch die Genugtuung, ihr widerstanden und den Entschluß nicht von einem Zufall abhängig gemacht zu haben. Alles, was mich am Osten hielt, war mir wieder bewußt geworden: die Mutter, die Kinder, die Kiefernwälder und vor allem die Frau, deren Augen sich doch als blau herausgestellt hatten und die meine Werbung zwar inzwischen erhört, deren Ernsthaftigkeit aber, wie es mir schien, noch gar nicht begriffen hatte. Ich war sicher gewesen, dem Freund das verständlich machen zu können. Aber da hatte ich mich geirrt.

Am letzten Abend hatten wir in einem besseren Lokal gesessen, in einer geheizten Glasveranda, an der die Stra-

ßenpassanten im Nieselregen vorbeigeeilt waren. H. hatte
den Wein diesmal allein trinken müssen, da meinem Magen
die Aufregung nicht bekommen war. Keiner meiner Beweg-
gründe hatte seine Anerkennung gefunden, und er hatte
noch einen ergänzt, den ich, sicher nicht grundlos, zu erwähnen vergessen hatte: meinen schriftstellerischen Erfolg.
H. war immer aggressiver und ungerechter geworden, so
daß ich mich hatte verteidigen müssen und dabei sicher
auch unfair geworden war. Erst gegen Morgen, als H. kaum
noch sprechen und schwankend nur gehen konnte, war alles gesagt gewesen. Stumm hatten wir, auf ein Taxi wartend,
im Regen gestanden, er an eine Hauswand gelehnt. Ein ver-
söhnliches Wort von mir hatte keine Resonanz mehr gefunden. Als endlich ein Taxi gekommen war, das ich ihm
anbieten wollte, hatte er mich hineingestoßen und die Wa-
gentür hinter mir zugeschlagen, ohne Abschiedsgruß.

Auf der Rückfahrt, die ich, da meine Begleiter im Westen
noch andere Aufgaben hatten, allein machen konnte, wollte
der Schlaf, den ich nötig hatte, nicht kommen; ich war
noch zu aufgeregt. Der Abschied, der sich als endgültig erweisen sollte, machte mich traurig, gleichzeitig dämmerte in
mir aber auch eine Erleichterung: über das Ende einer Abhängigkeit. Der Bruch war nicht von mir ausgegangen, aber
er hatte meinetwegen wohl kommen müssen, weil ich, was
die Freundschaft nicht vorsah, meiner Selbst sicherer geworden war. Im Grunde hatten wir beide uns kaum verändert, nur war ich nicht mehr bereit, das an ihm, was ich
nicht hatte, den Drang, in jedem Fall überlegen zu sein,
zum Beispiel, als Korrektiv zu empfinden und zu bewundern. Vielleicht war es das, was der Freundschaft für ihn
den Boden entzog.

Seine Angriffe waren zwar aggressiver als früher, aber
kaum anders gewesen, nur einer, meine Schriftstellerei betreffend, hatte einen neuen Ton angeschlagen und mir nicht
nur zu denken gegeben, sondern mich auch gekränkt. Em-

pört war er über meine, wie er es nannte, sklavische Haltung der Zensur gegenüber gewesen. Er glaubte gehört zu haben, daß ich, von der DDR redend, WIR und BEI UNS gesagt hatte, und er meinte, aus diesem Indiz auf ein Eingewöhnen ins verordnete Kollektive schließen zu können, dem ein Eintauchen ins Ideologische folgen würde und schließlich ein Andienen bei der Macht.

Es war der Verratsvorwurf, der von ihm da erhoben wurde. Denn was uns geeint hatte, war das nie ausgesprochene, aber immer vorausgesetzte Versprechen gewesen, sich nie im Leben das Denken manipulieren zu lassen, auch wenn aus Gründen der Existenzerhaltung ein Ein- oder Unterordnen erforderlich werden sollte. Zumindest im Kopf sollte Freiheit unter allen Umständen bestehen.

Über andere Vorwürfe hatte ich lachen können, weil wir als Pubertierende schon über dergleichen gestritten hatten und H.s Kompetenz in diesen Bereichen mir damals schon fragwürdig gewesen war. Zu seiner Rolle in unserem Verhältnis gehörte, daß er Gefühlsüberschwang Kälte entgegensetzte; seine Domäne war der Verstand. Es ging um die Frau, deretwegen mir die Rückreise nicht schnell genug gehen konnte. Ihm war sie ein Jahr zuvor, als ich sie ihm bei einem seiner kurzen Berlin-Besuche vorgestellt hatte, als ein Glücksfall für mich erschienen; jetzt in Frankfurt aber wollte er sie als Grund zur Rückkehr nicht anerkennen, weil er an die Einmaligkeit und Unersetzlichkeit eines Menschen grundsätzlich nicht glaubte und in diesem speziellen Fall meinte, daß sich im Westen, wie man aus höheren Einwohnerzahlen, größerer Bevölkerungsdichte und stärkerer Mobilität leicht errechnen könnte, qualitätgleicher oder gar -reicherer Ersatz schaffen ließe, und zwar ziemlich schnell.

Die Unersetzliche übrigens hatte damals bei unserer Berliner Begegnung, um Positives über den Freund ihres Geliebten zu sagen, irritierenderweise nicht seine Intelligenz, sondern seine eindrucksvollen braunen Augen gepriesen, ihn sonst aber für undurchschaubar erklärt.

Ich habe nie versucht, mich ihm wieder zu nähern, habe aber immer auf ein Zeichen von ihm gewartet. Doch als es kam, war es die Nachricht von seinem Tod.

Gern hätte ich ihm noch sagen wollen, daß mich beim Schreiben sein mögliches Urteil immer als Ansporn begleitet hatte. Doch sicher hätte er darauf nur erwidert: Werde bloß nicht wieder sentimental.

EIN SCHLECHTER SCHÜLER

Wenn ich hier aus der stattlichen Reihe der Schriftsteller, denen ich mehr als Leseerlebnisse zu verdanken habe, Heinrich Böll besonders hervorhebe, so deswegen, weil ich ihm, wenn auch nur flüchtig, begegnen konnte – was bei Jean Paul, Fontane oder Thomas Mann schlecht möglich gewesen wäre, es sei denn im Traum. Als ich anfing zu schreiben, war er der einzige Lebende unter meinen Literaturheiligen. Mein Verhältnis zu ihm war besonders innig, weil er meine Erfahrungen und Gefühle beschreiben konnte und mir eine Verantwortlichkeit vorlebte, die ich mir wünschte nachmachen zu können, was aber, wie sich von selbst versteht, nicht gelang. Seine Bücher las ich wie an mich persönlich gerichtete Briefe, und ich fühlte mich zeitweilig als sein Schüler, wovon er aber nie erfuhr.

Zum erstenmal begegnete ich ihm im November 1969, also acht Jahre nach dem Bau der Mauer, in Ost-Berlin. Die Evangelische Akademie hatte ihn zu einer Lesung geladen. Daß er tatsächlich einreisen und auftreten durfte, war eine Sensation. Obwohl keine schriftliche Ankündigung dieses Abends erfolgt war, konnte die Kirche des Stephanus-Stifts die Zuhörer nicht fassen. Auch die Vor- und Nebenräume waren mit Menschen gefüllt. Die Spannung, die in der Luft lag, hatte verschiedene Gründe, die aber alle damit zusammenhingen, daß man sich vom Staat beobachtet wußte. Es waren auch Leute gekommen, die, ihrer Stellung wegen, kirchliche Räume sonst nicht zu betreten wagten und gern im Besitz einer Tarnkappe gewesen wären. Andere waren erschienen, um demonstrativ selbständiges Denken und Böll-Begeisterung unter Beweis zu stellen. Alle hofften, hier Wahrheiten zu hören, die sie selbst nicht äußern durften. Und die Veranstalter, die der unerwartet starke Andrang teils erfreute und teils erschreckte, fürchteten politische Unmutsäußerungen und hätten brisante Themen, wie Mauer oder Zensur, gern vermieden gesehen. Denn da man auch andere westdeutsche Autoren einladen zu dürfen hoffte, war man auch hier vom Taktieren mit der Macht nicht ganz frei.

Für einige der Akademie verbundene Autoren waren in den ersten Bankreihen Plätze reserviert worden, doch hatte man an dieses Entgegenkommen die Bitte geknüpft, bei der anschließenden Diskussion mitzuhelfen. Vor allem die gefürchteten Schweigesekunden des Anfangs sollten möglichst gekürzt werden. Auch ich sollte als Gesprächsanimateur wirken, doch war man damit an den Falschen geraten; denn ich war ein notorischer Schweiger und im Diskutieren ein Stümper. Schon bei harmloseren Gelegenheiten konnte die Aussicht, vor mehr als fünf Menschen reden zu müssen, ohne einen Text schriftlich vor mir zu haben, Herzklopfen und Magenbeschwerden erzeugen; nun aber, vor einer unübersehbaren Menge, multiplizierten sich diese Leiden und wurden noch verstärkt durch die Tatsache, daß die Entfernung zum Hochverehrten höchstens zwei Meter betrug.

Denn Böll hatte zwar von der Kanzel herab gelesen, war in Erwartung des Gesprächs aber herabgestiegen, wobei er den Beinen der auf den Altarstufen Sitzenden (unter denen übrigens Wolf Biermann war) hatte ausweichen müssen, und hatte sich vor die erste Bankreihe gestellt. Da nun die befürchteten Schweigesekunden tatsächlich zu lang wurden und die Leiterin der Akademie nach mehreren Publikumsaufforderungen und den üblichen hilflos-witzigen Worten in ihrer Not den Böll-Kenner namentlich dazu aufrief, den Anfang zu machen, kamen zu den üblichen Beschwerden auch noch ein Gliederzittern und eine eigenartige, bisher nie erfahrene Leere im Kopf hinzu. Alle Gedanken hatten sich spurlos verflüchtigt. Welcher Zentrale die Worte gehorchten, die ich mich sprechen hörte, war rätselhaft.

Dabei war ich nicht unvorbereitet. Böll hatte, wenn mein Gedächtnis mich nicht täuscht, aus dem Roman *Ansichten eines Clowns* gelesen, dessen Erscheinen zwar schon sechs Jahre zurücklag, der aber, einer satirischen Passage über SED-Kulturfunktionäre wegen, in der DDR nicht erschienen war. Jedenfalls las er einen Text, den ich schon kannte, so daß ich während des Zuhörens auch Fragen an ihn vorformulieren konnte, die nicht nur interessante Antworten provozieren, sondern die auch anklingen lassen sollten, wie sehr sein Werk mich betraf. Meine Gedankenarbeit für diese gefürchtete Sekunde war auch nicht ohne Ergebnis geblieben. Ich hatte die Überlegungen zur Verbundenheit von Leser und Autor ordnen können und dabei vier Erfahrungsbereiche, die ich mit den Stichworten: Krieg, Kirche, Köln und Kritik benannte, als Grund dafür ausgemacht.

Böll war etwa zehn Jahre älter als ich, also kein Vater, der der vorhergehenden Generation angehörte, eher ein großer Bruder, der mit den katastrophalen Lebensumständen meiner Jugendjahre die gleichen Erfahrungen hatte, nur daß die älter und länger andauernd waren, bewußter durchlebt und besser durchdacht. Böll hatte 1939 Soldat werden müssen, ich war 1943, als halbes Kind, an die Kanonen beordert worden, war, wie er, als Kriegsgegner aus dem Krieg zurückgekommen, hatte, wie er, versucht, mir den Schock von der Seele zu schreiben, nur war mir das, im Unter-

134

schied zu ihm, nicht geglückt. Als eifriger Leser verfolgte ich alles, was in den auf den Krieg folgenden Jahren über diesen geschrieben wurde, doch konnte ich darin die Kriegswirklichkeit, wie ich sie erlebt hatte, nicht wiederfinden, bis mir Bölls erste Bücher in die Hände gerieten und mir die Gewißheit gaben, daß ich mit meiner Art des Erlebens so alleine nicht stand. Vielleicht machte ich mir über diese Übereinstimmung Illusionen; vielleicht war das, was ich für mein Eignes hielt, erst durch die Suggestion dieser Prosa in mich hineingebracht worden; aber selbst das, sage ich mir heute, hätte nur dadurch geschehen können, daß die kräftige Prägung, die die Böll-Lektüre verursachte, in blassen Umrissen in mir schon vorhanden gewesen war. Auch schreibend versuchte ich, ihm ähnlich zu werden. Wären die Kurzgeschichten über Kriegs- und Nachkriegsereignisse, die ich damals am laufenden Band herstellen konnte, so erträglich gewesen, daß sie einen Verleger gefunden hätten, wäre ich als reiner Böll-Epigone an die Öffentlichkeit getreten. Doch davor bewahrte mich meine Unfähigkeit.

Der zweite Erfahrungsbereich, den ich mit Böll gemeinsam zu haben glaubte, und der sich gut in die Kirche als Diskussionsort eingefügt hätte, war das Katholische, das sich in mir, Bölls Werk betreffend, nicht nur mit den Problemen von Glauben, Gebet und Kirche, sondern auch mit denen der Ästhetik und der Marienverehrung, der Liebe und der Ehe verband. Zwar war Bölls rheinischer und kritischer Katholizismus ein anderer als der, den ich in der Berliner Diaspora kennengelernt und mehr als Behütung erfahren hatte, aber der katholische Stallgeruch, der bei Böll nicht nur in den erzählten Geschehnissen da war, sondern auch seine Sprache durchwehte, war ähnlich und damit auch heimatlich und vertraut. Aus diesem Bereich ließen sich Fragen ableiten, die der Autor vielleicht nicht als klischeehaft empfunden hätte, wie zum Beispiel die nach der

135

Reinheit seiner Frauenfiguren, die auch in der Verworfenheit noch wie Heilige wirken, oder die, ob seine Kritik an der Institution Kirche wohl anders, und wie anders, ausgefallen wäre, hätte er hier im Osten, im betont atheistischen Staat gelebt.

Der dritte Verwandtschaftsbereich, der von mir als diskutabel erwogen wurde, war mit dem Stichwort Köln nicht korrekt überschrieben. Ich war in Köln nie gewesen. Daß die Urväter meiner Familie einmal aus dieser Gegend gekommen waren, war zu lange her, um für mich eine Rolle zu spielen, und von der Stadt wußte ich nichts, als daß sie am Rhein lag, einen berühmten Dom und einen nicht weniger berühmten Karneval hatte, daß die Heinzelmännchen vordem in ihr fleißig gewesen waren – und natürlich, daß sie Bölls Heimat war. Die reale Stadt war es also nicht, die ich mit diesem Kürzel meinte. Es war vielmehr der Gebrauch, den Heinrich Böll im Werk von seiner Heimatstadt gemacht hatte. Es war sein Verhaftetsein an sie, seine Liebe zu ihr, die Kritik nicht nur nicht ausschloß, sondern forderte, seine Treue zu ihr, die sich darin zeigte, daß er sie immer wieder zum Ort seiner Erzählungen und damit für alle Welt zur literarischen Landschaft machte, ihr also eine zweite, höhere Realität verlieh. Sein erzähltes Köln steht stellvertretend für andere Städte. Ich konnte als Leser mühelos seine Verhältnisse in meine andersgearteten übertragen, als Schreiber guten Gewissens nach seinem Vorbild die Örtlichkeiten, die mir lieb und vertraut waren, benutzen – wie ich auch seine kritische Haltung zur westdeutschen Entwicklung der Nachkriegsjahre als vorbildlich für die Kritik am anderen deutschen Teilstaat empfand.

Zu diesem Bereich meiner Überlegungen hätte ich ihn danach fragen können, ob er die Praxis der DDR-Zensoren seinem Werk gegenüber nicht auch, wie ich, kindisch fände, weil sie nämlich in ihm nur das Vordergründige des Stoffes sahen, nicht aber die Haltung des Autors, die ein nachahmenswertes Beispiel für Unbestechlichkeit war. Sie begrüßten und druckten jede Kritik am Westen und reagierten sofort mit Verboten, wenn er sich mit östlichen Mängeln befaßte, obwohl doch der Standpunkt des Autors, als Widerstehensmodell, viel gefährlicher war. Bedeutet nicht Böll-Nachfolge in diesem Teil Deutschlands, so hätte ich fragen können, den hiesigen Herren, statt sie zu preisen, die Wahrheit zu sagen? Aber was ich dann sagte, fiel harmloser, schwerer verständlich und vor allem viel länger aus.

Helden sind anders, als ich war an diesem Abend. Sie kennen vermutlich auch nicht diesen erbärmlichen Körper- und Geisteszustand, für den nicht nur die Nähe des Hochverehrten, die Ungeübtheit im öffentlichen Reden und die gefüllte Kirche verantwortlich waren, sondern auch Ängstlichkeit. Heinrich Böll zu verehren, sich ihn als Vorbild zu wählen und damit ein Gebiet der individuellen Verantwortlichkeit zu betreten, in dem Literatur und Politik sich berühren, erforderte, wie ich in diesem Augenblick der Verwirrung merkte, mehr Stärke, als mir zu Verfügung stand. Was sich da aus mir herausquälte, war Unverfängliches, das politisch nicht schaden konnte, nicht eigne Meinung, sondern angelesenes Landläufiges. Der Vorwurf der Kleinbürgerlichkeit und des Konventionellen, den Dogmatiker der Moderne hier und des Klassenkampfes dort schon häufig erhoben hatten, sollte nun auch, als Frage kaschiert, aus meinem Mund kommen, aber es wurden nur Fragmente daraus. Denn die Frage, wie denn der Autor auf die Quengeleien der Rezensenten über die ewigen kleinen Leute und dieses ewige Köln oder Bonn reagiere, wurde zu keiner solchen, weil mir mein Zustand nur Wortketten erlaubte, die man auch mit viel gutem Willen nicht als Sätze bezeichnen konnte, und weil ich mich in Gefilde verirrte, in denen kein Hauptweg mit Fragezeichen am Ende zu finden war. Es war der Lauf über Stock und Stein eines nicht zurechnungsfähigen Blinden. Ins Stocken geriet ich erst, als ich mich von Shakespeare erzählen hörte, nicht wußte, wie ich dorthin geraten war und wieder wegkommen sollte; und während ich das auf dem Umweg über Cervantes versuchte, war von der Empore Gelächter zu hören, das mich zwar erschrecken, meinen Irrlauf aber nicht aufhalten, sondern nur beschleunigen konnte, bis sich ein leises Zischen erhob, langsam anschwoll und sich zu einer Bösartigkeit steigerte, die mir die weitere hektische Suche nach einem Ende mit Fragezeichen verbot.

Das Publikum wollte Heinrich Böll hören, sich nicht aber von einem vielredenden Schwachkopf langweilen lassen. Auch witterte es den Versuch, eine Diskussion über Politisches abzublocken. Gehörte es doch zu den Schutzmaßnahmen des nur auf eine Weltsicht bauenden Staates, Veranstaltungen, die nicht zu verbieten waren, durch eingeschleuste Staatsschützer in die dem Staat genehme Richtung zu lenken. Damals vollzog sich das noch in sehr primitiven Formen, so daß man durchaus mein Gestammel für einen bestellten Ablenkungsversuch halten konnte. Später hatte man schon genügend Leute an Universitäten auch für solche Aufgaben qualifiziert.

Der einzige Kirchenbesucher, der mir geduldig und wohlwollend zugehörte hatte, war der dicht vor mir stehende, gütig lächelnde, mir ermunternd zunickende Heinrich Böll gewesen, der in demselben Moment, in dem ich vor der lauter werdenden Feindschaft der Menge kapitulierte, mich hinsetzte und mich klein machte, den Unmut der Massen zur Ruhe brachte und ausführlich antwortete, als hätte ich wirklich eine Frage gestellt.

Der weitere Diskussionsverlauf fehlt in meiner Erinnerung. Später beim Wein in kleiner Autoren- und Theologenrunde war von meiner Blamage nicht mehr die Rede. Ich versuchte, Böll nicht unter die Augen zu kommen, doch er zog mich, sicher in der freundlichen Absicht, meinen Kummer vergessen zu machen, mit ins Gespräch. Er

salbte meine seelische Wunde, indem er davon redete, daß
wir etwas gemeinsam hatten, die Bekanntschaft mit einer
Moskauerin nämlich, die seine und meine Bücher ins Russische übersetzte. Von ihr, die manche belächelnswerte Eigenart hatte, war auch drei Jahre später, als wir uns auf einem
PEN-Kongreß trafen, wieder die Rede. Aber auch wenn
man nur über das Wetter redet, bleibt nicht verborgen, daß
man einander versteht und mag.

Böll hatte meinen unglücklichen Auftritt als Diskussions-
redner sicher am nächsten Tag schon vergessen. Mich quälte
mein Versagen noch lange, bis ich es einer Romanfigur an-
hängen konnte, die mit zwei verschiedenen Schuhen bekleidet auf das Rednerpult geht. Ein bißchen plump ist dieses
Symbol für das Schwanken zwischen Wahrheitsbemühen
und Feigheit hier wohl geraten; aber auch Bölls Symbole
waren ja nicht immer glücklich gewählt.

ROTE BEETE

Als mich Ende der sechziger Jahre ein Arzt für zehn Wochen in ein Krankenhaus sperrte, wäre Gelegenheit für eine
bilanzierende Rückschau auf dieses bewegte Jahrzehnt gewesen, aber ich war unfähig dazu. Ein Erschöpfungszu-
stand, der nach Erscheinen des Romans *Buridans Esel* eingesetzt hatte, war in eine Art geistiger Ohnmacht gemündet,
die neben dem Ehrgeiz auch das Verantwortungsgefühl be-
täubte, Probleme in weite Ferne rückte und in mir eine
wohltuende Leere erzeugte, in der nur noch das therapeuti-
sche Reglement wichtig war. Zwar konnte ich anfangs, die
ärztlichen Verbote mißachtend, das Schreiben nicht lassen,
aber das Bedürfnis danach wurde von Woche zu Woche
schwächer und versiegte zeitweilig ganz. Ich schrieb auch
kaum Briefe, erschrak über jede Post, die mich erreichte,

und verbat mir bald jeden Besuch. Durch einen Nervenschock, der nur insofern gespielt war, als ich ihn, wenn er unnütz gewesen wäre, auch hätte verhindern können, eroberte ich mir nach zwei durchwachten Nächten unter Leidensgefährten ein Einzelzimmer, obwohl nach den Theorien des Chefarztes auch Kommunikation mit anderen Patienten für die Heilung erforderlich war.

Zu meiner Gemütsverfassung der ersten Wochen gehörten auch Ängste, die zwar von Resignation und Gleichgültigkeit überlagert wurden, aber doch wirksam blieben. Sie hingen damit zusammen, daß mir alles, was ich sah und erlebte, bekannt erschien, aber auch Unwirkliches hatte, als hätte ich es vor langer Zeit schon geträumt. Ich kannte es aber, wie mir nach und nach klar wurde, tatsächlich. Denn dreißig Jahre zuvor war mein Vater der gleichen Krankheitssymptome wegen in dieser Klinik Patient gewesen. Er hatte meine Mutter und mich zu einem kurzen Besuch empfangen und dabei auch von den seltsamen Prozeduren erzählt.

1939 war das gewesen, als die Wehrmacht die Tschechoslowakei besetzt hatte; bald danach war der Krieg ausgebrochen, ein Jahr später war der Magenkranke gestorben – und nun ging ich durch dieselben Parkanlagen zum Labor und zu den Behandlungsräumen und wanderte nachts, wenn die Schmerzen mich plagten, in der Haltung umher, die ich als Kind am Vater beobachtet hatte: leicht nach vorn gebeugt, die Hände auf den schmerzenden Magen gelegt.

Ich war acht Jahre jünger als damals der Todgeweihte. Ein Vierteljahr vorher war die Tschechoslowakei wieder besetzt worden, auch Deutsche waren dabei gewesen; Kritiker der Okkupation waren verhaftet worden, Zustimmungserklärungen waren auch von den Schriftstellern erzwungen worden; ich hatte mich dem durch Verstecken und Schweigen entziehen können, hatte Rettung in der Klinik gefunden und schlich nun, eine neue Vorkriegszeit ahnend, als Gespenst meines Vaters umher.

Gefördert wurden diese Visionen wahrscheinlich durch Nikotinentzug, der mir zu schaffen machte, und durch ein ständiges Hungergefühl. Zwar gehörte ich nicht zu jenen Patienten, die sich wochenlang mit Gemüsesäften begnügen mußten, wohl aber zu den auf Rohkost Gesetzten, die morgens um sechs beim Fiebermessen ein Glas Buttermilch trinken mußten und zu den Mahlzeiten, der DDR-Marktlage der Wintermonate entsprechend, wochentags grobgeraspelte Rote Rüben bekamen und sonntags ein feingeriebenes Möhren-Apfel-Gemisch.

Neben verschiedenen hydrotherapeutischen Prozeduren, autogenem Training und Sauna gab es strenge Bewegungsvorschriften, die auch Spaziergänge in Gruppen vorsahen, doch machte ich diese, was vom Chefarzt mißbilligt wurde, lieber allein. Auf gefrorenen Feldwegen nach Großbeeren und Großziethen und in den Nächten, die lang waren, da um acht Uhr schon das Licht gelöscht werden mußte, wäre Muße genug zu Rückschau und Planung gewesen, aber ich hatte die Kraft nicht dazu. Der Chefarzt, der nicht nur auf die Heilkraft der Rohkost, sondern auch auf die des Analysegesprächs setzte, fand in mir einen Patienten, der zwar ausführlich die Art seiner Schmerzen beschreiben konnte, sich aber allen Versuchen, in Seelisches einzudringen, freundlich verschloß.

Dabei war der Chefarzt gut vorbereitet. Er hatte meinen letzten Roman gelesen und daraus richtige Schlüsse auf meine Schwierigkeiten in Liebe und Ehe gezogen, das Politische aber gar nicht bedacht. Zumindest redete er nicht darüber, tat vielmehr so, als ob wir uns in einem politikfreien Raum befänden, vielleicht aus Vorsicht, vielleicht aber auch, weil für ihn dieses Problem nicht bestand. Wäre er auf die Idee gekommen zu fragen, warum der Zusammenbruch nicht nach Abschluß der aufreibenden Arbeit an dem Roman und auch nicht nach dem Ende der langwierigen Diskussionen mit dem Verlag und der Zensurbehörde gekommen sei, sondern erst nach seinem vielbeachteten Erscheinen, hätte ich mich ja vielleicht doch zu Gesprächen darüber verleiten lassen. Denn das hätte den Kern der Sache berührt.

Als ich das Buch beim Mitteldeutschen Verlag eingereicht hatte, waren unterschiedliche Urteile dort laut geworden. Während das Lektorat zugestimmt hatte, war die Verlagsleitung, die gerade viel politischen Ärger mit Christa Wolfs neuem Buch gehabt hatte, voller Abwehr gewesen, ließ sich aber auf Diskussionen mit den Lektoren ein. Der Verlagsleiter (es war noch nicht Dr. Günther, der zu dieser Zeit im Ministerium als Zensor wirkte) sagte mir unter vier Augen, er halte das Buch für parteifeindlich und revisionistisch, was aber nicht heißen solle, daß auch der Autor Revisionist und Parteifeind sei. Am Ufer des Schwielow-Sees auf und ab gehend, versuchte er mir verständlich zu machen, daß er sich nach dem Eklat mit Christa Wolfs *Nachdenken* keinen politischen Fehler mehr leisten könnte. Wenn er das Buch bei der Zensurbehörde (ein Wort, das er natürlich nicht benutzte) einreichen und diese es verbieten würde, wäre das für den Autor zwar schmerzlich, aber nicht weiter gefährlich, während es ihm, dem Verlagsleiter, dann wohl an den Kragen ginge.

Um die Verantwortung nicht allein tragen zu müssen, hatte er eine Diskussionsrunde, zu der neben Verlagsleuten auch Partei- und Schriftstellerverbandsvertreter gehörten, in das Heim am Schwielow-See eingeladen und den Autor dazu. Bei den meisten Teilnehmern, die nur aus Vorsicht auch einige Einwände formulierten, fand der Roman erstaunlicherweise Zustimmung. Rigoros abgelehnt aber wurde er vom Verlagsleiter und vom Schriftsteller Max Walter Schulz.

In welcher Funktion Schulz anwesend war, ist mir nicht mehr erinnerlich. Er bekleidete mehrere Posten, galt als einer der renommiertesten Autoren des Verlages und war bekannt dafür, daß er erstaunliche Bildung mit wendiger Parteitreue verband. Er hielt den Roman für schädlich, ohne das dem Autor subjektiv anlasten zu wollen, und sagte für den Fall, daß der Verlag ihn befürworten sollte, großen Ärger voraus. Denn der ironische Ton, der das Ganze durchziehe, würde alles, auch das Positive, in Frage stellen. Objektiv handle es sich um einen verdeckten, heimtückischen Angriff auf die sozialistische Gesellschaft, die fälschlich als etabliert begriffen würde, nicht aber als im progressiven Sinne veränderbar.

Die Zensurbehörde, die sich amtlich Hauptverwaltung (HV) für Verlage und Buchhandel nannte, äußerte, als der Roman endlich eingereicht wurde, keine solche Bedenken. Sie hatte nur viele Details zu bemängeln, wie die Bemerkung zum Beispiel, daß jemand wie ein Geheimdienstmann aussähe. Aber auch diese Verhandlungen, die über den Verlag laufen mußten, zogen sich in die Länge, und als die Druckerlaubnis endlich gegeben wurde, brauchte man noch ein bis anderthalb Jahre für die Herstellung, ehe der Roman in die Buchhandlungen kam. Er wurde gut verkauft und günstig beurteilt, oft übersetzt und filmisch verwertet; er beendete meine finanzielle Notlage, und er hob mich, nicht zuletzt weil er auch im Westen gedruckt wurde, auf eine höhere Bekanntheitsstufe und damit höher hinauf in der literarischen Rangfolge, die, ohne daß jemand ihre Kriterien hätte benennen können, im Urteil einschlägiger Kreise bestand. Dieser nirgends fixierten künstlerischen Wertschätzung, die stark von den Westmedien beeinflußt wurde, versuchten die Parteiideologen durch Steuerung der Rezensenten, durch häufiges Nennen oder Verschweigen von Namen und durch die Verleihung von Nationalpreisen eine parteieigne Rangordnung entgegenzusetzen, mit nur geringem Erfolg. Mit der Zeit lernten sie aber, die ihnen nicht genehme Rangordnung zu nutzen, besonders nach außen hin.

Autoren, die im Innern unbequem waren, konnten, wenn man sie jenseits der Grenzen kannte, als Beweis für literarische Vielfalt und Toleranz gelten, als Kulturalibi. Insofern rückte ich auch in der Anerkennung des Staates durch den Erfolg von *Buridans Esel* eine Kategorie höher. Ich hätte das nur verhindern können, wenn ich, wie Reiner Kunze oder Wolf Biermann, den Staat direkt angegangen wäre. Aber das konnte und wollte ich nicht. Kritische Bücher wollte ich schreiben, aber die sollten in der DDR gedruckt und gelesen werden können. Auch Erfolg wollte ich damit haben, nicht aber durch diesen von einem Staat anerkannt werden, der von mir nicht anerkannt war. Daß diese Anerkennung Annehmlichkeiten brachte, vergrößerte noch mein Unbehagen. Die Unausweichlichkeit, die dieser Vorgang hatte, brachte mich unter die Rohkostesser, autogenen Trainierer, Gesprächstherapierten und Yoga-Jünger, aber nicht aus meiner Misere heraus.

Streng genommen war diese zehnwöchige Abseitsstellung sogar ein Teil dessen, was mich krankgemacht hatte. Denn nur durch Beziehungen war ich in diesen zweifelhaften Genuß gekommen. Der Hilfsbereitschaft von Christa und Gerhard Wolf hatte ich meine Aufnahme in diese physiotherapeutische Klinik am Stadtrand zu danken. Zwei Jahre vorher waren wir, nachdem wir schon Briefe gewechselt hatten, auf einem Fest des Mitteldeutschen Verlages miteinander bekannt geworden, und einige Male hatte ich sie in Kleinmachnow, wo sie in einer Henselmann-Villa der dreißiger Jahre mit ihren zwei entzückenden Töchtern und einem Kater namens Napoleon wohnten, besucht. Die langjährige Freundschaft, die sich daraus entwickelte, war für mich sicher gewinnbringender als für die beiden, die immer einen großen Freundeskreis aus den unterschiedlichsten Lagern hatten, während ich durch sie erst die geistige, sozusagen edle Seite der DDR kennenlernte. Sie waren die ersten der DDR-Elite, zu denen ich dauerhafte freundschaftliche Beziehungen hatte, und fast ausschließlich durch sie habe ich andere kennengelernt.

Beide waren damals noch SED-Genossen, aber so tolerant und von einer solch kritischen Haltung, daß ihre frühere Parteigläubigkeit, von der sie erzählten, kaum noch zu glauben war. Sie erzählten von sich übrigens wenig, meist nur soviel wie nötig war, um die Neugier auf den Gesprächspartner zu rechtfertigen und diesen zu eignem Erzählen anzuregen. Angesichts des großen Interesses, das sie einem entgegenbrachten, war es Lust und Pflicht, von mir selbst zu reden, was zum erneuten Nachdenken über sich Anlaß gab. Nach manchen Abenden bei den Wolfs ging das Gespräch in mir noch tagelang weiter. Es war wie nach einer nur mühsam bestandenen Prüfung: Die besseren und richtigeren Antworten fielen mir erst nachträglich ein.

Hauptthema unserer Gespräche war natürlich die stets wechselnde, aber immer mißliche kulturpolitische Lage, über deren Verurteilung wir uns meist einig waren. Nur litten die beiden viel mehr darunter, weil sie mehr dazugehörten und Mitverantwortung für alles Schäbige und Schreckliche fühlten. Christa war geradezu ausschweifend im Leiden und Mitleiden. Vor allem die an der DDR Leidenden konnten ihres Zuspruchs und ihrer Hilfe gewiß sein. Und da aus diesem Leiden auch die besten ihrer Bücher entstanden, in deren Gefühlen viele Leser sich wiederfanden, riß der Strom jener, die brieflich oder persönlich Rat oder Trost bei ihr suchten, nie ab.

Da ich die DDR bisher nur von unten, aus der Perspektive der Unzufriedenen, der Gegner oder der Mitläufer erlebt hatte, waren mir die Genossen, die leitende Funktionen ausübten, durchweg als Machtbesessene, Heuchler oder Dummköpfe erschienen. Die von Zweifeln ungetrübte Glaubenswelt der edlen Kommunisten hatte ich für ein Propagandaphantom gehalten. Jetzt lernte ich durch die Wolfs und noch mehr durch ihre damals siebzehnjährige

Tochter, die mir auf einem langen Spaziergang haarklein erzählte, wie ihr reiner Jung-Pionier-Glaube durch Einblicke in die DDR-Realität unter Schmerzen zerstört wurde, langsam begreifen, daß auch intelligente Menschen ehrlich an die Erlösung von allen Übeln durch Ulbricht und seine Partei glaubten oder vielmehr geglaubt hatten; denn die Zäsuren von 1956 und 1968 hatten doch viele Zweifel gesät.

Da die Wolfs einen großen Bekanntenkreis hatten, waren bei ihnen immer die neuesten Informationen zu hören, was zu den Besuchen bei ihnen zusätzlich Anreiz gab. Ich war damit aufgenommen in Kreise, die mehr wußten, als die Zeitungen schrieben, beschäftigte mich demzufolge auch mehr mit DDR-Interna und wurde so, ohne meine innere Opposition aufzugeben, mehr und mehr integriert.

Am deutlichsten wurde mir das bewußt im Verhältnis zu Herbert, der, während ich mich verändert hatte, der alte geblieben war. Man hatte ihn nach der Haftentlassung in eine landwirtschaftswissenschaftliche Bibliothek beordert, wo politischer Schaden durch ihn nicht zu befürchten war. Die Arbeit war für ihn langweilig, und da er dort niemanden hatte, dem er vertrauen konnte und der seine Interessen teilte, blieb ihm, wie auch mir, unsere Freundschaft wichtig. Wir sahen uns also häufig, verstanden uns immer noch prächtig, aber da unsere Lebenswelten inzwischen andere geworden waren, wurden unsere Gespräche, wenn sie die Planung und Auswertung unserer Wanderungen, die wir wieder aufgenommen hatten, und Herberts Lieblingsthemen, die Proust, Joyce und Kafka hießen, verließen, zunehmend leer. Denn nach wie vor verübelte er mir, daß ich mich schriftstellernd mit der DDR gemein gemacht hatte, sprach aber, um Spannungen zu vermeiden, niemals darüber, während ich meine Schreibprobleme und meine Erfahrungen mit der DDR-Kulturszene aussparte, weil ich wußte, daß er meine schwachen Produkte gar nicht zur Li-

teratur zählte und in meinen Erfolgen nur das Abweichen
von unseren Vorsätzen, also Anpassung und Opportunis-
mus sah.

Alles das, was Herbert wahrscheinlich dachte, aber nie
sagte, kreiste in unsystematischen Wiederholungen auch
durch mein Denken, wenn ich lustlos Rote Beete kaute,
zwischen unglaublich übergewichtigen Männern in der
Sauna schwitzte oder auf den gefrorenen Wegen zwischen
endlosen Rieselfeldern spazierte, wo sich außer den Bisam-
ratten in den stinkenden Gräben nichts regte, grauer Himmel sich über die Öde spannte und diese Trostlosigkeit der
im Inneren glich.

In Romanen, wo Krankenhäuser und Irrenanstalten
schöne Rahmen für Rückblenden bilden, faßt man in solchen Situationen Entschlüsse. Als Romanleser fühlte ich
diese Verpflichtung, aber als Kranker machte ich die Erfahrung, daß dazu Kraft gehört, die ich nicht hatte, auch am
Ende der Kur, als ich mit Milchsuppen gemästet wurde,
noch nicht. Ich sollte mein sogenanntes Normalgewicht,
das ich wahrscheinlich noch nie erreicht hatte, wiederge-
winnen, wurde sogar nachts geweckt, um den süßen Brei
zu mir zu nehmen – vergeblich, wie sich am letzten Tag auf
der Waage erwies. Der Arzt machte mir Vorwürfe: Es fehlte
mir an der richtigen Einstellung, am Willen, mich innerlich
gehenzulassen, an Lockerheit.

Meinem Magen aber hatte die Aussperrung vom Leben
geholfen. Nur lebensuntüchtig war ich dabei geworden. Im
Linienbus, der mich zur S-Bahn nach Schönefeld brachte,
schien es mir unvorstellbar, daß ich den unbeaufsichtigten,
unkommandierten Alltag, der ständig, und sei es beim Aufstehen oder beim Kaffeekochen, Entscheidungen forderte,
würde bewältigen können.

Es war schon März, aber es schneite in dicken Flocken.
Der S-Bahn-Verkehr war gestört, und ich mußte zwei Stunden warten. Nur weil ich fror, hatte ich den Wunsch, nach

Hause zu kommen. Lieber aber wäre ich in das Kranken-
ghetto, wo man für das Beiseiteschieben aller Probleme Lob
ernten konnte, zurückgekehrt.

WALDEN

Die Expedition, deren Forschungsergebnisse mein Leben
wesentlich beeinflussen sollten, fand schon anderthalb Jahre
vor meinen Rohkostwochen, im Juni 1967, statt. Beteiligt
waren drei Frauen, die annähernd von gleichem Alter waren, ein vierjähriges Mädchen, das Spaß daran hatte, allen
Blumen, die es nicht kannte, Phantasienamen zu geben,
und zwei Männer, von denen der eine die untergründige
Spannung, die die Reisegesellschaft beherrschte, durch
munteres Geplauder vergessen zu machen versuchte, während der andere, der Pfadfinder, der die Landkarte nicht
aus der Hand legte, nur dann und wann einige Worte sagte,
die meist die Aufforderung enthielten, doch nicht blind
durch die Gegend zu gehen. Er, der Anreger und Organisa-
tor der Unternehmung, der auch das Fahrrad zu schieben
hatte, auf dem die Verpflegung und streckenweise das Kind
transportiert wurden, gehörte zu jener unangenehmen Gat-
tung von Wanderern, die beim Wandern nur das Wandern
oder das beim Wandern Gesehene als Gesprächsthema gelten lassen, immerfort zur Betrachtung der Landschaft oder
des klaren Lichts aufrufen, über Urstromtäler oder Dorf-
anlagen belehren und ärgerlich werden, wenn über Butter-
mangel, Frischs *Gantenbein* oder die vormilitärische Erziehung in Kindergärten gesprochen wird.
   Da die Interessen seiner Begleiter auf Geselligkeit, frische
Luft und Bewegung, nicht aber auf die einsame Gegend, in
die er sie führte, gerichtet waren, hatte er an diesem sonni-
gen Sonntag viel Grund zum Verdruß. Anzumerken davon

war ihm wenig, da er in dieser Hinsicht schon resigniert hatte. Immer stand er vor dem Dilemma, daß ihm, wenn er allein loszog, jemand fehlte, dem er sich mitteilen konnte, daß aber, wenn er Begleiter hatte, sich diese nie, so wie er, auf den Weg und das Ziel konzentrieren konnten, sich also als Spielverderber erwiesen. Sie nahmen die Aufgaben, die er sich gestellt hatte, nicht ernst genug.

Sensationen, das mußte er zugeben, hatte er ihnen auch nicht zu bieten. Was für ihn welche waren, waren für andere, die sein Wissen und seine Interessen nicht hatten, keine. Niemand war so wie er vorbereitet. Niemand hatte von dem, was man erleben und sehen würde, eine so bildhafte Vorstellung, daß sie, mit den Realitäten verglichen, dann die Sensationen ergeben konnte: entweder weil die Wirklichkeit haargenau mit der Voraussicht übereinstimmte oder weil sie unvermutet ganz anders war.

Diesmal sollte eine Gegend erkundet werden, die Touristen bisher mißachtet hatten, obwohl sie für Berliner in zwei Bahnstunden erreichbar war. Historisches, wie Klosterruinen oder Schlachtendenkmäler, hatte sie nicht zu bieten, nur ein Flüßchen, einen Bach oder ein Rinnsal mit seltsamem Namen, das seine Wasser, ohne einen Ort zu berühren, zwischen sandigen Hochflächen hindurch der Spree zuführte und laut *Berghaus*, dem geographisch-historisch-statistischen Landbuch von 1850, zwei Meilen lang war, zwei Mühlen bewegte, die Verbindung zwischen fünf Seen herstellte, nicht beflößt wurde und auch nicht schiffbar war. Da die Mühlen, wie man aus Erfahrung wußte, inzwischen wahrscheinlich Ruinen geworden waren, schien das einzig Sehenswerte der Gegend also die Abwesenheit von Mensch und Kultur zu sein.

Das Bild, das sich der Pfadfinder auf Grund miserabler Landkarten von diesem anstrengenden Sonntagsspaziergang gemacht hatte, war insofern richtig, als sich der Wasserlauf zwischen den Seen meist über feuchte, in Blüte stehende

149

Wiesen bewegte; es war aber falsch, was die Wege betraf. Es gab nämlich keine, die dem Wasserlauf folgten, so daß die Reisegesellschaft, die sich, der Schuhe und Strümpfe der Damen wegen, ein Querfeldeinmarschieren durch Brombeerranken und Erlenbüsche nicht leisten konnte, immer wieder auf höher gelegene in die umliegenden Dörfer führende Sandwege geriet. Querwege, die dem Wasser nahe zu kommen schienen, verloren sich langsam in Wiesen und Feldern oder endeten plötzlich an müllübersäten Hängen, von denen aus man hinter Erlen und Weiden einen See vermuten konnte, aber nicht sah. Nicht nur beim Kind, das Badefreuden erwartet hatte, machte sich Mißmut breit.

Erst des dritten Sees wurden sie ansichtig. Hier reichte der Kiefernwald bis ans Ufer. Sein Wasser war schwarz, das Baden in ihm, wie Schilder besagten, verboten, und nur Verbandsmitgliedern, die sich ausweisen konnten, war das Angeln erlaubt. Der vierte See, der einen breiten Schilfgürtel hatte, konnte von Ferne bewundert und weiträumig umgangen werden; dann begann, nach Überquerung einer Chaussee, trockener Wald. Das Rinnsal, das die Ausflügler Bach getauft hatten, das aber die Landleute, wie sie später erfuhren, den Graben nannten, schlängelte sich mühsam durch sandige Hügel, die von spärlichen Kiefern bewachsen waren, bis eine Wiese sich öffnete, die von bewaldeten Höhen umgeben war. Kiebitze zeigten hier ihre Flugkünste, der Pirol übte Flötentöne, und der Pfadfinder wurde vergnügt, weil die Gegend nun endlich seinen Vorstellungen von ihr entsprach.

Falls die Karte hier nicht gerade einen ihrer angeblich amtlich verordneten Fehler hatte, mußte am Südende der Wiese die Mühle liegen. Aber da die Gesellschaft, um das mahdreife Gras zu schonen, die Niederung nicht geradewegs überquerte, sondern am Rande blieb und alle Ausbuchtungen mitmachte, dauerte es noch lange, bis sie die Stelle erreichte, wo die Sandhänge von rechts und links sich nahe aneinanderschoben, so daß für das Wasser nur ein relativ schmaler Durchgang blieb.

Hier war es schattig und der Bewuchs üppig. Zwischen mannshohen Brennesseln gab es Flecken, wo Schneeglöckchenblätter den Boden bedeckten. Unter Apfelbäumen, die teilweise schon von Erlen- und Eschenschößlingen überragt wurden, versuchten Stachel- und Himbeerbüsche der Brennesselflut standzuhalten, indem sie noch höher als diese wuchsen. Aber es half ihnen wenig, weil über den Apfelbäumen ein Blätterdach von Kastanien den Himmel verdeckte. Die uralten Bäume umstanden eine kreisrunde Senke, die früher dem Müller als Stauteich gedient hatte. Aber das Wasser war umgeleitet. Aus dem trockenen Teichboden wuchsen Schlehen und Weiden auf.

Die Mühle, ein stattlicher zweigeschossiger Bau, der auf Fundamenten aus Feldsteinen ruhte, war verlassen, aber noch keine Ruine. Ihren von Büschen und Bäumen verdeckten Wänden, die innen von Lehm, außen von Backstein waren, hatten die Jahre nichts anhaben können, und auch das Dach war noch intakt. Das Gebäude war gründlich geplündert worden. Alle Fenster, Türen und Dielen fehlten. Aber noch standen in den oberen Wohnräumen, aus denen sich mit ruhigen Flügelschlägen ein eulenähnlicher Vogel davonmachte, die Kachelöfen, und auch das morsche Wasserrad war noch da. Ein Hohlweg, der den Hang hinauf zum nächsten Dorf geführt hatte, war durch Schlehenbüsche unpassierbar geworden. Auch der tiefer gelegene Wirtschaftshof war schon zugewachsen, eine Scheune aus Lehm in sich zusammengesunken, und aus den dachlosen Feldsteinwänden der Ställe wuchsen Eschen und Akazien heraus.

Dem Kind war in dieser dämmerigen Feuchte unheimlich zumute. Es verlangte nach Sonne, zeigte keinerlei Neigung, den Müll in den Kellerräumen romantisch zu finden, und war auch an dem nur wenig lädierten Backofen, der ihm als

Zwergenhaus vorgeführt wurde, nicht interessiert. Da außer dem Pfadfinder niemand Spaß daran hatte, jenseits des Grabens bei jahrhundertealten Gebäuderesten nach archäologischen Schätzen zu graben oder auf der wurmstichigen schmalen Stiege in die Wohnräume hinaufzusteigen, wo man sich über den Abgründen nur auf Balken bewegen konnte, trat man, nicht ohne darüber belehrt zu werden, daß in märkischer Landschaft das Beständige nur der Wechsel sei, den Rückzug ins Freie, das heißt in den Sand und die Sonne, an.

Sumpf und Sand stießen tatsächlich hart aneinander. Kaum hatte man das grüne Gewölbe verlassen, befand man sich auf einer Art Düne, die man in späteren Jahren als Trockenbiotop zu bezeichnen lernte. Zwar hatten einige Kiefern und Eichen versucht, sich hier anzusiedeln, bald aber aus Hunger und Durst ihren Lebensgeist wieder aufgegeben. Was sich in diesem Sand hielt, waren nur Trockengrasbüschel und knisterndes graues Moos. Das Kind, auf dem Boden hockend, freute sich an den Trichtern der Ameisenlöwen, die Erwachsenen aber, die sich nach einem Lagerplatz umsahen, entdeckten dabei zwei weitere Häuser: das eine am Rande der Wildnis in Nähe der Mühle stehend, das sie, einer richtigen Eingebung folgend, des Müllers Altenteil tauften, das andere höher, näher am Wald gelegen; doch war von diesem, einer Hecke aus verwilderten Kirschbäumen wegen, nur der First und ein backsteinerner Giebel zu sehen.

Beide Häuser hatten noch Türen und Fenster, waren aber von ihren Bewohnern verlassen. Das Altenteil, das weder Garten noch Nebengebäude hatte, war jüngeren Datums, vielleicht aus den zwanziger Jahren dieses Jahrhunderts; das Haus am Wald aber, dessen Firstlinie starke Neigung zum Einsinken zeigte, hatte schon Bismarcks Zeiten gesehen. Es war das Haus eines Bauern, aber eines sehr armen. Der Stall, dessen Dach zwischen die Feldsteinwände ge-

stürzt war, hatte nur Raum für zwei Kühe und ein paar
Schweine geboten. Die Viehketten hingen noch in den
Eisenringen, und im Verschlag für die Hühner lagen russische und deutsche Stahlhelme; sie hatten als Futternäpfe
gedient. Die kleine Scheune, in der Reste eines Pferdeschlit-
tens und einer Dreschmaschine standen, war nachlässig aus
Schalbrettern gezimmert worden; sie war im Begriff, auf
den Hof zu fallen, wo ein verrosteter Motor stand. Ein
Ziehbrunnen war bis in einen Meter Tiefe mit Asche und
Müll gefüllt worden, ein Backofen in sich zusammengesunken. Der Holzzaun, der das Anwesen umgeben hatte, war
morsch geworden und umgefallen. Wurzelausläufer uralter
Pflaumenbäume und Fliederschößlinge hatten undurch-
dringliches Buschwerk entstehen lassen. Weiter unten, wo
der Garten bis an den Graben reichte, standen verkrüppelte
Apfelbäume, und bei einer Quitte, die man auf einen Weiß-
dorn gepfropft hatte, wurden die edlen Teile, die noch einige Blüten zeigten, schon von den Wildtrieben verdeckt. Der
Graben, den ein morscher, aber noch begehbarer Fußsteg
überspannte, war gesäumt von Erlen und Weiden. Sonst
aber gab es bis hinauf zu den Kiefern keinen schattenspen-
denden Baum.

Da Blumensträuße innen am Fenster standen, konnte
man von weitem das Haus für bewohnt halten, dann aber
sah man, daß die Sträuße vertrocknet waren und daß Spin-
nen vor den Türen und Fenstern ihre Gewebe gezogen hatten; nach einem Blick in das Innere mußte man sich von
den Fäden erst wieder befreien. Es waren Einbrecher hier
gewesen. Schränke und Schubfächer waren aufgerissen, ihr
Inhalt verstreut worden. Die Petroleumlampen, die hier
wohl die einzige Beleuchtung gewesen waren, lagen in
Scherben. Auch an den Dielen hatte man sich zu schaffen
gemacht.

Die Reisegesellschaft rastete auf der gegenüberliegenden
Seite des Tales, an einem Hang mit Süßkirschenbäumen,

zwischen denen sich Kiefern breitgemacht hatten, die schneller wuchsen und an einigen Stellen aus der Plantage schon Wald gemacht hatten. Hier saß man im Schatten und sah zwischen den Erlen das Hausdach mit seinem verwitterten Schornstein, die sich neigende Holzscheune und dahinter den sandigen Hang. Das Kind pflückte Blumen auf der sich am Bach hinziehenden Wiese, die fünf Erwachsenen aber, die in schwer durchschaubaren, sich ineinander verschlingenden oder überkreuzenden Beziehungen zueinander standen, führten Gespräche darüber, ob und wie lange man wohl in einer solchen menschen- und elektrizitätslosen Einöde leben könnte. Und da in dem Für und Wider jeder von ihnen verständlich zu machen versuchte, warum solches Waldleben seinem Wesen zuwider sein oder aber ihm entsprechen würde, redete man sich in einen Selbstenthüllungseifer hinein. Obwohl zwei von ihnen miteinander verheiratet gewesen waren, zwei andere eine Heirat in Aussicht genommen hatten und Freundschaftsbande auch mit im Spiele waren, lernte jeder jeden nun anders, als er ihn bisher gekannt hatte, kennen und war darüber enttäuscht, erfreut oder entsetzt. Zu den ungewohnten Koalitionen, die sich dabei ergaben, gehörte auch eine sechste Person, die nicht anwesend war, aber dazugehörte. Durch Meinungen, die ihr unterstellt wurden, ergaben sich Anschuldigungen und Vorwürfe. Es folgten Tränen und Hohngelächter. Durch die Fiktion, hier wie Thoreau einst am Waldensee leben zu können, erkannte man plötzlich einander. Ein Roman über Herbert, den ich oft hatte schreiben wollen, hätte mit dieser Szene beginnen können. Rückblickend hätte ich dann das Beziehungsgeflecht erklärt.

Der Ausflug, auf dem wir keinem Menschen begegnet waren, wurde mit einem Gewaltmarsch zum nächsten Bahnhof in schlechter Laune beendet, das zu persönlich gewordene Gespräch nicht mehr aufgenommen und der verfallene Hof nicht mehr erwähnt. Ich aber konnte ihn nicht vergessen.

Drei oder vier Wochen später schrieb ich, aus Spielerei, wie ich mir sagte, an den Bürgermeister eines der nahe gelegenen Dörfer, zufällig an den, der zuständig war. Er antwortete umgehend mit einer Karte, die mit Werter Herr! begann, mit sozialistischem Gruß endete und mich aufforderte, mir das Objekt, das weder Wasser-, noch Strom-, noch Straßenanschluß habe und wohl auch niemals erhalten werde, unverbindlich, aber so bald wie möglich, mal anzusehen.

Als ich mit dem Bürgermeister, der nicht der SED, sondern einer Blockpartei angehörte, es also besonders nötig hatte, vor einem Unbekannten seine Staatstreue hervorzukehren, über Felder, am Müllplatz vorbei, in den Wald radelte, hatte ich dem Mann gegenüber ein schlechtes Gewissen. Ausgegeben hatte ich mich als Kaufinteressierter, war in Wirklichkeit aber nur ein Neugieriger, der wissen wollte, wie es zu dieser Verödung eines idyllischen Wohnplatzes gekommen war. Auf dem Rückweg, der länger währte, weil die Pilze, die am Wege wuchsen, mitgenommen werden mußten, war in mir kein Platz mehr für Skrupel. Da war nur die Frage, ob ich unvernünftig genug sein könnte, mir diese Ruine im sumpfigen Tal aufzuladen. Denn inzwischen hatte ich nicht nur den Preis erfahren, der niedriger lag als der eines Farbfernsehgerätes, sondern ich war auch einem prächtigen Wiedehopf begegnet, der auf dem morschen Gartenzaun paradierte, und hatte im Dreck und im Chaos des Hauses neben toten Ratten und lebenden Fledermäusen, auch Spinnräder, Butterfässer und Packen alter Briefe und Fotos gesehen. Aus ihnen ließe sich, wie mir schon träumte, Historisches rekonstruieren. Schon sah ich mich den backsteinernen Küchenherd reparieren, die aufgerissenen Dielen neu legen und im warmen Licht der Petroleumlampe an Hand von Briefen, Bildern und Dokumenten die Geschichte der früheren Bewohner des Hauses schreiben, über die ich, nachdem der Bürgermeister schon etwas erzählt hatte, im Dorf mehr erfuhr.

Herr Bussewitz war schon siebzig, aber noch immer als Maurer tätig, »schwarz« natürlich, wie sich für einen, der die Verhältnisse kannte, verstand. Er war geholt worden, um mir Mut zu machen. Mit der Begründung, daß es für mich, der keine Beziehungen hatte, schwierig sein würde, an Baumaterialien und Maurer heranzukommen, hatte ich mir Bedenkzeit erbeten; der Bürgermeister aber wollte sofort ein Ja von mir hören, um den ihn belastenden Pflegefall los zu sein. Er holte sich Bussewitz als Verstärkung, und er hätte eine bessere nicht finden können als diesen immer verschmitzt lächelnden Alten, der die baulichen Mängel des Hauses, das er als das Bahrsche bezeichnete, kannte und nicht nur Hilfe gelobte, sondern auch zu erzählen verstand. Geradezu kunstvoll verknüpfte er die Lebensgeschichte, die er gern erzählen wollte, nämlich die seine, mit der, die mich interessierte, und vergaß dabei auch nicht ab und zu das Haus zu erwähnen, an dem er oft schon als Nothelfer tätig geworden war.

Die Bahrs also, die ärmsten der armen Bauern, die sich nie hatten ein Pferd leisten können, hatten nur einen Sohn, den Rudi, der nur selten die Dorfschule besuchte, aber im Graben, der damals noch reichlich Wasser hatte, Fische mit der Hand fangen konnte« und dem Vater, der mit seinen zwei Kühen pflügen mußte, viel auf dem Felde half. Bevor er im Kriege Soldat werden mußte, war er noch nie weiter als bis ins Dorf gekommen. Erst die Wehrmacht verhalf ihm zu einer weiten Reise nach Osten, von der es für ihn keine Rückkehr mehr gab. Es gab aber auch keine Todes-, sondern nur eine Vermißtenmeldung, aus der seine Mutter, die nach dem Kriege bald Witwe wurde, herauslesen konnte, daß Rudi lebte und irgendwann wieder kommen würde. Und da auch ein Hellseher aus West-Berlin, den sie in den Nachkriegsjahren mit Butter und Eiern bezahlte, sie in ihrer Gewißheit bestärkte, waren die zwanzig Witwenjahre, die sie noch hatte, eine einzige Wartezeit. In jedem Pilz-

sucher, in jedem Jäger wurde der Heimkehrer vermutet.
Wenn Russen in den Wäldern Manöver abhielten, glaubte
sie, daß sie Rudi mitbringen würden, und wenn Hub-
schrauber ihr Haus überflogen, erkannte sie in ihnen genau
ihren Sohn. Da sie mit einem schwarzen Kater und ihrem
Spitz, der auf den Namen Tettamoll hörte, allein im Wald
lebte, Heilkräuter kannte und Zukünftiges aus Karten zu
lesen wußte, schlichen sich abends heimlich die Dorfleute
zu ihr, um zu erfahren, ob eine Krankheit geheilt werden
konnte oder ein Ungetreuer zurückzuerwarten war. Ihr
Land war der LPG zugefallen. Sie bebaute aber den Garten,
hielt Kleinvieh, für das sie einen Verteidigungskrieg gegen
Füchse, Marder und Bussarde führte, und hob jede Mark,
die sie von ihrer winzigen Rente erübrigen konnte, für Ru-
dis Existenzgründung auf. Da ihr Geiz im Dorf bekannt
war, vermutete man bei ihr große Schätze. Es waren aber
nur 3000 Ost- und 250 Westmark gewesen, die sie in einem
Weckglas, nicht unter den Dielen, wo die Einbrecher gesucht hatten, sondern im Lehmfußboden der Speisekammer, verborgen hatte. Dem Bürgermeister hatte die Ster-
bende das Versteck verraten. Das Geld war aber für Rudi
bestimmt.

Die Erben waren entfernte Verwandte, die irgendwo in
der Altmark wohnten, ein Haus schon besaßen und Tante
Bahrs ruinöses verkauft haben wollten, bevor die erste
Grundsteuer fällig war. Eilig mit dem Verkauf hatte es auch
der Bürgermeister als Nachlaßpfleger. Er fürchtete nicht
nur Plünderer, sondern auch Unwetter, die die Löcher im
Dach wieder aufreißen könnten; er hatte sie nur notdürftig
geflickt. Er holte schon Schnaps aus dem Schrank, um den
Vertrag gleich begießen zu können, versprach, mir die
Amtswege teilweise abzunehmen und Bussewitz bei der
Dachziegelbesorgung auf Schleichwegen behilflich zu sein.
Da die Flasche schon auf dem Tisch stand, wurde vorfristig
ein Schnäpschen und noch eins und ein drittes getrunken.

Nach dem vierten blieb mir nichts übrig, als ja zu sagen, sonst wäre der Abendbus weggewesen, und ich hätte im Dunklen anderthalb Stunden Fußweg zum Bahnhof gehabt. Zu meiner Beruhigung wurde mir noch versichert, daß die Russen zwar die Waldesstille durch Knallerei und Motorenlärm manchmal störten, sonst aber von ihnen nichts zu befürchten war. Man sagte übrigens, den parteiamtlichen Ausdruck verwendend, »die Freundschaft« zu ihnen, und zwar ganz sachlich ohne jeden pathetischen oder polemischen oder ironischen Ton.

Feierlich war mir zumute, als ich anderthalb Jahre später die erste Nacht im Waldhaus verbrachte und mich glücklich fühlte wie nach einer gelungenen Flucht. Noch hatte das Haus keine Fenster und Türen, da die alten den Maurern unter den Händen zerfallen waren; aber das Dach war gedeckt, die Innenwände waren verputzt und in den Zimmern neue Dielen gelegt. Den Tag über hatte ich Bauschutt beseitigt, mit der Rodung der hausnahen Pflaumenbuschwildnis begonnen, holzwurmzerfressene Möbel zerkleinert, in der Dämmerung auf dem Küchenherd Tee bereitet und beim Essen den Nachtgeräuschen des Waldes gelauscht. Während ein Käuzchen schrie und Rehböcke schreckten, wurde in einer zugfreien Ecke der Schlafsack auf die nach Harz duftenden Dielen gebreitet. Aber der Schlaf wollte nicht so bald kommen, doch waren nicht Stille und Dunkelheit daran Schuld.

Waldeinsamkeit ist mir nie unheimlich gewesen. Immer waren es Menschen, die mich erschreckten. Denen war ich nun ausgewichen. Es war das Glück, den erträumten Rückzug geschafft zu haben, das mich nicht schlafen ließ. Ich war, dachte ich, in die Emigration gegangen, ohne das Land, das mich hielt, verlassen zu haben. Dem Staat war ich auf seinem eignen Territorium entflohen. Hier würde es mir besser als vorher gelingen, die Zensur beim Schreiben aus meinem Bewußtsein zu tilgen. Hier konnte ich, wenn

ich das Land selbst bebaute, mit geringem Einkommen
mein Auskommen finden, war also weniger auf Veröffentlichung angewiesen. Ich war nicht kräftig, aber diszipliniert
und ausdauernd, und kein Luxus reizte mich mehr als der,
in Ruhe gelassen zu werden. Freiheit war durch Bedürfnis-
beschränkung nicht zu teuer bezahlt.

Ich war bereits zweiundvierzig damals, aber die Kinder-
träume waren nicht mitgealtert. Sie waren so frisch wie in
jenen Tagen, als die HJ-Führer kamen, um mich zum
Dienst zu beordern, und ich mich an jene dunklen, im Wald
tief versteckten Teiche wünschte – die übrigens nicht weit
von hier lagen, aber hinter dem Stacheldraht eines militärischen Sperrgebiets.

Von dorther kamen wohl auch die Panzerspähwagen, die
in dieser ersten Nacht, als wollten sie mich Staatsräson lehren, mit Motorengedröhn meinen Garten durchquerten,
einen Scheinwerfer auf mein Haus richteten und schnell
wieder kehrtmachten. Genossen, schrie eine Kommando-
stimme auf sächsisch, unsere Marschrichtung war falsch.

Am Morgen begann ein dreitägiges Manöver der Russen.
Tag und Nacht lärmten Panzer und Tiefflieger. Infantristen
stürmten brüllend durch meinen Garten, ohne mir auch
nur einen Blick zuzuwerfen. Die Waldwege entlang wurden
Telefonkabel gezogen, und auf den Hügeln hinter dem Graben, wo wir damals nach Entdeckung des Hauses gerastet
hatten, wurden Granatwerfer in Stellung gebracht.

GESTERN NOCH AUF STOLZEN ROSSEN

Sehnsüchte schafft man sich am sichersten dadurch vom
Halse, daß man sie sich erfüllt. So verfuhr ich mit dem när-
rischen Wunsch, ein Pferd zu besitzen; und da aus dem
einen, fast ohne mein Zutun, gleich drei wurden, war mit

dem Wunsch auch die Besitzerfreude in kurzer Zeit mause-
tot.

Was den Wunsch in mir zum Leben erweckt hatte, waren
nicht sportliche oder zoologische oder landwirtschaftliche
Interessen gewesen, sondern literarische Einflüsse, besonders die Karl Mays. Dessen liebevollen Pferdebeschreibun-
gen hatte wohl das gleiche Erfahrungsdefizit zu Grunde
gelegen, das ihn auch zu den farbigen Schilderungen von
Prärien und Wüsten befähigt hatte, und entsprechend mär-
chenhaft waren sie ausgefallen, diese schnellen und verständigen Zauberrösser, deren lebensrettender Treue man sicher
sein konnte, wenn man nur einen guten Charakter hatte
und mutig war. Der Ritt über Prärien, die sich in Wellen bis
an den Horizont erstrecken, gehörte für mich zehnjährigen
Großstadtknaben, dessen Erfahrung mit Tieren sich auf die
mit Kanarienvögeln und weißen Mäusen beschränkte, zu
den schönsten Visionen, die sich später, in reiferem Alter,
mit Kutschfahrten begnügten, wie sie Turgenjew oder auch
Stifter bot. Als außerliterarische Verführung hinzu kam
noch ein ausgebildeter Sinn für natürliche Schönheiten, der
sich am Anblick freilaufender Pferde ergötzte, und das Verlangen des Grundstücksbesitzers, das Ödland ringsum belebt zu sehen.

Bevor ich Besitzer von Pferden wurde, war ich nur selten
mit ihnen in Berührung gekommen. Als erntehelfender
Schüler in Hinterpommern hatte ich die zwei Braunen des
Bauern anspannen und manchmal beim Pflügen auch führen dürfen. Bei der Flucht vor den Russen durch die böh-
mischen Wälder war mehrmals das Füttern und Tränken der
Pferde, die die gräflichen Treckwagen zogen, meine Aufgabe gewesen. In der Kurzepisode als Landarbeiter hatte ich
morgens und abends die Milchkannen mit einem Einspän-
ner zur Kuhkoppel fahren müssen; und als Dorfschullehrer
war mir der Weideaustrieb der Pferde ein herrliches Schau-
spiel gewesen; aber die Geschicklichkeit meiner Schuljun-

gen, die ohne Sattel und Zügel reiten und Stürze ohne Verletzungen überstehen konnten, blieb mir versagt.

Jahrzehntelang war das Verlangen nach einem Pferde so unerfüllbar wie der nach Siebenmeilenstiefeln gewesen. Doch als ich, mit Fünfundvierzig, das Haus im Walde bewohnbar gemacht hatte und nach der Möglichkeit suchte, Zeit zum Schreiben zu finden, ohne vom Publizieren leben zu müssen, bot sich die Erfüllung des Pferdewunsches als Existenzsicherung an. Die Realisierung des Kindertraums sollte zur Notwendigkeit werden, so wie zuvor schon das Bücherschreiben von der Liebhaberei zum Beruf gemacht worden war. Mit Pferdezucht ließ sich Geld verdienen, zwar nicht viel, aber viel brauchte ich ja auch nicht.

Die Anregung dazu hatte mir Bauer Lehmann gegeben, den ich schon in den ersten Tagen, bald nach dem Russenmanöver, kennengelernt hatte und der mir bei meiner Seßhaftwerdung viel half. Er war ein Mann mit Privatinitiative, dem die Zwangskollektivierung eher Ansporn als Hindernis war. Ich traf ihn zuerst zwischen den Hügeln hinter dem Graben, wo er eine sumpfige Wiese, deren Bewirtschaftung sich für die LPG nicht rentierte, zu entwässern versuchte. Er brauchte Futter für seine Rinder, die er sich nach der Viehkollektivierung privat wieder angeschafft hatte. Auf meine Frage, ob dieser Neubeginn ihm nicht schwerfallen würde, sagte er achselzuckend, was ich von meiner Mutter schon kannte: Hilft ja nichts, man darf doch nicht aufgeben!, und imponierte mir dann mit einem historischen Vergleich: Vom Dreißigjährigen Krieg werden Sie doch schon gehört haben; da kamen die Landsknechte, die die Äcker verwüsteten und das Vieh wegtrieben, jedes Jahr wieder; wenn die Leute damals jeden Neubeginn für sinnlos gehalten hätten, wäre hier alles zur Wildnis geworden, und wir wären heute nicht hier.

Er wußte viel von der Geschichte der Mühle, fand es empörend, daß die Äcker und Wiesen längs des Grabens durch

Desinteresse der LPG zu Erlengestrüpp und Ödland geworden waren, und sagte dann das, was mich aufhorchen ließ: Zwar seien die Böden hier miserabel, aber Schafe oder auch Ponys fänden Futter genug.

Das gab mir den Mut, meine Wunschträume zu äußern; und obwohl Herr Lehmann selbst wenig Interesse an Pferden hatte, vielmehr von stärkeren Traktoren träumte, billigte er meine aufkeimenden Pläne und war mit Rat, später mit Tat, bei der Hand. Ringsum gab es genug Ödland als Weidefläche. Das Holz für die Koppelzäune konnte in Lehmanns Privatwald geschlagen werden, und Zaumzeug lag noch auf manchem Hausboden herum. Die nötigsten Kenntnisse wollte ich mir aus der Fachliteratur holen, doch mangelte es an dieser genauso wie an Bananen, Schreibmaschinenpapier oder Baumaterialien, so daß auch die theoretische Vorbereitung auf meine Existenzgründung mangelhaft blieb. Ich abonnierte Zeitschriften für Landwirte und Kleintierhalter, um mir an Hand von Annoncen Überblick über die Marktlage zu schaffen, und gewann den günstigen Eindruck, daß Pony- und Kleinpferdhaltung in Mode kam. Mit dem Fahrrad fuhr ich über die Dörfer zu den wenigen Pferdehaltern, konnte aber nichts in Erfahrung bringen, da ich zu unwissend war, um die richtigen Fragen stellen zu können. Auch war man mißtrauisch, wenn ein Fremder kam. Besonders aus Preisen machte man ein Geheimnis, da man befürchtete, daß sie gesetzwidrig sein könnten. Der Pferdehandel war ein grauer, fast schwarzer Markt. Ich war also, als ich ein Kaufgesuch in die Zeitung setzte, nicht nur arm an Finanzen, sondern auch an Finanzkenntnissen. Der Handel, der darauf folgte, war auch danach.

Aber davor lag noch eine erzwungene Pause, die der Vernunft, wäre sie wach gewesen, als Warnung gedient hätte, der Begeisterung aber nur Mahnung zum Durchhalten war. Beim Versuch, unter kundiger Führung reiten zu lernen, wurde ich im Galopp abgeworfen und brach mir, da ich das fachmännische Stürzen noch nicht gelernt hatte, beide Handgelenke dabei. Mit zwei Gipsarmen winkte ich ab, als mir das Aufgeben meiner Pferdepläne empfohlen wurde, betrieb meinen Ruin nur noch eifriger weiter und war, als die kompliziert gebrochenen Knochen und Knöchelchen nach einem halben Jahr wieder heil waren, mit Bahn und Fahrrad zu Pferdeanbietern im Fläming und im Havelland unterwegs.

Sicher hatte es selten einen Pferdenarren gegeben, der so wenig wie ich von Pferden wußte und so unfähig zum Handeln war. Bei einem versierten Händler, der mich durch Freundlichkeit und lehrreiche Erfahrungsberichte beeindrucken konnte, ließ ich mir alle Bedenken, die ich hinsichtlich der Futtergrundlage und meiner Tierpflegerbefähigung hatte, ausreden, versuchte nicht, die überhöhten Preise herunterzuhandeln, und akzeptierte auch die Bedingung, entweder kein Pferd zu nehmen oder gleich drei.

Uneingestanden wußte ich schon, daß es schiefgehen würde, als mir auf dem Reithof in der Nähe von Nauen, wo Heinrich Himmler, wie man mir sagte, seine Sommerurlaube verbracht hatte, die angeblich tragenden Kleinpferdstuten und das Hengstfohlen vorgeführt wurden. Ich hatte aber nicht die Kraft, nein zu sagen, sondern bat mir drei Tage Bedenkzeit aus. In diesen aber siegten die Träume wieder, und die Vernunft, nun mit Angst gepaart, kam erst wieder, als die Pferde am Abend des Tages, an dem ich morgens das Telegramm mit dem Jawort abgeschickt hatte, schon da waren und mich um den Schlaf brachten, da sie den Gartenzaun, an den man sie gebunden hatte, umzureißen drohten und mich nicht an sich herankommen ließen. Sie legten die Ohren an, wenn ich mich näherte, zeigten die Zähne, oder sie keilten, nachdem sie mir blitzschnell ihr Schwanzende zugewandt hatten, nach hinten aus.

Am nächsten Tag war ich damit beschäftigt, die hungrigen und durstigen Tiere durch Futter und Wasser und gutes

Zureden mit mir vertraut zu machen, was mir bei Rico, dem Fohlen, das mir als Dank gleich einen Hufschlag in die Hüfte versetzte, und Moni, der sanfteren Stute, auch bald gelang. Da Rico flüchtig wurde und ich ihn im Wald lange suchen mußte, war es schon wieder Abend, als ich die beiden endlich in ihrer Koppel hatte und dort friedlich grasen sah. Rosi, das Untier, aber wütete weiter, und da man es in der Nähe des Tores angebunden hatte, kam ich immer nur unter Lebensgefahr aus dem Garten heraus. Erst Herrn Lehmann, der entschiedener auftreten und kräftiger zupakken konnte, gelang es, Rosi in die Koppel zu bringen, und ich hätte mich endlich am Anblick zufriedener Tiere erfreuen können, wenn nicht das Fohlen, das die Stuten ständig als Muttertiere zu benutzen versuchte, von diesen so malträtiert worden wäre, daß um sein Leben zu fürchten war. Um es separieren zu können, zimmerte ich einen kleinen Stall, in dem es wenig Bewegung hatte. Die aber schaffte es sich, indem es sich losriß, wenn ich es an der Leine führte, so daß ich wieder stundenlang mit dem Einfangen des Flüchtlings beschäftigt war.

Schneller als ich erwartet hatte, waren die Koppeln leergefressen. Ich mußte mich mit dem Anpflocken der Tiere, genannt Tüdern, behelfen, doch war der Kreis, den sie erreichen konnten, im Handumdrehen kahl. Dauernd war ich unterwegs, um sie umzutüdern, immer in Angst vor Rosi, die ihre kräftigen Zähne erst zum Zermalmen der als Bestechung gedachten Zuckerstücken benutzte, sie mir dann aber wutschnaubend zeigte, als wäre ich nicht ihr Wohltäter, sondern ihr Feind. Satt und zufrieden waren die drei, die an Ställe gewöhnt waren, in dieser Freiluftkur niemals. Vom Morgengrauen bis zum Abenddämmern war ihr zorniges oder mitleidheischendes Wiehern zu hören, und wenn sie nachts still waren, glaubte ich doch ihre vorwurfsvollen Töne zu hören. Statt zu schreiben, lauschte ich ins Dunkel hinaus.

An Ödland zum Abweiden war tatsächlich kein Mangel, doch erstreckte es sich in schmalen Streifen diesseits und jenseits des Grabens, war also sehr ausgedehnt. Die Wege zu Futterplätzen wurden dadurch von Tag zu Tag länger, und da die Tiere vor Wasser und Sumpfland scheuten und den Graben, ob mit oder ohne Brücke, nicht überqueren wollten, wurden oft Umwege nötig, auf denen stets die Gefahr des Ausreißens bestand.

Daß die Angst vor dem Wasser bald keine Rolle mehr spielte, lag nicht am zunehmenden Gehorsam der Pferde, sondern am trockenen und heißen Sommer, der die Zuflüsse versiegen ließ. Der Graben, der anfangs des Nachts noch ein wenig Wasser geführt hatte, konnte nun trockenen Fußes durchschritten werden, das Gras in den Koppeln wollte nicht nachwachsen, junge Bäume zeigten herbstliche Färbung, und auch auf den Wiesen, wo die Erlen emporschossen, war bald alles Grüne verdorrt. Ich mußte Heu teuer kaufen und anfahren lassen, dauernd in der Küche die Handpumpe betätigen, über weite Entfernungen Wasser schleppen, das dann manchmal von der wütenden Rosi verschüttet wurde, und mich ständig kleiner und großer bösartiger Bremsen erwehren, die die Pferde natürlich noch entsetzlicher quälten. Nur in der Nacht zogen die Plagegeister sich in ihre Verstecke zurück.

Auch mußte ich mich um den Stallbau kümmern, der häufig stockte, weil Kalk oder eiserne Träger fehlten, oder weil den vielbeschäftigten Wochend-Maurern, die bei mir ohne Strom auskommen, also den Mörtel mit der Hand rühren mußten, diese bremsengeplagte Baustelle zuwider war. Da mir die Zeit fehlte, wieder und wieder bei ihnen um Fortsetzung der Arbeit zu betteln, vergaßen sie schließlich die Stallfragmente, und ich, unter der Hitze, den Stechfliegen und der Verantwortung leidend, nahm das apathisch hin. Daß der Winter kommen und die Tiere einen Stall brauchen würden, konnte ich mir unter Sonnengluten als zwingend nicht denken. Meine Vorstellungskraft reichte nur bis zum Wetterwechsel. Mit Kühle und Regen schienen mir alle Probleme gelöst.

Der Gedanke, den eignen Durchhaltebefehl fortan zu verweigern und die Fron zu beenden, kam mir an einem Septembermorgen, als mich, wie immer seit Ankunft der Pferde, der erste Lichtschimmer weckte und ich erstaunt merkte, daß dieser Tag ohne protestierende Tierlaute begann. Mein Tal war still wie in Vor-Pferde-Zeiten, als die Spanne zwischen Erwachen und Aufstehen der gedanklichen Schreibvorbereitung gedient hatte und reich an Einfällen gewesen war. Die Ruhe konnte nur Schlimmes bedeuten, aber was sie in mir erweckte, war nicht Erschrecken, sondern Frohlocken, oder doch eine Vorform davon. Ob Rico, Moni und Rosi nun gestorben, gestohlen oder geflohen waren – jedenfalls war ich sie los. Ich brachte es fertig, noch eine Weile genießerisch liegen zu bleiben, mir die Freuden eines pferdelosen Tags auszumalen und mir das Scheitern meines Unabhängigkeitsvorhabens, das zur Abhängigkeit von den Tieren geführt hatte, einzugestehen. Statt freies Schreiben zu garantieren, hatte mein kostspieliges Abenteuer mir Schreiben unmöglich gemacht.

Tatsächlich waren alle drei Pferde verschwunden. Ihres wehrhaften Charakters wegen schien mir Diebstahl nicht in Frage zu kommen. Da die Koppelzäune in Ordnung waren, mußten sie sie übersprungen haben; vielleicht hatten Wildschweine, die nachts ein Stück Wiese umgewühlt hatten, sie so heftig erschreckt. Auf dem sandigen Weg, der zum Wald hinauf führte, konnte ich ihre Hufspuren erkennen, machte aber keinen Versuch, ihnen zu folgen, sondern frühstückte ausführlich, schwang mich aufs Fahrrad und saß anderthalb Stunden später im Zug nach Berlin.

Nie war mir die Staatsbibliothek, in deren Lesesälen sich noch Reste von Kühle gehalten hatten, so wohltuend erschienen. Mit meinem Jean-Paul-Buch war ich in den letzten Monaten kaum weitergekommen. Ich hatte viel nachzuschlagen, in Katalogen zu suchen und Bestellungen aufzugeben. Zügig sollte es nun, falls das Schicksal mir wohlwollte, damit weitergehen.

Meine Hoffnung, daß die Pferde verloren waren, schien sich am Abend, als das Haus und die Koppeln ruhig und unbelebt vor mir lagen, erfüllen zu wollen, doch wurde die Einbildung, auf so einfache Art Besitz gegen Freiheit vertauschen zu können, schon am frühen Morgen zerstört. Zwei Jungen auf Fahrrädern brachten die Nachricht, daß sich die Ausreißer in einem fünf Kilometer entfernten Dorfe befanden. Sie hatten sich, wohl auf der Suche nach einem Stall, in einen der größeren Höfe geflüchtet und ließen niemand an sich heran.

Auf dem einstündigen Waldgang war mir bänglich zumute, im Dorf aber, wo zwanzig bis dreißig schadenfrohe und sensationslüsterne Leute zu meinem Empfang schon bereitstanden, bemühte ich mich, von meinem Gemütszustand nichts merken zu lassen. Ich bedankte mich überschwenglich, spielte den Pferdezüchter, der glücklich ist, seine Tiere endlich wiederzufinden, und erklärte ihre Gefährlichkeit mit den Aufregungen der Flucht. Auf die witzig gemeinte Frage, ob es nicht besser wäre, vor meiner Annäherung an die Tiere nach einem Krankenwagen zu telefonieren, lachte ich übertrieben und ging, alle sonst geübte Vorsicht außer Acht lassend, mit klopfendem Herzen auf die Bestien zu.

Man hatte ihnen Heu hingeworfen, aber nur Rico hatte davon gefressen. Moni und Rosi standen in der entferntesten Hofecke, wo Scheune und Stall aneinander stießen, und sahen in ihrer Erregung bedrohlich aus. Zuckerstücke hatte ich nicht vergessen, aber um mich als souveränen Herrn meiner Tiere zu zeigen, verzichtete ich auf dieses Lock- und Bestechungsmittel, rief nur mit einer Stimme, die Ruhe suggerieren sollte, ihre Namen, näherte mich ihnen ohne Zögern – und sie, o Wunder, erkannten mich wieder, verzichteten, als wollten sie mir die Blamage ersparen, zum ersten Mal auf jede aggressive Gebärde, ließen sich widerstandslos in die Halfter greifen und an der staunenden Menge vorbei auf die Dorfstraße führen, wo gleich hinter dem Friedhof mein Waldweg begann. Rico trottete anstandslos hinterdrein. Mein Triumph war so groß, daß ich schon daran dachte, Rosi zum ersten Mal auch als Reittier zu nutzen, also hoch zu Roß meinen Abschied zu nehmen. Aber das erschien mir dann doch ein Mißbrauch der Gnade, eine zu große Versuchung des Schicksals zu sein.

Von Stund an besserte sich das Herr-Pferd-Verhältnis, aber der Trennungsentschluß wurde nicht verändert, da die Sorge ums Futter blieb. Die verdorrten Wiesen begannen auch nach dem ersten Regen, der gleich Kälte mitbrachte, nicht mehr zu grünen. Morgens fand ich manchmal die Pferde im dichten Nebel kaum wieder, und bald waren sie in der Frühe, wie die Erlenbüsche, mit Reif bedeckt. Futterkäufe verschlangen meine letzten für den Stallbau gedachten Finanzen. Die Trennung war also nötig, doch zog sie sich viel zu lange noch hin.

Die Verkaufsanzeige hatte ich gleich nach dem Tage der Flucht aufgegeben, aber da es, wie an allem, auch an Raum für Annoncen mangelte, verstrichen acht Wochen, bis sie erschien. Die Interessenten, am Koppelzaun lehnend, froren bei den Verkaufsgesprächen. Während Rico bald einen Liebhaber finden konnte, erwiesen sich die weiterhin angsteinflößenden Stuten, deren Trächtigkeit von allen bezweifelt wurde, als schwerverkäufliche Ladenhüter. Sie wurden, als erster Schnee schon die Koppeln bedeckte, an einen mutigen Gastwirt, der auch mit Rosi fertig zu werden glaubte, so gut wie verschenkt. Daß ich für sie etwa das Dreifache des Normalpreises gezahlt hatte, erfuhr ich erst jetzt.

Arm, aber frei konnte ich Weihnachten feiern und mit nur mir verständlicher Selbstironie Jean Pauls mißglückte Reitversuche aus den *Flegeljahren* beschreiben. Die Niederlage, die ich bei meinem Versuch einer nichtliterarischen Existenzgründung erlitten hatte, quälte mich länger, als ich es wahrhaben wollte. Aus den Koppeln wurden Gemüsebeete. Ich tröstete mich mit *Candide*, den ich damals sehr liebte. Der hatte, als seine Illusionen begraben waren, ja auch nicht Pferde gezüchtet, sondern seinen Garten bebaut.

BAYREUTHER FESTSPIEL

1825 war Jean Pauls Leben in Bayreuth zu Ende gegangen. 150 Jahre danach wurde das Anlaß für seine Ehrung. Und da der Todestag in den festspiellosen Monat November fiel, war die Stadt, die er vor allem ihres Bieres wegen geliebt hatte und die ihn heute auch deswegen liebt, weil er im Geburtsjahr Richard Wagners das Kommen eines sprach- und musikmächtigen Genies vorhergesagt hatte (wobei er freilich an E.T.A. Hoffmann gedacht hatte), der richtige Ort dafür. Es gab eine Festveranstaltung, eine Kranzniederlegung und, für den gelehrten Teil seiner Lesergemeinde, mehr oder weniger verständliche Vorträge, an denen sich nicht nur die Vielgestaltigkeit des gefeierten Dichters, sondern auch die von Professoreneitelkeit ablesen ließ.

Einladungen dazu waren bis nach Australien und Japan gegangen, und auch die DDR war berücksichtigt worden. Doch hatte man hier, da Jean Paul nicht in das verordnete Literaturerbe gepaßt hatte und deshalb von der Fachgermanistik weitgehend ignoriert worden war, unter den amtlich bestallten Literaturwissenschaftlern keinen Spezialisten gefunden und deshalb zwei Außenseiter erwählt.

Jeder von diesen hatte ein Buch über Jean Paul geschrieben. Das eine war schon im Vorjahr erschienen, das andere zwar fertiggestellt, aber aus Gründen, die mit der Zensur und den langen Herstellungszeiten zusammenhingen, noch nicht auf dem Markt. Unklar war bis zur letzten Minute, ob die Reiseerlaubnisse erteilt werden würden. Doch war an dem Fernbleiben des einen dann nicht eine Behörde, sondern eine Herzkrankheit schuld. Daß die beiden entzweit miteinander waren, hatte in Bayreuth niemand wissen können. Man bedauerte es, daß der eine nicht kommen konnte, und der andere stimmte, des Anstandes wegen, in das Bedauern mit ein.

Die Vorgeschichte dieser Entzweiung hatte zwei Jahre zuvor damit begonnen, daß eine helle, nicht nur der Lautstärke wegen an eine Trompete erinnernde Stimme telefonisch bei mir angefragt hatte, ob ich denn wirklich, wie in der Berliner Gerüchteküche verlaute, über Jean Paul zu veröffentlichen gedenke und wenn ja, so wäre aus Konkurrenzsorge zu fragen, worum es sich handle; sein, also des Anrufers, Thema seien die sogenannten heroischen Romane, die aber bald nicht mehr so heißen würden, denn nach Kenntnisnahme seiner grundlegenden, übrigens dickleibigen, Arbeit würde ein anderer Name gebräuchlich werden: Romane der Revolution.

Auch wenn der Anrufer seinen Namen verschwiegen hätte, wäre er mir nach den ersten Worten schon gegenwärtig gewesen, denn die gehobene, Widerspruch schon vor dem Lautwerden vernichtende Stimmlage, mit der der blutjunge Hochschullehrer in überfüllten Hörsälen der Universität Unter den Linden im Namen von Marx und Stalin den von mir verehrten Nicolai Hartmann in den Sumpf bürgerlichen Ungeistes verdammt hatte, war mir mehr als zwanzig Jahre lang in Erinnerung geblieben; auch hatten in der Staatsbibliothek die hilfreichen Damen, die den erstaunlich wohlerhaltenen Nachlaß Jean Pauls betreuten, mir leicht verärgert von dem Jean-Paul-Interpreten erzählt, der nicht einen Blick auf die Handschriften geworfen hatte. Da ich seine Sorgen durch die Mitteilung zerstreuen konnte, daß ich an keinem wissenschaftlichen Werk, sondern an einer erzäh-

lenden Biographie arbeite, die erst in ein bis zwei Jahren
fertig sein würde, ging er schnell zu Fachfragen über, deren
Erörterung ihm so viel Freude machte wie mir. Beide waren
wir Einzelgänger, seit Jahren mit einem als abseitig geltenden Thema beschäftigt und selten auf einen Menschen gestoßen, der unsere Interessen teilte oder auch nur verstand.
Sich durch bloße Nennung von Stichwörtern, Romantiteln,
Ortsnamen oder fiktiven Gestalten verständlich machen zu
können war eine Freude, die man auskosten mußte. Und da
wir nur wenige Schritte voneinander entfernt wohnten,
folgte ich seiner Einladung, vielleicht schon am selben Tag.

Einschließlich des Abstiegs auf meinen vier wackligen
Hinterhaustreppen brauchte ich nur drei Minuten bis zur
Friedrichstraße, die ich dort, wo sich bis zum Bau der
Mauer der südliche Eingang zum U-Bahnhof Oranienbur-
ger Tor geöffnet hatte, überqueren mußte, um an der durch
Bomben gerissenen Häuserlücke, die bis zur Reinhardtstra-
ße reichte und als Parkplatz genutzt wurde, hinter das
Haus mit der Nummer 129 zu kommen, wo in den fünf-
ziger oder sechziger Jahren eine kleine Neubausiedlung
entstanden war. Die Wohnungen waren nicht nur an Funktionäre, sondern auch an Schauspieler, Schriftsteller und
Journalisten vergeben worden. Die Klingelbatterie an der
Haustür trug mehrere mir bekannte Namen, darunter den
John Peets, des lang- und vollbärtigen DDR-Briten, der
eine kleine englischsprachige Zeitschrift mit guten Nachrichten aus dem sozialistischen Deutschland füllte, meinen
Roman *Buridans Esel* (ziemlich frei) übersetzt hatte und,
wie man damals schon ahnte, auch geheimdienstlich tätig
war. Da wohnte auch die Schauspielerin Gisela May, die damals mit Brecht-Liedern den Höhepunkt ihres Ruhmes erreichte – und bei ihr der Gesuchte, Wolfgang Harich, der
mich mit schmetternder Stimme begrüßte und seiner berühmten Lebensgefährtin erklärte, nun habe er endlich
einen, den seine Ausführungen über den fränkischen Dich-

ter, dem er DDR-Heimatrechte beschaffen werde, nicht so langweilen würden wie sie.

Und so war es tatsächlich. Ich langweilte mich niemals, bei unserm gemeinsamen Thema so wenig wie bei allen anderen Problemen, über die ich belehrt wurde und ins Staunen geriet. Solange es um Jean Paul ging, fiel ich von einer Verwunderung in die nächste, weil ich von einem anderen Autor als dem mir bekannten hörte und mir Romane interpretiert wurden, die mir wie Wunschvorstellungen eines politischen Agitators erschienen wären, hätte ich sie nicht an den Namen der Helden wiedererkannt. Der Interpret hatte, wie mir bald klar wurde, in ihnen nur das, was er gesucht hatte, gefunden und alles, was die Schlüssigkeit seiner Thesen gestört hätte, beiseite gelassen. So war ein neuer Jean Paul nach Harichs Bilde entstanden, der Individuelles und Künstlerisches verloren hatte, aber dafür in das sozialistische Erbe haargenau paßte: ein fortschrittlicher Philosoph und leidenschaftlicher Revolutionär.

Daß ein Mann, der so wenig Sinn für die Dichtung hatte, an Jean Paul geraten war, hatte biographische Gründe, die er mir in der ersten Stunde schon offenlegte – wie überhaupt eine naiv wirkende Offenherzigkeit, auch in sehr intimen Fragen, zu seinem Wesen gehörte, das aus lauter Widersprüchen bestand. Der Anstoß zu seinem literaturwissenschaftlichen Buch war von der Stasi gekommen, die ihm am Ende seiner langen Haftzeit in Bautzen wissenschaftliche Arbeit in seiner Zelle ermöglicht, ihm gleichzeitig aber eröffnet hatte, daß Philosophie ihm künftig verschlossen war. Da lag Jean Paul nahe, weil sein Vater, ein Schriftsteller, auch Verfasser von Unterhaltungsromanen, in den zwanziger Jahren eine große, mit Recht vielbeachtete Biographie Jean Pauls geschrieben hatte, mit nationaler Tendenz. Die Arbeit des Sohnes war also Vaternachfolge und Vaterberichtigung im marxistischen Sinne, gleichzeitig aber auch eine Berichtigung Georg Lukács', als dessen

Schüler und auch Vollender sich Harich sah. Ihm hatte er auch in Zeiten, in denen der Meister verdammt worden war und nicht gedruckt werden durfte, die Treue gehalten, und auch wenn er ihn nun korrigierte, geschah es in seinem Geist. Lukács nämlich hatte Jean Paul als kleinbürgerlich und versöhnlerisch, also als schlecht und verderblich beurteilt, was Harich sich nur dadurch erklären konnte, daß der Meister die großen Romane gar nicht gelesen hatte, sondern nur den *Quintus Fixlein* und vielleicht das *Schulmeisterlein Wutz.*

Momente der Langeweile waren bei mir also so selten wie bei Harich die Redepausen. Schon aus zeitlichen Gründen war ich deshalb weitgehend zum Schweigen verurteilt, manchmal allerdings auch, weil der eine oder der andere Vorschlag zur Lösung von Weltproblemen mir die Sprache verschlug. Die Nahostkrise zum Beispiel wollte er dadurch lösen, daß die an den Juden schuldig gewordenen Deutschen die nördlichen Teile ihrer beiden Staaten räumten, damit der Staat Israel die ihm feindliche Umgebung verlassen und sich zwischen Greifswald und Emden ansiedeln konnte. Harich hatte den Plan, den auch Stalin hätte erdenken können, in einer westdeutschen Zeitschrift der Öffentlichkeit unterbreiten wollen, doch hatte die Redaktion, weil sie ihm wohlwollte, die kühne Friedensidee nicht gedruckt.

Ständig überraschte er mich mit Ansichten und Wesenszügen, die ich für unvereinbar gehalten hatte, wie scharfe Intelligenz und kindliches Selbstgefallen, eigenständiges Denken gepaart mit Elitebewußtsein und ein Gefesseltsein an die marxistisch-leninistische Theorie. Er entsetzte mich mit leichtfertigen Thesen, belustigte mich mit Gewagtheiten, die seine Freude am Schockierenden zeigten, imponierte mir durch eine Fülle von Wissen, das er, von einem Gedanken zum anderen springend und doch große Linien wahrend, in endlosen Monologen auszubreiten liebte, und er reizte, seiner raschen Be- und Verurteilungen wegen, zum Widerspruch. Dieser aber, falls er überhaupt laut werden konnte, interessierte ihn wenig. Einwürfe nahm er nur zur Kenntnis, wenn sie ihm Stichworte für neue Vorträge sein konnten. Redend schien er inneren Zwängen zu folgen, wobei er das Wohlgefallen, das er in sich über sich selbst erregte, nicht zu verbergen versuchte. Zuhörer, die er dazu brauchte, waren ihm nur als solche wichtig, nicht als Teilnehmer am Gespräch. Als er später unserer Beziehung, die er gern Freundschaft nannte und durch das vertrauliche Du zu bekunden verlangte, ein Ende setzte, zeigte es sich, das er meine Ansichten, die ich ihm nicht vorenthalten hatte, erst wahrzunehmen vermochte, als er sie lesen konnte. Äußerungen, die nicht die Selbstgewißheit der seinen ausstrahlten, sah er wahrscheinlich als ernstzunehmend nicht an.

Daß ich ihm lediglich als Publikum diente, konnte ich nicht nur, weil ich von ihm profitierte, ertragen, sondern auch, weil sein bewegtes Leben mich interessierte und es mir richtig erschien, ihm, der unter Ulbricht gelitten hatte, ein wenig Solidarität zu bekunden und ihm die Isolierung ertragen zu helfen, unter der er, wie ich annahm, sehr litt.

Interessant, aber auch widersprüchlich war er mir schon früher aus der Ferne erschienen. In den ersten Nachkriegsjahren war ich von seinen Parodien, die er, mit Hipponax zeichnend, im Westberliner KURIER veröffentlicht hatte, begeistert gewesen. Ich hatte sie ausgeschnitten, lange aufgehoben und Passagen aus ihnen auswendig zitieren können, wenig später ihren Verfasser aber als grobschlächtig-parteitreuen Kritiker der TÄGLICHEN RUNDSCHAU, als welchen ihn Käthe Dorsch mit einer Ohrfeige berühmt gemacht hatte, und als eifernden Leninismus-Dozenten erlebt. Seine mit geschmacklosen Witzen geschmückten Ausfälle gegen Nicolai Hartmann (die er später zu korrigieren versuchte) waren mir zuwider gewesen, dann aber hatte ich bei Wolfgang Leonhard gelesen, wie geschickt Harich das Kriegsende im gefährlichen, aber komfortablen Berliner Unter-

174

grund überlebt hatte, und das hatte mir imponiert. Als seine Blitzkarriere mit der Verurteilung zu zehn Zuchthausjahren beendet wurde, war er mir zum Märtyrer des deutschen Einheitsstrebens geworden, und als acht Jahre später, nach seiner vorzeitigen Haftentlassung, erzählt wurde, daß er sich im Prozeß seinen Mitangeklagten gegenüber schändlich verhalten habe, war ich der Ansicht, daß kein von der Haft Verschonter sich ein Urteil darüber anmaßen darf.

Fortan wurde er von den meisten Leuten im Osten gemieden, und zwar aus unterschiedlichen Gründen, wobei man nicht wissen konnte, ob die angegebenen wirklich die wahren waren und ob nicht vielleicht die Gerüchteverbreitung heimlich gesteuert war. Die Parteiführung, die ihm eine untergeordnete wissenschaftliche Arbeit (an der Feuerbach-Ausgabe) verschafft hatte, sorgte jedenfalls dafür, daß er keinen Einfluß ausüben und kein öffentliches Amt mehr bekleiden konnte; sie wehrte alle seine Versuche, sich wieder in die Kulturpolitik einzumischen, rigoros oder hinhaltend ab. Für manchen Genossen war das Grund genug, ihn zu meiden. Andere, die sich davon nicht abhängig fühlten, verachteten ihn entweder, weil man ihn als Parteifeind verurteilt hatte oder weil er sich im Prozeß nicht standhaft verhalten hatte, und wieder andere befürchteten nur, in seiner Nähe als verdächtig zu gelten, und schützten das eine oder das andere vor. Auch von Stasi- oder KGB-Mitarbeit wurde gemunkelt, doch konnte das von der Stasi selbst ausgestreut worden sein. Wie es sich damit verhielt, weiß ich heute so wenig, wie ich es damals wußte. Ein Aktenfund, der kürzlich veröffentlicht wurde, scheint zwar Kontakte zur Stasi nahezulegen, doch steht dem eine Bemerkung in meinen Beobachtungsakten entgegen, nach der meine Zugehörigkeit zu der »staatsfeindlichen Gruppierung Harichkreis« als belastend galt.

In diesem Fall war man dort allerdings schlecht unterrichtet oder Vorurteilen erlegen; denn weder von Gruppierung, noch gar von Staatsfeindlichkeit konnte bei unsern Zusammenkünften die Rede sein. Meist war ich mit ihm und seiner Gefährtin alleine, und wenn andere Besucher dabei waren, kamen sie ausnahmslos aus dem Westen: Linke, die sich von ihm über die Wahrheit der marxistischen Lehre oder die Vorzüge des sozialistischen Staates belehren ließen, Journalisten, die ihn über Adorno oder Arnold Gehlen befragten, oder Verlagsleute, die auf ein Buch von ihm hofften, auf seine Autobiographie vor allem, die ihnen sensationell zu werden versprach.

Ich durfte Teile aus der unfertigen Selberlebensbeschreibung nicht nur aus seinem Munde hören, sondern sie zu Hause in Ruhe auch lesen, wobei mir Stillschweigen auferlegt wurde, weshalb ich hier nur sagen möchte: Staatsfeindlich waren sie nicht, diese Memoiren, sie waren reumütig und selbstkritisch, als seien sie für die Stasi oder Ulbricht persönlich geschrieben worden, was man ja auch nicht ganz ausschließen kann. Ich war erschüttert von dieser Lektüre, weil sich in ihr der äußerlich Selbstgewisse als durch die Haft innerlich zerbrochen erwies.

Erst als er Jahre später durch dogmatische Ausfälle gegen moderne Dramatik und gegen Nietzsche noch einmal auf sich aufmerksam machte (und damit sogar Hermann Kant Gelegenheit gab, sich mit einer gegen Harich gerichteten Rede als Liberaler zu geben), wurde für jedermann deutlich, daß er die Stalin-Verehrung, mit der er seinen Aufstieg begonnen hatte, nie überwinden konnte, weshalb er für die Partei, die inzwischen subtilere Methoden entwickelt hatte, wie ein Gespenst aus ihrer Vergangenheit wirkte und deshalb unbrauchbar geworden war. In unserem letzten Gespräch vor der Entzweiung, als ich ihm das gerade fertig gewordene Manuskript meines Jean-Paul-Buches zum Lesen gegeben und er an dem seinen die Umbruchkorrekturen erledigt hatte, fragte er mich bei der Verabschiedung, ohne eine Antwort darauf zu erwarten, welchem seiner geplanten

Bücher er sich nun zuwenden sollte: dem über die ökologische Katastrophe, die nur eine Weltdiktatur abwenden könnte, oder dem historischen, in dem er Stalin rechtfertigen wird.

Drei Tage später war ein Gespräch zwischen uns nicht mehr möglich. Die Kündigung unserer Beziehung, die mich erleichterte und erschreckte, geschah folgerichtig im Namen dessen, der sie geknüpft hatte, in dem Jean Pauls nämlich. Der konnte (ein Beweis für langandauernde Literaturwirkung) noch 149 Jahre nach seinem Tode nicht nur verbindend, sondern auch trennend wirken, ein Intellektuellengemüt in Wallung versetzen, ein markantes Gesicht, das damals noch kein Vollbart rahmte, vor Empörung fremd werden lassen und Anlaß zu Sätzen geben, die verletzen und ängstigen sollten. Daß sie drohender als vielleicht beabsichtigt ausfielen, war sicher auch seiner verzweifelten Lage geschuldet: der eines Machtbesessenen, der sich ohnmächtig weiß.

Er hatte also mein Manuskript gelesen, es stilistisch abscheulich gefunden (woran er den letzten Ratschlag knüpfte: als Schule des guten Stils Treitschke lesen!) und in meiner Jean-Paul-Sicht einen Dolchstoß gegen sein Lebenswerk und sich selbst entdeckt. Mehr als ein Jahrzehnt, so bekam ich zu hören, hatte er hingegeben, um Jean Paul für die DDR hoffähig zu machen. In der Zuchthauszelle hatte er damit schon begonnen; alt und grau war er darüber geworden, und nun, nahe am Ziel, kommt ein politisch Unbedarfter und macht mit seiner einfältigen, also auch populären Darstellung die scharf kalkulierte Ehrenrettung kaputt. Nicht das tieflotende, sondern das eingängige Buch wird gelesen werden, und da in ihm die revolutionären Aspekte vernachlässigt, die gegen jede Zensur gerichteten Schriften aber ausführlich gewürdigt werden, wird das zur Folge haben, daß die DDR-Oberen in Jean Paul nicht den Genossen, sondern den gefährlichen Liberalen sehen. Insofern ist das Buch nicht nur gegen ihn, Harich, sondern auch gegen Jean Paul gerichtet. In dessen Namen aber wird er sich zu wehren wissen. Er wird dafür sorgen, daß man das Buch verbietet. Der Nachweis, daß es den Staat und dessen Kulturpolitik angreift, ist leicht zu führen. Und glücklicherweise enthält es auch sachliche Fehler, die dem Verfasser zu verraten, dumm von ihm wäre: denn wenn das Machwerk doch ediert werden sollte, gäben die Schnitzer prächtige Aufhänger für einen Verriß.

Mit diesen Worten etwa, für die sich Harichs zeitweilige Lebensgefährtin später in rührender Weise entschuldigen zu müssen meinte, endete unsere Interessengemeinschaft, die einmal auch mit Träumereien über eine kaum möglich scheinende gemeinsame Reise nach Franken begonnen hatte. Waren wir beide doch in der unglücklichen Lage gewesen, wie Karl May über Winnetous Jagdgründe über die Heimat Jean Pauls schreiben zu müssen, ohne da gewesen zu sein. In dem kaum glaublichen Fall einer Visumserteilung hatten wir uns den Fichtelberg, Wunsiedel, Hof und die Rollwenzelei wie Jean Paul und seine Romangestalten auf Fußwegen erobern wollen. Doch als das Reiseerlaubniswunder dann tatsächlich passierte, sprachen wir schon ein Jahr lang nicht mehr miteinander, und Harich, der sich inzwischen seiner grünen Weltdiktatur zugewandt hatte, war krank.

Im traurigen Monat November war's, die Tage wurden trüber, der Wind riß von den Bäumen das Laub, da fuhr ich also allein in einem gemächlich ratternden Interzonenzug nach jenem Teil meines Vaterlandes hinüber, der bei manchem seiner Bewohner, als ob es das ganze wäre, Deutschland hieß. Und als ich an die Grenze kam und hier einem sächsischen Hauptmann, dort einem bayerischen Wachtmeister Auskunft über das Ziel meiner Reise zu geben hatte, konnte ich als deutsche Gemeinsamkeit feststellen, daß sich bei beiden mit dem Namen der Stadt, in die ich reiste, nur der Richard Wagners verband. Ich konnte das daraus

schließen, daß ich hüben und drüben als Opernsänger passierte – eine Vermutung, der ich, auch im Interesse der
Konterbande, die ich nicht nur im Kopfe, sondern auch in
Form eines Vortragstextes im doppelten Boden der Reise-
tasche verborgen hatte, nicht widersprach.

Die Aufforderung, das Gespräch der Gelehrten mit einem
Kurzvortrag zu bereichern, war mit der Einladung verbunden gewesen und von mir als eine Art Eintrittsgeld aufge-
faßt worden, als ein Abarbeiten der Kosten, die mit dem
mir zur Verfügung stehenden Geld nicht zu begleichen
waren. Und da meine Hochachtung der westlichen Währung der der Literaturwissenschaft nur wenig nachstand,
war die Verpflichtung, dem Vortrag Goldwert geben zu
müssen, genau so bedrückend wie die Vorstellung, als Mann
aus dem Osten und als Nichtstudierter (der nicht einmal
ein richtiges Abitur gemacht hatte) im Kreis der promovier-
ten und habilitierten Jean-Paul-Spezialisten ein Fremdling
zu sein.

Erschwerend hinzu kam die Besorgnis, daß ich als einziger Gast aus dem anderen Deutschland als dessen Reprä-
sentant angesehen werden könnte, also als einer, der sozusagen die verordnete Staatsmeinung über Jean Paul vertritt.
Schließlich gehörte ich zu den wenigen Auserwählten unter
sechzehn bis siebzehn Millionen, die das Privileg genossen,
schon vor Eintritt des Rentenalters einer Einladung aus
dem Westen folgen zu dürfen – was doch zumindest ein
Vertrauensbeweis der Behörden war. Was sich in mir beim
Passieren des Grenzübergangs Friedrichstraße, als ich mit
meinem vom Schriftstellerverband erwirkten Dienstvisum
an den Warteschlangen der gewöhnlichen Leute vorbei zum
Schalter für Diplomaten und Dienstreisende gewiesen und
dort freundlich, fast zutraulich behandelt wurde, als Unbehagen und schlechtes Gewissen geäußert hatte, mußte im
Westen in ähnlicher Stärke Mißtrauen erzeugen und berech-
tigten Vorbehalt. Ich mußte also, um glaubwürdig zu wer-

179

den, meine Distanz zu dem Staat, der mir Freigang gewährt hatte, zeigen, durfte es aber, da ich in ihn zurückkehren wollte, auch nicht übertreiben, denn daß die Aufseher mein Vorgetragenes früher oder später in die Hände bekommen würden, war klar. Um es ihnen nicht allzu leicht zu machen, kleidete ich die Bitte, aus meinen Worten nicht die Verlautbarung eines Vertreters herauszuhören, in eine jean-paulsche Metapher: Man sollte in dem einzelnen Hosenknopf aus Horn nicht, wie die alten Inder, das ganze heilige Rindvieh sehen.

Dieser Bitte wurde so weitgehend entsprochen, daß sie mir nachträglich als überflüssig erschien. Teils war das dem Gegenstand meines Vortrags, teils aber auch Harich zu danken, der in Abwesenheit insofern Triumphe feierte, als sein Buch, das man seit einem Jahr etwa schon kaufen konnte, ein heftiges Für und Wider entfachte, bei dem die Parteiungsgrenzen anders als die deutsch-deutschen verliefen, zwischen denen nämlich, die an der Literatur das Literarische liebten, und jenen, die sich von einer amusisch-politischen Beweisführung bestechen ließen, auch wenn das Künstlerische dabei auf der Strecke blieb. Ich lobte an Harichs Buch alles, was ich guten Gewissens loben konnte, war aber wohl überzeugender in der Verdammung des Ganzen und ließ natürlich alles Persönliche unerwähnt.

Die Bewunderer Harichs waren vor allem die Achtundsechziger, die in ihren revolutionären Tagen den Sinn von Literatur nur in Hilfsdiensten für die Politik hatten erkennen wollen und nun diese These am Beispiel Jean Pauls akribisch bestätigt fanden. Schwer war es, ihnen, die sich als Progressive verstanden, begreiflich zu machen, daß Harich im östlichen Deutschland als Konservativer gesehen wurde, weil er nämlich in einer Zeit, in der man bemüht war, sich möglichst von ideologischen Fesseln zu lösen, im Dogmatismus der fünfziger Jahre verblieben war.

Mich brachten diese sympathischen jungen Leute in die

seltsame Lage, mich im Westen (in Bayreuth ausgerechnet!)
gegen Argumente wehren zu müssen, die eigentlich nach
Jena oder Leipzig gehörten, dort aber so altbacken waren,
daß nur verknöcherte Funktionäre sie noch zu verwenden
wagten. Ich hätte mich also wie in der DDR fühlen können.
Daß das nicht so war, lag auch an den vielen mir zur Seite
stehenden Bundesgenossen, mehr aber an der Tatsache, daß
meine Meinungsgegner weder Macht noch Machtbewußt-
sein besaßen und daß bei mir das dadurch erzeugte Mißtrauen nicht vorhanden war. Anders als dort konnte hier
niemand dem anderen in vergleichbarem Ausmaß schaden.
Sogar Freundschaften konnten sich im Streiten entwickeln
und Fremdheitsgefühle ganz zum Verschwinden bringen.
Euphorien, die auf Reisen und nach bestandenen Bewäh-
rungsproben aufblühen können, siegten auch über Nebel
und Regen und sogar über die Unsicherheiten, die durch
das Fehlen des richtigen Geldes im Beutel entstehen. Da
der Gedanke an Rückreise verdrängt wurde, konnte ich
Geist, Witz und Eitelkeiten von Referenten und einen Ausflug nach Wunsiedel von Herzen genießen, an einem Abend
in Jean Pauls Wohnhaus der Nachlaßbetreuer und Hand-
schriftenentziffrer, vor allem aber des Forschers Eduard
Berend gedenken, denen wir alle, die wir da über den Dichter gesprochen oder geschrieben hatten, verpflichtet waren,
und mich bei der Kranzniederlegung im Nieselregen einem
jean-paulschen Wechselbad der Gefühle aussetzen, als ein
städtischer Festredner unfreiwillig die Ergriffenheit dadurch beendete, daß er Jean Paul den oft unverständlichen
Autoren von heute als Lehrmeister der Klarheit und Kürze
vorstellte und seine Lobpreisung mit dem, von den versam-
melten Jean-Paul-Kennern schon erwarteten, Ausruf krönte: Er war es, der das Erscheinen Richard Wagners vorhergesagt hat.
In der DDR übrigens wurde Jean Paul nicht zu diesem
und nicht zum nächsten Gedenktag gefeiert. Harichs Hof-

fähigmachung war also ohne Wirkung geblieben. Sein Selbstbewußtsein aber hatte das nicht erschüttert. 1993 erklärte er
sich in seiner Rechtfertigungsschrift *Keine Schwierigkeiten
mit der Wahrheit* diesen Mißerfolg damit, daß man ihn sozusagen mit Jean Paul identifizierte. Er schrieb: »Jean Paul
zu ehren, ohne mich aus der Isolation herauszuholen, wäre
nicht möglich gewesen. Also überging man ihn weiterhin.«

FRIEDHOFSRUHE

Am Rande der Wochenendsiedlung, in der meine Mutter
die letzten drei Jahrzehnte ihres Lebens verbrachte, erheben
sich zwei bewaldete Hügel, auf denen nach der Jahrhundertwende Kies und Lehm abgebaut wurden, wodurch sie
zu zerklüfteten Kleinstgebirgen geworden sind. Ihre Namen, Schmulangs- und Stujangsberge, stammen wohl noch
aus alten Zeiten, Einzelbenennungen, wie Hasental und Tal
der Liebe, aber erst aus den zwanziger und dreißiger Jahren, als die Berliner kamen, das winzige Dorf sich auf An-
sichtskarten als Seebad bezeichnete und sich Wohlhabenheit
durch Tourismus versprach. Als Kinder konnten wir hier an
steilen Lehmwänden das Klettern üben, sandige Hänge als
Rutschbahnen benutzen und erfolglos wilde Kaninchen ja-
gen, die zwischen bizarr gewachsenen Kiefern, Wildrosen-
und Wacholderbüschen ihre Baue mit mehreren Ausgängen
hatten. Es gab viele Elstern und Eichelhäher, aber selten
traf man, auch in den Sommerferien, auf Menschen; denn
die Berliner zog es, wenn sie nicht an den Lauben oder im
Garten zu tun hatten, an einen der das Dorf von zwei Seiten berührenden Seen.
   Am Seeufer waren aber auch Fabriken entstanden, deren
Ausdehnung in den Kriegs- und Nachkriegsjahren das Bau-
ern- und Fischerdorf, das ein Seebad hatte werden wollen,

zu einem Industrieort machte, dessen Einwohnerzahl ständig stieg. Neben der Schule waren auch Friedhof und Müllplatz zu klein geworden, und da man mit schneller Bebauung der Felder rechnete, wurde beides an den Rand der Gemarkung, in die Stujangsberge verlegt. Zwei Zufahrtswege wurden geschaffen, so daß die Toten von Süden, die Müllfahrzeuge von Norden die Berge erreichen konnten. Die Erhöhung, auf der unter Kiefern die Gräber lagen, senkte sich in das Tal, in das von der anderen Seite der Abfall geschüttet wurde. Von Jahr zu Jahr kam also die Müllhalde dem Friedhof näher, mit steigendem Wohlstand in wachsendem Tempo, mit immer mehr Lärm und Gestank.

Als ich Anfang der siebziger Jahre mit meiner Mutter und Freund Herbert über den Waldfriedhof schlenderte, ohne zu wissen, daß ich den beiden bald nur noch in Träumen würde begegnen können, hatte die Schlucht zwischen Friedhof und Müll nur noch die Breite von dreißig bis vierzig Metern. Sie war mit kriechenden Brombeeren und Klettenbüschen bewachsen. Hinter ihr brannte die Halde an mehreren Stellen. In lockeren Schwaden zog der Qualm über die Gräber; der Lärm der Lastwagen aber fehlte, da Sonntag war.

Herbert fand das Abschieben der Toten in Müllkippennähe bezeichnend für eine Zeit, die sich die neue nannte; doch meine Mutter, die mit Hegel, den sie nicht kannte, meinte, daß alles Seiende auch vernünftig sein müsse, weshalb sie an allem Schlechten auch das Gute zu finden wußte, hielt dem entgegen, daß die unwegsamen Schluchten aufgefüllt werden müßten, um eine wünschbare Erweiterung des Friedhofs möglich zu machen. Sie jedenfalls, sagte sie, würde gern hier unter den Kiefern liegen; denn an der Seite ihres Mannes zu ruhen sei ihr durch die Mauer ja leider verwehrt.

Herbert, der, wie schon gesagt, auch mit Putzfrauen und sogar mit Parteifunktionären philosophieren konnte, machte meiner Mutter die Freude, mit ihr übers Sterben und Begrabenwerden zu reden und dabei auch das jenseitige Leben zu berühren, das für ihn nur ein tröstendes Märchen, für meine Mutter aber, die es sich als Vereinigung mit ihrem Mann und den gefallenen Söhnen vorstellte, eine Gewißheit war. Auch auf ihr liebstes Thema, ihre harmonische Ehe, kam sie zu sprechen; und ich gönnte ihr dieses Glück, das sie bei mir nie finden konnte, war aber, auch Herberts wegen, dessen zweite Ehe sich gerade aufgelöst hatte, peinlich berührt. Mir war es zeitlebens verwehrt, mit ihr über Dinge, die mir wirklich am Herzen lagen, zu sprechen, über den Glauben zum Beispiel, über die Liebe oder gar über literarische Fragen, und zwar nicht nur, weil ich alles, was sie zu sagen hatte, wortwörtlich schon kannte, sondern auch, weil mir selbst Richtiges und Wahres aus ihrem Munde entweder zur Banalität entwürdigt wurde oder wie eine Parodie meiner Gefühle und Ansichten klang.

Vergeblich versuche ich noch heute herauszufinden, wie meine Unfähigkeit, mit ihr über Themen zu reden, die über die Alltagsfreuden und -sorgen hinausgingen, entstanden war. Wenn ich sie, fast an jedem Wochenende, besuchte, freuten wir uns aneinander und redeten viel miteinander, nur mußte ich, allen guten Vorsätzen zum Trotz, abbrechen, wenn Dinge zur Sprache kamen, die mir heilig waren oder intim erschienen. Dann wurde ich so unausstehlich, wie ich es nur meiner Mutter gegenüber sein konnte. Ich schämte mich anschließend, hatte eine Woche lang ein schlechtes Gewissen, aber das besserte nichts.

Von mir zu erzählen, wie sie es wünschte, war mir nur mit Anstrengung möglich, aber ich hörte ihr, wenn es sie nicht gerade über Gott oder gar meine Bücher zu reden verlangte, mit Freuden zu. Ihre Geschichten von früher wurden mir lieber, je öfter ich sie hörte, und ihre oft witzigen Wochenberichte mit verständnisvollen Charakterisierungen ihrer Nachbarn erschlossen mir ein unbekanntes

Milieu. In den dürftigen Holzlauben, die den ausgesperrten Westberlinern gehörten, wohnten meist ungelernte Arbeiter mit großen Familien, die immer in Geldnöten waren und meine sparsame Mutter, die nur von einer winzigen Rente lebte, als Geldleiherin brauchten und als Schiedsrichterin in den ständigen Eheauseinandersetzungen auch. Ihrer Hilfsbereitschaft, ihrer Gerechtigkeit und Entschiedenheit wegen wurde sie hoch geachtet. Ich war überrascht, wenn ich diese Verehrung bemerkte, aber meine Achtung vor ihr wuchs damit auch.

Mein Freund Herbert fand übrigens trotz seiner Fähigkeiten, sich mit ihr in Gespräche über Goethe oder den Tod einzulassen, wenig Gnade vor ihren Augen. Er war ihr zu miesepetrig, wie sie es nannte, nicht entschlossen und zuversichtlich genug. Auch sein ständiges Herumkritisieren an den gegebenen Zuständen, mit denen sich abzufinden man als Erwachsener doch gelernt haben mußte, behagte ihr nicht. Daß ihm zwei Ehen mißlungen waren, schien ihr, von den weggelaufenen Frauen aus gesehen, verständlich. Wäre sie nicht darauf bedacht gewesen, mir keinen Anlaß zum Unmut zu geben, hätte sie mich sicher vor diesem Umgang gewarnt.

Sie konnte kritische Intellektuelle so wenig wie unfreundliche Nachbarn und schlechtgelaunte Handwerker leiden. Die Regierung zu schelten, die ihr die kärgliche Rente zahlte, empfand sie als ungehörig. Zufriedenheit war ihr eine moralische Kategorie. Sie, die früh schon gelernt hatte, sich nach der Decke zu strecken, übertrieb eine Haltung, die man zehn Jahre nach dem Bau der Mauer bei vielen Leuten beobachten konnte: eine Resignation, die zur Bejahung des Bestehenden neigte, ein bequemes Eingewöhnen in die Zwangslage gestattete und Gedanken an Veränderungen verbot. Verglichen mit Ulbrichts Zeiten, waren die materiellen Lebensverhältnisse besser, die Überwachungsmethoden zwar perfekter, aber doch leiser geworden. Die Beherrschten hatten gelernt, sich in Genügsamkeit zu bescheiden, und auch die Herrschenden begannen, sich mit dem Volk abzufinden. Sie verkündeten zwar weiter die unantastbare Lehre, weil ihre Legitimation einzig darauf beruhte, sahen aber von ihren kühnen politischen Zielen weitgehend ab. Von Ordnung und Wohlstand war mehr als vom Vorwärtsschreiten und Siegen die Rede. Begeisterung wurde nur noch von jenen verlangt, die aufsteigen wollten, bei den anderen genügte schon Unterordnung. Die wirksamste Agitationsvokabel wurde Geborgenheit. Es gab eine Art Stillhalteabkommen zwischen oben und unten. Wer die bestehende Machtkonstellation anerkannte und ihre Regeln befolgte, wurde weitgehend in Ruhe gelassen. Die wenigen Kritiker aus den eignen Reihen, die, wie später Wolf Biermann und Rudolf Bahro, die revolutionären Fernziele vermißten und einzuklagen versuchten, wurden mundtot gemacht oder ausgewiesen, und breite Schichten waren, auch wenn sie Sympathie mit den Störenfrieden empfanden, mit der Regierung der Meinung, daß die Ruhe das Wichtigste war. Unbotmäßige Gedanken wurden bald auch im engen Kreis kaum noch geäußert. Aus Verbot wurde Konvention.

In diesen Jahren, über die ich in historischen und literaturgeschichtlichen Arbeiten lese, man habe mit ihnen die Hoffnung auf den neuen Machthaber Honecker verbunden, bewegte sich mein Leben von einem Tiefpunkt zum nächsten, und auch dazwischen sah es nur trübe aus. Die fürs Leben gedachte Liebesbeziehung drohte an Mißverständnissen zu zerbrechen; ein Roman war mißlungen; die Willfährigkeit, die ich den Zensoren gegenüber gezeigt hatte, und die Nachgiebigkeit, mit der ich mich in Schriftstellerverbandsvorstände hatte lancieren lassen, minderten meine Selbstachtung; und Honeckers vielberedete Versicherung, daß es künftig für die Literatur keine Tabus mehr geben sollte, war für mich kein Hoffnungsschimmer, weil ich nicht, wie offensichtlich viele vor Wünschen Blinde, überlesen hatte, daß die Tabufreiheit nur für den gelten sollte, der vom sozialistischen Standpunkt aus schreibt.

Unwesentlich aber wurde das alles durch die Sorge um meine Mutter, deren geistiger Abbau erst langsam, mit größerer Vergeßlichkeit, einsetzte, dann aber schneller und schneller erfolgte, wobei ihre körperliche Gesundheit erhalten blieb. War am Anfang nur zu befürchten, daß ihr Tauchsieder, den sie oft in Funktion setzte und vergaß, bis er glühte, ihr Holzhäuschen in Brand setzen konnte, so stand am Ende das Erlöschen ihres Gedächtnisses, so daß sie mich und andere nicht mehr erkannte, und ihr gelebtes Leben, bis auf Kindheitsbruchstücke, aus ihrer Erinnerung schwand. In ihrer Laube fühlte sie sich als Fremde. Ständig war sie in Angst und Unruhe. In Hut und Mantel saß sie am Fenster, dessen Ausblick sie immer gepriesen hatte, und weigerte sich abzulegen, weil sie gleich weiter müßte. Sie benutzte plötzlich, was ich von ihr noch nie gehört hatte, unflätige Ausdrücke aus ihren Kreuzberger Kindertagen. Sie verabschiedete sich förmlich, weil gleich das Gespann aus Klein-Kienitz käme, um sie endlich nach Hause zu fahren. Sie fühlte sich gefangengehalten und nutzte listig jede Gelegenheit, um zu fliehen. Von Heimweh getrieben, konnte sie weite Strecken zu Fuß zurücklegen, so daß sie in Wäldern und auf Landstraßen gesucht werden mußte. Meine Berliner Wohnung wurde ihr vollends zum Gefängnis, ich ihr zum Wärter, dann aber auch wieder zum Mitgefangenen, mit dem sie ihre Fluchtpläne beraten wollte. Sie floh nachts und wurde am nächsten Tag an der Mauer von der Grenzpolizei aufgegriffen; tatsächlich war sie richtig in Richtung Kreuzberg marschiert. Sie schlief wenig, war auch im Schlaf unruhig und schreckte auf, weil sie doch weg mußte. Man durfte sie keine Minute allein lassen. Keinem Wort, keiner Zärtlichkeit war sie mehr zugänglich. Jede Zuwendung erregte ihr Mißtrauen. Die ständige Angst um sie und die Verpflichtung, für sie da zu sein, war nicht mehr auszuhalten. Wir mußten sie in ein Pflegeheim geben, wo man sie nach mehreren Ausbrüchen mit Medikamenten, wie es hieß, ruhigstellte. Bald darauf starb sie. Ich kam mir wie ihr Mörder vor.

Bei ihrem Begräbnis herrschte kaltes und windiges Wetter. Da der Waldfriedhof noch keine Kapelle hatte, versammelte sich die Trauergemeinde auf einer Wiese oberhalb des Tals der Liebe. Hinter den Kiefern lärmten die Müllfahrzeuge. Der Kaplan aus Königs Wusterhausen hatte Mühe, gegen das Brummen, Rasseln und Scheppern anzukommen. Außer den Nachbarn und meiner Schwester aus Hamburg, waren auch Reste der weitläufigen preußischen Verwandtschaft meiner Mutter gekommen, eine Klein-Kienitzer Großnichte oder Cousine und die letzte Überlebende ihrer Schwestern, Grete, die jüngste von ihnen, nun auch schon bald achtzig, früher Lindow, jetzt West-Berlin.

Auf dem Gang zur Grabstelle begann es zu regnen, und der Wind zauste die Kiefern. Der Weg war durch kleine Treppen gegliedert. Die Grube, an die man nicht nahe herantreten durfte, weil der weiße märkische Sand Neigung zum Nachrutschen zeigte, war auf der höchsten Erhebung gegraben worden, kurz vor dem Zaun, hinter dem das Mülltal begann. Der Abstand zur Halde betrug nur noch einige Meter. Bald würde hier wieder Ruhe sein.

Danach saßen wir in der Laube am Fenster, blickten über die Gärten zu den Höhen hinüber, die von hier aus wie noch intakte Wälder wirkten, und erinnerten uns an die Behauptung, mit der unsere Mutter das Ansinnen, sie nach Berlin oder Hamburg zu holen, abgelehnt hatte: Schöner als hier kann es doch nirgendwo sein.

In meinen Träumen lebt meine Mutter mit ihren Redensarten noch unentwegt weiter. Ebenso Herbert, zu dessen Abschied schon vorher ein Friedhofsbesuch nötig gewesen war. Die kleine, relativ junge Trauergemeinde, die sich im Baumschulenweg vor dem Krematorium getroffen hatte, entsprach in ihrer Zusammensetzung ziemlich genau der Wandergruppe, von der wenige Jahre zuvor das Waldhaus entdeckt worden war. Nur das Kind fehlte, und von Herbert gab es nur noch die zerstörten sterblichen Überreste, die in dem verschlossenen Sarg lagen, vor dem ein routinierter Staatsangestellter vom Hingerafftwerden in der Blüte des Lebens redete und per Knopfdruck Trauermusik abspielte, während der Sarg versank. Danach spaltete sich die Gesellschaft in zwei feindliche Gruppen, in deren Mittelpunkten junge Frauen standen, die beide Herberts Namen trugen und innig miteinander befreundet gewesen waren, sich nun aber haßten, weil beide meinten, die andere sei an Herberts Tod schuldiger als sie selbst. Beiden hatte Herbert durch Heirat zu einer Zuzugsgenehmigung nach Berlin verholfen, beide hatten sich durch seine Güte und Hilflosigkeit betören lassen, dann aber seine Anhänglichkeit und Allgegenwart nicht aushalten können. Sechs Wochen war er mit seiner dritten und jüngsten Frau erst verheiratet gewesen, als er sich auf dem Bahnsteig D des Bahnhofs Ostkreuz vor eine einfahrende S-Bahn geworfen hatte. Nach Auskunft seiner verstörten Witwe hatte es keinen erkennbaren Anlaß dazu gegeben. Schriftliches hinterlassen hatte er nicht.

Ich war ihm in dieser Zeit nur selten begegnet. Nach seinem Tod, als die Frage nach den Gründen für dieses jähe Ende mich ständig bedrängte, mußte es mir als bedeutsam erscheinen, daß er mir bei einem unserer letzten Zusammentreffen, als wir nach dem Friedhofsspaziergang mit meiner Mutter nach Berlin zurückfuhren, von zwei Männern erzählt hatte, die er nicht loswerden konnte. Zum erstenmal waren sie kurz nach seiner Haftentlassung gekommen, um ihm zu sagen, daß die Behörde, die ihn eingesperrt hatte, sich ihm weiterhin auch verpflichtet fühlte; sie wollte ihm in sozialen Nöten oder bei etwaiger Diskriminierung behilflich sein. Für Notfälle hatten sie ihm eine Telefonnummer dagelassen, von der er nie Gebrauch gemacht hatte. Aber wiedergekommen waren sie aus Fürsorge für ihn doch.

Erst als ähnliche Besucher auch mir lästig wurden, fragte ich mich, ob sein gewaltsames Ende nicht vielleicht auch eine Antwort auf diese Art von Erpressung gewesen war.

STRENG GEHEIM

Der Plan, mich als Spitzel zu werben, wurde, wie ich den Akten entnehme, im Sommer 1973 entworfen und mehrfach modifiziert. Berichte von Zuträgern waren schon vorher angehäuft worden, allesamt aus dem Literaturbereich stammend, wo man, wie die widersprüchlichen Charakterisierungen zeigen, nur wenig wußte von mir. Während der eine mich als kontaktarm und verschlossen schildert, bin ich dem anderen als selbstbewußt und kontaktfreudig erschienen, und für »Mischka« bin ich ein Psychopath. »André«, der mir, ohne Rücksicht auf meinen Jahrgang, poetische Talentproben schon bei den Jungen Pionieren andichtet, weiß zwar, daß ich keinen Wert auf einen Bekanntenkreis lege, gibt aber trotzdem einige Leute, die ich kaum kannte, als meine Bekannten an. Weniger uneinheitlich sind die Urteile über meine Meinung zur Kulturpolitik der Partei: Ich sei nicht mit ihr einverstanden und beziehe »pessimistische Positionen«, weil mir die ideologische Festigkeit fehle.

Keiner hält mich für einen Marxisten-Leninisten, aber keiner macht aus mir einen Gegner, schlimmstenfalls einen, der mit reformistischen Ideen »liebäugelt« und in den kleinen Schwierigkeiten, die ja auch dem Sozialismus nicht fehlen, gleich große Probleme sieht. Man spürt in allen Berichten, daß keiner mir schaden möchte, weshalb »André« auch behauptet, in mir eine »Neigung zu Sozialismus« entdeckt zu haben, die mal vom Gefühl, mal vom Verstand ausgeht. Auch der Informant des Mitteldeutschen Verlages, der mich nicht nur, wie alle, des Pessimismus, sondern auch der negativen Einflußnahme auf den Lektor beschuldigt, hütet sich doch davor, meine kritischen Äußerungen, die er nicht verschweigen kann, staats- oder parteifeindlich zu nennen; er umschreibt sie unklar als »skeptizistische Fragezeichen«, auf die man keine Antworten geben kann.

Da die Werber sich selbstverständlich auch für meine privaten Verhältnisse interessieren, kommt in allen Berichten auch meine Hinterhauswohnung vor. Sie wird als unzumutbar, ärmlich, spartanisch oder als »alles andere als optimistisch« bezeichnet, und nur »Friedrich« bemerkt scharfsinnig: Das müßte nicht unbedingt von Armut oder Bescheidenheit zeugen, sondern es könnte auch eine Marotte sein. Über Freundschaften und Liebesbeziehungen aber ist nichts zu erfahren. Auch die Hausbewohner, die ausgefragt werden, können oder wollen nicht mehr über mich sagen, als daß ich nie Feste feiere und sauber gekleidet bin. »Seine Ehe«, so vermutet »André«, »scheint einer gewissen Tragik nicht entbehrt zu haben, aber er schweigt sich darüber gewaltsam aus.«

Ende August war der vierseitige »Vorschlag zur Kontaktaufnahme« fertig. Sein Verfasser, ein Unterleutnant Grubitz, bringt darin das Kunststück zustande, aus den sich oft widersprechenden Spitzelberichten, die teilweise wörtlich verwendet werden, ein rundes Porträt des Kandidaten zu formen, das ihn für seine künftigen Aufgaben geeignet erscheinen läßt. Es ist also wohlwollend, vom Informationsmaterial her gesehen sogar schönfärbend, als hätte die Absicht, Vorgesetzte von der Richtigkeit dieser Wahl zu überzeugen, hier die Feder geführt. Negatives wird oft verschwiegen oder verharmlost, Positives hervorgehoben und ausgeschmückt. So fügt der Schreiber zum Beispiel rührenderweise der aus einem Bericht übernommenen Mitteilung

über die Pflege der kranken Mutter von sich aus die Worte
»mit Liebe und Hingabe« hinzu. Er will, so sieht man,
seinen Kandidaten herausstreichen, auch durch Betonung
von dessen Wahrheitsliebe, die, wie »Pergamon« anmerkt,
auch aus ihr entstehende Nachteile nicht scheut. Es ist
mehr ein Wunschbild, das der Unterleutnant da zeichnet.
Er, der fürs Lügen, Denunzieren und Fälschen bezahlt wird,
möchte einen ehrlichen Mitarbeiter gewinnen, der allerdings nur zu ihm und seiner Behörde immer die Wahrheit
sagt.

Der zweite Abschnitt ist kürzer gehalten. Er betrifft den
Nutzen, den der Erwählte bei der Bespitzelung der Litera-
turszene erbringen könnte. Dann aber, als dritter Teil, folgt
der ausführliche Plan der Kontaktaufnahme, der nach Billi-
gung durch den Vorgesetzten auf den September festgelegt
wird. Aus Gründen, die die Akten verschweigen, wird nicht
nur die Lüge, die mich gesprächsbereit machen soll, verändert, sondern auch der Termin verschoben. Kurz vor Weihnachten erst kann die Aktion beginnen. Man spricht überraschend beim Kandidaten vor.

Bis zu diesem Abschnitt kann ich heute die Akten mit
Neugier, Interesse, ja mit Vergnügen lesen, die folgenden
Seiten aber nur mit klopfendem Herzen und Schweißaus-
brüchen, die mich manchmal noch nachts heimsuchen,
wenn ein Traum meine Schmach wiederaufleben läßt. Auch
bei wiederholter Lektüre kommen Angst und Scham wieder, und es quält mich das Mißtrauen in mein Erinnerungs-
vermögen, das offensichtlich in den inzwischen vergangenen Jahren schönfärbend und entlastend tätig gewesen war.
Ohne Kenntnis der Akten hätte ich diese Episode anders
berichtet. Ich wäre guten Gewissens schonender mit mir
umgegangen, weil einiges, das mich belastet, verdrängt oder
vergessen war. In meiner Erinnerung hatte ich mich stand-
hafter verhalten, und das endgültige Nein hatte ich früher
gesagt.

Im Dezember 1973 also besuchten mich in meiner Hinterhauswohnung zwei um Freundlichkeit sehr bemühte Männer, wiesen sich aus als Staatssicherheitsdienstleute und baten mich um ein kurzes Gespräch. Sie müßten mir eine für mich äußerst wichtige Mitteilung machen; denn mir drohten Gefahren, vor denen zu warnen ihre Aufgabe wäre; zum Schutze der Bürger seien sie schließlich da.

Sie boten den Anblick des klassischen Herr-und-Diener-Paares, wie wir es von Cervantes, Diderot oder auch Karl May kennen; die Rolle des Sancho Pansa, Jakob oder Halef war mit Unterleutnant Grubitz besetzt. Er war ein kleiner, kräftiger Mann mit unregelmäßigen Zügen, der nicht wie ein Offizier, sondern wie ein Offiziersbursche wirkte, schlau, aber etwas beschränkt. Seine Aufmerksamkeit galt mehr als mir seinem Vorgesetzten, zu dem er aufsehen mußte. Dessen Mimik und Gestik versuchte er nachzuahmen. Ihm überließ er auch die Gesprächsführung, begnügte sich selbst mit bestätigendem Kopfnicken, oder er schickte wichtigen Sätzen ein Echo nach.

Der Hauptmann, der sich mir als Herr Wild vorstellte, war ein schlanker Blonder mit Krawatte und Lederjacke, der so braungebrannt war, als käme er eben vom Urlaub an südlichen Küsten zurück. Er war nicht nur schöner und eitler, sondern auch intelligenter als sein Genosse. Den höflichen, zurückhaltenden Besucher spielte er gut, aber mit Anstrengung, als habe er seine Lektionen in Umgangsformen gerade erst fleißig gelernt. Um nicht lange stören zu müssen, bemühte er sich um Kurzfassung. Seine Hochschätzung meiner Bücher streute er sehr geschickt nur am Rande ein.

Ein solcher Besuch konnte nur der Bedrohung oder der Anwerbung gelten, und beides war Grund genug, mich in Aufregung zu versetzen. Mein Fehler, das Paar überhaupt in die Wohnung kommen zu lassen, war hauptsächlich meiner Angst zuzuschreiben, daneben aber auch einer Erziehung zum Wohlverhalten, die mir grundlose Zurückweisung freundlicher Menschen verbot. Zuvorkommenheit gegenüber war mir ein aggressives Verhalten nicht möglich, und da es auch unklug gewesen wäre, sich gleich als Andersdenkender zu erkennen zu geben, schien es mir besser, meine Bereitschaft zum Zuhören zu zeigen und den beiden, bevor sie ausführlicher wurden, so ruhig wie möglich zu verstehen zu geben, daß ich als Informant für sie nicht in Frage kam. Falls aber etwas gegen mich vorläge, fände ich eine Vorladung in ihre Dienststelle richtiger als einen unverhofften Besuch.

Herr Wild fühlte sich durch die Unterstellung, in werbender Absicht zu kommen, beleidigt, mein mangelndes Verständnis aber, das er von einem Autor unserer Republik eigentlich nicht erwartet hatte, machte ihn traurig. Er war als Freund und Beschützer, als Warner und Wächter gekommen, um zu verhindern, daß ich mich strafbar machte, und nun erntete er Mißtrauen statt Dank. Nicht *seine* Behörde, die er immer Organ nannte, sondern die des Gegners wollte mich werben, für staatsfeindliche Aktivitäten versteht sich, die zu durchschauen für mich schwer sein könnte, denn alles würde getarnt vor sich gehen. Zum Glück habe man Vertrauensleute im Westen. Es gebe da eine Liste, auf der ganz oben mein Name stehe. Sie seien also gezwungen, mich entweder zu überwachen oder zu warnen. Da sie mich aber für einen loyalen Bürger hielten und, ehrlich gesagt, auch die Mühen und Kosten der Überwachung scheuten, zögen sie letzteres vor. Die Hoffnung des Feindes, bei mir anzukommen, hinge wahrscheinlich damit zusammen, daß meine Bücher im Westen als oppositionell eingeschätzt würden. Entsprechend würde die Tarnung gewählt werden. Der Kontaktmann würde sich also als Verleger oder Literaturwissenschaftler ausgeben oder als ein Vermittler auftreten, der Publizierung im Westen versprechen kann.

Damit war Herr Wild schon am Ende. Er vermied es,
Fragen zu stellen, entschuldigte sich wiederholt für die Stö-
rung, verließ mich mit der Bemerkung, daß das Verschweigen des zu erwartenden Kontaktversuchs strafbar wäre –
und kam im neuen Jahr, als ich erschöpft und verärgert von
einer viertägigen Reise nach Schweden zurückkehrte, aufgeregt wieder, nicht, um mir Vorhaltungen darüber zu machen, daß ich unter Kollegen über die ungebetenen Gäste
geplaudert hatte, sondern um mir zu melden, daß der Kon-
taktversuch eigentlich schon in Schweden hatte erfolgen
sollen, nun aber bald zu erwarten war.

Die Sache war insofern nicht unglaubwürdig, als ich auf
der vom Außenministerium veranlaßten Reise einen Bewacher gehabt hatte, der mir, obwohl wir uns am ersten Tag
schon zerstritten hatten, keine Sekunde von der Seite gewi-
chen war. Trotzdem hielt ich die Agentengeschichte für eine
Finte, wußte nur nicht, worauf sie hinauslaufen sollte. Anrufe konnte ich mit einem höhnischen Nein beantworten,
Wilds Mitteilung, daß er aus jener nie näher benannten
westlichen Quelle sogar den Weg in meine Zuflucht im Walde erfahren hatte, für Schwindel halten und nach Monaten
alles schon komisch finden, bis ein Brief bei mir eintraf, der
mich in Angst versetzte, weil er dem Vorhergesagten entsprach.

Daß die Abwehr von West-Einflüssen gar nicht in den
Aufgabenbereich meines Stasi-Pärchens gehörte, konnte ich
damals natürlich nicht wissen. Ihre Schnüffelei war ganz
auf den Schriftstellerverband ausgerichtet, und in ihm sollte
der künfige IM »Roman«, wie man mich getauft hatte, auch
sein Betätigungsfeld finden, weshalb seine Lancierung in
den Zentralen Vorstand schon vorgesehen war. Daß ich den
Verband nur selten besuchte und wenige Leute dort näher
kannte, war in den Spitzelberichten nicht vorgekommen,
also auch nicht bekannt. Vorgekommen war aber das, was
sie an mir sensibel nannten und berücksichtigen zu müssen

meinten, weshalb sie ihre eigentlichen Absichten vor mir geheim hielten und eine Feindbedrohung erfanden, mit der sie mich eher gefügig machen konnten, weil bei Verweigerung die Angst vor möglichen Folgen viel größer war. In der ersten Planung hatte diese fiktive Bedrohung, genannt »Legende«, vom Springer-Verlag ausgehen sollen; aus dessen Journalisten waren dann Agenten geworden, die auch als Person auftreten zu lassen man erwogen und wieder verworfen hatte, weil dadurch dem Ziel, mich über interne Vorgänge zum Reden zu bringen, nicht näher zu kommen war. So entstand die Idee zu den gefälschten Briefen, deren handschriftliche Entwürfe in den Akten zu finden sind. Es gibt auch den Brief eines Oberstleutnants Häbler, in dem er eine Abteilung M auffordert, »beiliegenden Brief mit Briefmarken zu versehen und abzustempeln: München, 08. 06. 1974, 19.00 Uhr«.

Dem Brief, der mich erschreckte, waren zwei vorbereitende schon vorausgegangen, die ich immer für echt gehalten hatte, bis ich ihre Entwürfe in den Akten sah. Alle waren angeblich vom Freien Deutschen Autorenverband gekommen, der der SED als reaktionär, revanchistisch und besonders DDR-feindlich galt. Im ersten hatte sich mir der neugegründete Verband als gesamtdeutscher vorgestellt und mich wissen lassen, daß er auch in der DDR lebende Autoren als Mitglieder aufnehmen wollte. Der zweite war ein Geburtstagsglückwunsch gewesen, der dritte aber war der entscheidende, mit dem sie mich fangen wollten, was ihnen dann auch gelang. In ihm wurde mir angekündigt, daß die Zeitschrift des Verbandes eine Erzählung von mir publizieren wollte, die ich gerade erst fertiggestellt hatte und die im Westen noch niemand kennen konnte. Dem Brief, in dem auch um ein Treffen gebeten wurde, lag, angeblich zu Korrekturzwecken, eine genaue Kopie der Erzählung bei.

In einer der »Einschätzungen« des IM-Kandidaten hatte Grubitz auch von dessen politischer Naivität wissen wollen

– mit einigem Recht, wenn ich bedenke, daß mir der Gedanke an eine Fälschung nicht kam. Der Poststempel schien so echt wie der Kopfbogen, und die Tatsache, daß die westlichen Briefschreiber sich auf rätselhafte Weise in den Besitz meiner Erzählung gesetzt hatten, sah wirklich nach Agententätigkeit aus.

Da meine größte Sorge war, der Stasi vielleicht als Lockvogel dienen zu müssen, schrieb ich sofort an den Absender, daß ich weder ein Treffen noch eine Veröffentlichung wolle, worauf mich Anrufe aus München und West-Berlin erreichten, in denen zur Klärung der seltsamen Vorgänge wieder um ein Treffen gebeten wurde, es müsse ja nicht bei mir in der Wohnung sein. In eine Agentengeschichte geraten zu sein, schien mir nun nicht mehr ganz ausgeschlossen. Wie aber auch immer es sich verhielte: Die Stasi würde von dem Brief wissen. Ich gab also seinen Empfang zu und holte mir dadurch Wild und Grubitz wieder ins Haus.

Sie faßten den Brief mit spitzen Fingern, prüften den Poststempel mit einer Lupe und legten Umschlag und Brief für die Laboruntersuchung vorsichtig in eine Hülle. Natürlich mußten sie nun auch wissen, wer außer mir den Brief angefaßt hatte und wie die Erzählung mit dem provozierenden Titel *Freiheitsberaubung* illegal in den Westen hatte gelangen können, wenn nicht durch mich.

Um diesen Verdacht zu entkräften, mußte ich nun mein Schweigen brechen. Als das Paar weg war, wurde mir klar, daß ich mich hatte aushorchen lassen. Von Agenten war kaum noch die Rede gewesen, viel aber von einer Anthologie, die Berliner Autoren auf Initiative von Schlesinger, Plenzdorf und Stade auf eigene Verantwortung, ohne Verlag und Zensur, herausgeben wollten; denn für dieses Vorhaben war die Geschichte geschrieben worden, und nur die Herausgeber hatten einen Durchschlag von ihr. Da man aus der Vorbereitung der Anthologie kein Geheimnis gemacht, die Einladung dazu auch an linientreue Autoren geschickt und im Schriftstellerverband darüber geredet hatte, wunderte ich mich nicht darüber, daß die Verhörer, auf deren Fragen ich meist nur mit ja oder nein zu antworten hatte, darüber besser Bescheid wußten als ich. Daß es in Grubitz' Notizen so aussieht, als hätte ich einen fortlaufenden Bericht über das Anthologie-Vorhaben gegeben, macht mich skeptisch gegen alle Zitate aus IM-Berichten, mit denen man möglicherweise nicht den Sprecher, sondern den Protokollanten zitiert.

Diese Zweifel betreffen in meinem Fall aber nur die formale Seite. Inhaltlich gibt es bei mir vielmehr Grund zur Beschämung; denn die erwähnten Fakten habe ich in dem Bestreben, meine wahren Ansichten zu kaschieren und bei keiner Unwahrheit ertappt zu werden, tatsächlich wohl preisgegeben. Zwar kann ich mich an Details meiner Aussagen nicht mehr erinnern, aber alles, was da als von mir kommend erwähnt wird, habe ich damals gewußt. Geheimnisse hatte ich nicht verraten, aber dem Wissen der Stasi Bestätigung gegeben und mich dabei in beschämender Weise als willfährig erwiesen. Ich war mir untreu geworden aus Angst.

Den Akten ist zu entnehmen, daß meine Verhörer auch weniger an den Fakten als an der Überprüfung meiner Zuverlässigkeit interessiert waren. Und es ist heute scheußlich zu lesen, daß sie zufrieden waren mit mir. Ich hatte alles, was sie schon wußten, wahrheitsgetreu bestätigt und meine wahren Meinungen nicht zu erkennen gegeben. Wäre es auf die Tarnung zum Selbstschutz nur angekommen, hätte ich, wenn damals eine Akteneinsicht schon möglich gewesen wäre, mit den Ergebnissen meiner Heuchelei zufrieden sein können. Aber sicher wäre meine Verzweiflung über mich selbst noch größer geworden, wenn ich bei Wild und Grubitz gelesen hätte, daß mein Vertrauen in die Arbeit der Staatssicherheit sichtlich gewachsen war. Aber auch ohne davon zu wissen, war die Scham über mein Versagen so quälend, daß die Bitte um Vertraulichkeit hätte von mir kommen können; war doch auch ich nun am Verschweigen meiner Unterwürfigkeit interessiert.

Während die beiden Geheimen mich ohne mein Wissen (und ohne Verpflichtungserklärung, die sie wohl einem »sensiblen« Menschen nicht zumuten wollten) zum Informellen Mitarbeiter kürten und über Einsatzmöglichkeiten nachdachten, war ich entschlossen, den Kontakt abzubrechen, wenn er sich nicht, wie ich mir wünschte, von selbst verlor. Denn obgleich ich die »Legende« mit Brieffälschung nicht durchschaute, war mir doch klar geworden, daß man mich als Spitzel benutzen wollte. Als Wochen und Monate ohne Belästigungen vergingen, hoffte ich, daß die Schmach enden würde, ohne daß ich mich durch eine Weigerung gefährden müßte. Als wieder Anrufe kamen, erfand ich Ausflüchte und verschwand in den märkischen Wäldern, wo es kein Telefon gab.

Aber nicht nur, weil ich mich zu entziehen versuchte, dauerte die Zufriedenheit mit dem Erfolg ihrer »Legende« bei den beiden, inzwischen beförderten, Offizieren, wie die Akten zeigen, nicht lange, sondern auch weil das sonstige Verhalten »Romans« ihrem Wunschbild von ihm nicht entsprach. Zwar hatte er über die Selbstverlag-Anthologie mit ihnen geredet, war aber nicht bereit, dem Gebot des Schriftstellerverbandes zu folgen und seinen Beitrag, die *Freiheitsberaubung*, von den Herausgebern zurückzufordern; auch die Aufforderung dazu, die ihm sein Lektor im Parteiauftrag überbrachte, hatte keinen Erfolg. Bei der Verhinderung westlicher Verfilmungen seiner Romane durch Verlage und Ämter zeigte »Roman« sich in auffallender Weise uneinsichtig. Er verkehrte in Botschaften westlicher Staaten, hatte unter den bundesdeutschen Diplomaten und Journalisten vertraute Freunde, distanzierte sich nicht von den Beurteilungen seiner Bücher in westdeutschen Medien, folgte der Einladung zu einer internen Sitzung der evangelischen Bischöfe (von der der Stasi allerdings nichts als der Einladungsbrief bekannt wurde), und er nutzte die Freiheit, in den Räumen der evangelischen Kirche aus seinen Büchern zu lesen, oft aus. In einer Information der für die Kirchen zuständigen Stasi-Abteilung heißt es über eine Lesung in der Evangelischen Akademie, Berlin-Weißensee, vom Juli 1974: »Die Haupttendenz der Lesung bestand in der Forderung, daß nur durch die Freiheit der Künste von jedem gesellschaftlichem Zwang die Wahrheit ausgedrückt werden kann.« Als das Jean-Paul-Buch erschien, gerieten nicht nur westliche Rezensionen, sondern auch als gefährlich geltende Textpassagen in maschinenschriftlichen Auszügen in die Akten; und Streitereien mit dem Verlag in Halle über die Nichtvergabe von Rechten nach Westdeutschland werden mit Briefkopien und Verlagsauskünften genau dokumentiert.

Viel Negatives war über mich also zusammengekommen, und Leutnant Grubitz wurde beauftragt, dem nachzugehen. Während ich annahm, daß die Bemühungen um mich eingestellt worden waren, wurde von ihm im Februar 1976 ein vierseitiger »Operativplan I« erarbeitet, weil ich als »Mitorganisator von feindlichen Handlungen im politischen Untergrund« galt. Da sollte zum Beispiel der IMF »André« Kontakte zwischen mir und der Westberliner Literaturzeitschrift LITFASS knüpfen, um feststellen zu lassen, welche »ideologische Haltung« ich einnehme, wenn die westliche Seite mich zur Mitarbeit auffordert. Der Journalist IMS »Robert Schulz« sollte mich interviewen, um mit mir ins Gespräch zu kommen, IMV »Büchner« mich über den Eulenspiegel-Verlag kontaktieren und der Mitteldeutsche Verlag in Arbeitsgesprächen meine Meinungen über aktuelle Geschehnisse prüfen, während die Beobachtung meines Auftretens in den Kirchen und den Evangelischen Studentengemeinden den dortigen IMs oblag. Die schon bestehende Kontrolle der Berliner Wohnung sollte auch auf das »Wochenendgrundstück« ausgedehnt werden, Anlieger dort überprüft und als Informanten gewonnen werden. Die Genossen Telefonabhörer sollten alle BRD-Gespräche melden. Daneben aber sollte die »Legende«, die für »Roman« »nicht mehr zwingend wirkt« weiter ausgebaut werden, indem er mit einem angeblichen Mitarbeiter des Freien Deutschen Autorenverbandes direkt konfrontiert werden sollte, erst auf seinem Grundstück, zwei Wochen später dann in Berlin.

Erfolge waren diesen Bemühungen, die nur zum Teil durchgeführt wurden, nicht mehr beschieden. Auch der am Schluß angekündigte Operativplan II wurde nicht mehr erarbeitet. Wahrscheinlich kamen die Turbulenzen, die auf die Biermann-Ausbürgerung folgten, dazwischen. Gesehen habe ich die Herren noch zweimal, einmal als Pärchen, als sie mich vergeblich auf dem Lande aufsuchten, und einmal jeden einzeln: Grubitz als Wächter mit Drohgebärden vor Christa Wolfs Haustür und den eleganten Major im Gespräch mit dem Verbandsfunktionär Henniger auf dem jährlich stattfindenden Buchbazar.

Damit endete die Tragödie meines Versagens; in den Akten aber folgte ihr noch eine Farce. Der Major nämlich, der vielleicht Planrückstände hatte, betätigte sich nach Verlust seines Autors selber als solcher, in dem er fiktive Berichte verfaßte und »Roman« in den Mund legte: erst eine Zusammenstellung der Tatsachen, die zwei Jahre zuvor unter dem Stichwort »Selbstverlag« schon notiert worden waren, und dann, als Höhepunkt seines Erfindungsreichtums, die »Operative Information 1291/76«, in der er detailreich die Einflüsse schildert, denen »Roman« bei seinem Protest gegen die Ausbürgerung Biermanns erlag. Hier ist jedes Wort, jede Tatsache frei erfunden, hier kommen Kollegen in meine Wohnung, die sie nie von innen gesehen haben, hier besuche ich Schauspieler, die ich nur von Bühne und Leinwand her kannte, und Gespräche werden in direkter Rede wiedergegeben, die nie geführt worden sind. Da dieser Schwindel leicht aufzudecken gewesen wäre, will er mir wie die Verzweiflungstat eines unter Druck Gesetzten erscheinen. Vielleicht mußten, um die vom Ausmaß der Proteste erschreckten Vorgesetzten zufriedenzustellen, Erfolge gemeldet werden, ganz gleich wie sie zustande kamen. Laut Verteilerschlüssel ging dieser Bericht bis zum Minister – und informierte ihn über ein Phantasieprodukt.

Auch beim Bericht über die letzte Begegnung, die im Wald stattfand, zeigt der Major, wenn auch in geringerem Maße, daß er erfinden kann. Die Abweisung an der Gartenpforte hatte mit dem Vorfahren der beiden, meinem empörten Nein und dem Abfahren nur wenige Minuten gedauert. Im Bericht aber ist eine kleine Erzählung daraus geworden, in der die Aktion Stunden dauert, weil die Besucher vergeblich die (bei mir nie vorhanden gewesene) Klingel betätigen und in »gedeckter Beobachtungsstellung« verharren, bis der Gesuchte endlich heranradelt und auf einem Waldspaziergang Gespräche verweigert, wobei ihm, wohl auch um den Mißerfolg verzeihlich zu machen, in den Mund gelegt wird: Er habe Damenbesuch.

Danach wurde ich nur noch telefonisch belästigt, aber auch Drohungen und die Aufwärmung der »Legende« konnten mich von meinem Nein nicht mehr abbringen. »Höflich, aber eindeutig«, schreibt Wild, habe er mich auf die Folgen meiner Ablehnung hingewiesen. Das werden Sie noch zu bereuen haben, waren die letzten Worte, die ich durchs Telefon von ihm hörte. Ich war froh, das hinter mir zu haben. Auch die Gewißheit, daß ich nun als feindlich betrachtet und observiert werden würde, änderte nichts daran.

Meine Akte übrigens lief unter »Roman« weiter, nur wurde jetzt eine »Operative Personenkontrolle« daraus.

DIE TOTE TANTE

Als Mittel gegen Ängste und seelische Leiden hat mir manchmal das Geschichtenerfinden gute Dienste geleistet. Auch wenn die Inhalte des im Geiste Erzählten mit dem Leiden selbst nichts zu schaffen hatten, war das Erfinden mehr als nur Ablenkungsmanöver; denn entweder stahlen sich die akuten eignen Probleme auf Schleichwegen in das Erzählte, oder es wurde bewußt nach einer Verbindung von beidem gesucht. Um das Eigne aber in die Fiktion einpassen zu können, mußte es gedreht, gewendet und umgeformt werden. Wenn es gut ging, wurde es zu einem Ding außer mir.

Daß ich an dem Tag nach der Ausbürgerung Wolf Biermanns, also am 17. November 1976, mit dem Fahrrad auf dem Land unterwegs war, hatte mit einem solchen Selbstheilungsversuch zu tun. Nach schlechtem Schlaf, den mir die Ausbürgerungsmeldung eingebracht hatte, war ich in halber Nacht mit dem Entschluß aufgestanden, den Tag, der konzentrierte Arbeit wahrscheinlich nicht zulassen würde, für einen Besuch meiner märkischen Verwandtschaft zu nutzen und dabei den Ort zu besichtigen, an dem die Hauptperson der Geschichte, deren Entwurf mir die schlaflose Nacht verkürzt hatte, umgebracht worden war.

Im Rückblick scheint mir diese Radtour im Nieselregen, deren schönster Teil an der schon im 18. Jahrhundert kanalisierten, von Frachtschiffen heute nicht mehr befahrenen Notte entlang führte, mehr als der geplanten Erzählung der Selbstvergewisserung gedient zu haben; denn die Biermann-Affäre war mir auch deshalb so nahegegangen, weil durch sie mein eignes Verhalten wieder einmal in Frage gestellt worden war.

Die Ausbürgerung und die Schikanen gegen Robert
Havemann, den ich persönlich nicht kannte, und Reiner
Kunze, mit dem mich eine lockere Freundschaft verbunden
hatte, schienen eine repressivere Kulturpolitik einzuleiten,
in der mein Taktieren mit seinem dauernden Wechsel von
Mitlaufen und Distanzhalten vielleicht nicht mehr möglich
sein würde. Das Beispiel Biermanns und Kunzes erwägend,
schwankte ich zwischen Visionen von heldenhaften Protest-
aufrufen und Albwachträumen, die mit Schreibverboten
und Haftstrafen endeten. Ich machte mir Vorwürfe, weil ich
Fluchtmöglichkeiten versäumt hatte, träumte vom zensur-
losen Schreiben in West-Berlin oder Hamburg und fand es
gleichzeitig widersinnig, ohne Lebensbedrohung aus einer
Gegend, die die meine war, wegzugehen. Ich war stolz darauf, aller Bedrückung zum Trotz auszuhalten, und verachtete mich meiner Seßhaftigkeit wegen, an deren Ende wo-
möglich die provinzielle Verblödung stand. Während die
schmale Wasserstraße, über der sich die kahlen Äste der
alten Bäume trafen, in preußischer Gradheit genau auf die
Kirche von Mittenwalde zuführte, war in mir alles ver-
worren und unbestimmt. Die Konzentration auf meine
Erzählung sollte das ändern, den Gemüts- und Gedanken-
wirrwarr verdrängen. Doch hatte die Friedhofsgeschichte,
deren realer Kern der gewaltsame Tod meiner Tante bildete,
vorerst mit meinen Problemen wenig zu tun. Die beiden
Berühmtheiten von Mittenwalde, Yorck, der von Taurog-
gen, und Paul Gerhardt, der Pastor und Dichter, hätten
durch ihre Konflikte mit Kurfürst und König der Gegenwart näher gelegen; aber da ich wenig Details über sie wußte und nicht erforschen, sondern erfinden wollte, versäumte
ich es, ihnen die Reverenz zu erweisen, und fuhr durch das
Berliner Tor gleich wieder zum Städtchen hinaus.
Das Dorf, in dem die mit Siebzig noch immer vitale Tante ihr Ende gefunden hatte, war in meiner Vorstellung in
dreifacher Gestalt vorhanden: als Jugendparadies meiner

Mutter, als interessanter, aber durchaus nicht geliebter Herbstferienaufenthalt meiner Kinderjahre und als Stätte der grausamen Tat. Das Paradies der mütterlichen Erinnerungen, das auch die Altersumnachtung nicht hatte einschwärzen können, war die heile Dorfwelt von 1910 gewesen, die zu meiner Zeit, in den dreißiger Jahren, schon Risse gezeigt hatte und in den Sechzigern, als der Mord passierte, durch Enteignung und Kollektivierung völlig verändert war. Jede dieser Stationen hatte ihre eignen Gerüche. In den Erzählungen meiner Mutter hatte es nach dem Bier der Schützenfeste und Feuerwehrbälle gerochen; an meinen Erinnerungen, die mit mühseliger Arbeit auf herbstnassen Feldern zu tun hatten, war der Qualmgeruch der Kartoffelkrautfeuer hängengeblieben; und an der letzten Station haftete der Geruch von feuchtem, verwesendem Laub.

So riecht es an lauen Herbsttagen auf Friedhöfen, auch auf dem, den ich nicht erst zu suchen brauchte, denn er liegt zwar einsam, aber direkt an der Straße, von zwei benachbarten Dörfern gleichweit entfernt. Hier war die alte Dame, die kurz vor dem Bau der Mauer das Dorf verlassen und es acht Jahre später als wohlhabende Westdeutsche wieder besucht hatte, von einem Unbekannten erdrosselt und erst zwei Tage später, mit ihrem westlichen Geld in der Tasche und den kostbaren Ringen am Finger, in der Abfallgrube gefunden worden. Seltsamerweise hatte sie keinem Menschen von ihrem Gang zum Friedhof im Abenddämmern erzählt.

Der Mord war nie aufgeklärt worden, und meine Verwandten, drittgradige Cousins und Cousinen oder auch Neffen und Nichten, die zwar nicht mehr die Landwirtschaft, wohl aber noch die Wirtschaft »Zum guten Freund« betrieben, rätselten auch bei meinem Besuch noch an der Sache herum. Sie waren auf die Tote nicht gut zu sprechen, während sie deren Schwester, also meine Mutter, geliebt und geehrt hatten. Sie wußten weder, warum Else damals das Dorf verlassen, noch, warum sie es wieder aufgesucht hatte; denn so viel sie zu Lebzeiten auch, und zwar lautstark, gequasselt hatte, so wenig hatte sie von sich preisgegeben. Wir, sagte mein Vetter, der lebenslang am Rockzipfel seiner Mutter gehangen hatte und mit Sechzig noch Karlchen genannt wurde, wir waren ihr wohl nicht gebildet genug. Er grinste ungläubig an seinem Platz hinter der Theke, als ich etwas von Heimweh sagte – das mich sicher befallen hätte, wenn ich von Notte und Nuthe zu Alster oder Neckar gezogen wäre, oder zum Trasimenischen See.

Dort nämlich, oder an einem anderen Gewässer, das etwas mit Hannibal und Gajus Flaminius zu tun hatte, war die Tante, die allerdings zu Hochstapeleien geneigt hatte, Nutzer oder gar Erbe eines Hauses geworden, weil sie einen Liebhaber zu Tode gepflegt hatte, der nicht nur uralt und reich, sondern auch dankbar gewesen war. Vielleicht hatte sie nicht das Heimweh, sondern, wie meine Mutter angenommen hatte, das Verlangen, sich aufzuspielen, in die ärmliche Heimat zurückgetrieben. Vielleicht hatte sie eine Schuld zu begleichen, und ihr Kommen hing mit dem Unbekannten zusammen, der sie am Grab ihres Mannes umgebracht hatte. Auf dessen Grabstein hatte sie damals, vielleicht um keinen Fluchtverdacht aufkommen zu lassen, ihren Namen und ihr Geburtsdatum mit einmeißeln lassen. Nun kam der Tag ihres Todes hinzu.

Schon vor acht Jahren war das geschehen, doch Karlchen und seine Kinder und Enkel redeten darüber, als ob es gestern gewesen wäre, immer in einem Ton, als träfe die Schuld Else selbst. Sie hatte Feinde gehabt im Dorf und in den Nachbarorten. War sie doch nicht nur eine lustige Witwe, sondern angeblich auch eine Vertraute von Parteigrößen und dazu eine Klatschbase gewesen, deren Verschwinden nach Westen überraschend gekommen war. Da räuberische Absichten des Täters ausgeschlossen werden konnten, kamen als Tatmotive nur Eifersucht oder Rache in Frage. Es gab auch Vermutungen darüber, aber die erfuhr ich nie. Man sprach nicht gern über Konkretes, weil man meine politische Einstellung nicht kannte und weil das Reden über den Mord an einer Westdeutschen, der in keiner Zeitung gestanden hatte, allen Mitwissern damals verboten worden war.

Auch wußte ich nicht, wie Karlchen und seine Nachkommen in politischer Hinsicht dachten. Als ich vorsichtig versuchte, dahinterzukommen, mußte ich, wie schon oft, die Erfahrung machen, daß man sich nicht für ein Pro oder Kontra entschieden hatte, sondern für ein Nachbeten des Vorgeschriebenen bei völligem Desinteresse an Politik. Daß ein Schriftsteller, auch wenn er anders dachte, nur Verordnetes schreiben durfte, schien ihnen selbstverständlich, und ein Wehren dagegen fanden sie unsinnig. Es konnte nur zu dem Ergebnis führen, das sie in mir vor Augen hatten: einen Fünfzigjährigen, der noch immer kein Auto besaß. Auch ein Arbeiter mußte, um Geld verdienen zu können, sich nach Anordnungen richten; er durfte nicht aus der Reihe tanzen, wie es sich dieser Biermann erlaubte, den man aus Fernsehsendungen kannte, und dessen Schicksal wenig Anteilnahme erregte, weil er doch hätte wissen können, was einem bei Frechheit blüht. War er doch gnädiger behandelt worden als ein besoffener Witzeerzähler. Statt hinter Gitter war er im Westen gelandet. Andere riskierten beim Sprung über die Mauer ihr Leben, er aber jammerte über das Rückkehrverbot. Wenn er den Sozialismus so liebte, hätte er doch, wie alle es mußten, den Mund halten sollen. Aber sicher war die Westmark-Gage zu verlockend gewesen. Waren es Hunderttausend oder gar eine Million?

Solche Gespräche, die ich nicht nur mit mir fremden Verwandten, sondern auch mit Nachbarn in meinem Dorf und in Berlin-Mitte führte, waren zwar deprimierend, aber auch nützlich, weil sie die Illusion zerstörten, daß die Artikulierung des eignen Freiheitsbedürfnisses sozusagen im Auftrag des Volkes geschah. Sie machten auf traurige Weise vernünftig, verwiesen auf enge Zirkel von Gleichgesinnten und letztlich aufs Ich als alleinigen Auftraggeber, dem Selbstherrlichkeit aber fehlte, weil er nur einem Gesetz gehorchte, das, wer immer es auch erlassen hatte, in ihm angelegt war.

Während ich mich im Abenddämmern über neblige Wiesen und Äcker nach Hause bewegte, fragte ich mich, ob wohl auch Biermann von dem Gedanken, durch seine Lieder der Masse Sprache zu geben, beflügelt war. Ich wußte nicht, wie er darüber dachte. Denn wenn ich ihn auch seines Könnens, seiner Entschiedenheit und seines Mutes wegen immer bewundert hatte, war ich ihm doch aus dem Wege gegangen, und zwar nicht nur, weil ich Konfrontationen mit Staat und Partei mied, die er suchte, sondern auch weil ich in seinen Umkreis nicht paßte. Ich war nicht, wie er offensichtlich, zum Kämpfer geboren, hatte nicht genug Kraft, um das nach außen gekehrte Geniale seines Lebensstils zu ertragen, geschweige denn mitzumachen, und ich konnte nicht das richtige Publikum für ihn sein. Ich war ein Bewunderer seiner Kunst, aber einer mit Wenn und Aber, weil ich seine Meinung nicht teilte, daß die Menschheitsbeglückungsidee, die die Funktionäre veruntreut hatten, an sich schon die richtige sei. Sein idealkommunistisches Credo machte mich seiner Naivität wegen verlegen. Um es in meine Bewunderung einordnen zu können, nahm ich es als zeitgemäße Verkleidung des fälligen Aufruhrs der Jungen gegen die Spießbürgerlichkeit der sozialistischen Republik. Ich mochte ihn sehr, aber nicht so, daß ich Lust gehabt hätte, mich ihm zu nähern. Auch ahnte ich, daß sein Ehrgeiz weniger nach Freunden als nach Anhängern und Anbetern verlangte. Statt ihm zu Füßen zu sitzen, wollte ich ihn lieber von den hinteren Rängen aus bewundern, wo ich zwar in die Ovationen mit einstimmen, aber manchmal auch ein Kopfschütteln riskieren konnte, ohne ihm weh zu tun.

Da wir nicht weit voneinander entfernt wohnten, uns auf der Straße begegneten, Kunden derselben Buchhandlung waren und Autorenlesungen, die Bölls zum Beispiel, in der Evangelischen Akademie besuchten, waren wir bekannt miteinander, ohne mehr als Grußworte gewechselt zu haben. Erst in der Buchhandlung in der Friedrichstraße, die zwar staatlich war, aber von Frau Marion wie ein privater Salon geführt wurde, kamen wir ins Gespräch. Wie immer schauspielernd, machte er mich auf ein bebildertes Büchlein aufmerksam, in dem Lotte Ulbricht den Staatsbesuch ihres hohen Gemahls in Ägypten beschrieben hatte, wobei ihr manch schöne Stelle von unfreiwilliger Komik gelungen war.

Sein Vorschlag, doch nun endlich einmal miteinander richtig zu reden, überraschte mich Jahre später bei einer unserer Zufallsbegegnungen, und da wir nur wenige Schritte von seiner Wohnung am Oranienburger Tor entfernt waren, ging ich gleich mit ihm hinauf. Verfolgt wurden wir von den Blicken der Stasi-Leute, die, als Nichtstuer verkleidet, die Straßenkreuzung tagsüber besetzt hielten, aber nicht seinetwegen, sondern weil sich ihm gegenüber, auf der anderen Seite der Hannoverschen Straße, die Ständige Vertretung der Bundesrepublik Deutschland befand.

Unser Gespräch, zu dessen Verständnis man wissen sollte, daß der Dichter und Sänger seit zehn Jahren in der DDR nicht gedruckt werden durfte und nun schon lange ein Auftrittsverbot hatte, bestand aus zwei Sätzen, die im Abstand von einer Stunde gesprochen wurden. Der erste lautete etwa: Ich habe ein paar neue Lieder fertig, die ich dir vorführen möchte, der zweite: Ich gratuliere, sie sind wunderbar. Dann kamen einige junge Leute, die die neuen Lieder ebenfalls hören mußten und die sich, auch weil sie mehrere waren, viel enthusiastischer äußern konnten. Ich konnte nun gehen.

Des Soldatenkönigs Wusterhausen war an diesem Novemberabend wie ausgestorben. Um so gewaltiger wirkte der Lärm, der im Bummelzug herrschte. Soldaten, die, aus dem Urlaub kommend, in die Kaserne nach Storkow mußten, und Arbeiter der Spätschicht aus den Wildauer Fabriken hatten sich zum Skatspielen zusammengefunden, und da sie Bier dabei tranken und Kofferradios laufen ließen, mußten sie schreien, um verständlich zu sein. Wenn die Musik, die sie nicht hörten, deren Dröhnen sie aber zu ihrem Wohlergehen brauchten, durch Wortsendungen unterbrochen wurde, schalteten sie auf einen anderen Sender, der ihnen wieder das rhythmische Stampfen und Hämmern bot. Es war nicht die Scheu vor westlichen Sendern, deren Empfang seit Honeckers Machtantritt nicht mehr bestraft wurde, sondern die Unlust an Information. Manchmal, wenn sie nicht schnell genug reagierten, waren trotz des Geschreis einige Nachrichtenworte zu hören. Ich glaubte, den Namen Biermann und das Wort Protest verstanden zu haben, und hatte es eilig, in meine Kate zu kommen, in der ich ein Radio mit Batteriebetrieb hatte. Elektrischer Strom floß erst zehn Jahre später dorthin.

In halber Nacht erfuhr ich nun endlich, daß, während ich mich auf dem Lande herumgetrieben und über die tote Tante nachgedacht hatte, auf Stephan Hermlins Initiative ein von zwölf Autoren unterschriebenes Protestschreiben gegen die Biermann-Ausbürgerung veröffentlicht worden war.

Sofort fuhr ich ins Dorf, um Christa Wolf anzurufen, bekam aber keine Verbindung, fuhr also weiter zum Bahnhof und war um Mitternacht in Berlin. Hoffnung auf Rücknahme der Ausweisung hatte ich keine, doch mußte ich mit unterschreiben, um nicht als Befürworter der Regierungsmaßnahme zu gelten. Auch wurden, wie ich dachte, durch eine Vielzahl von Unterschriften die zu erwartenden Sanktionen erschwert.

Am Morgen führte ich viele Telefonate: mit Stephan Hermlin, der aber weitere Unterschriften nicht wünschte, da er keinen Massenprotest in Gang setzen wollte, mit

Christa Wolf und Stefan Heym, die meinen Entschluß begrüßten, mit den in Ost-Berlin akkreditierten Korrespondenten von DPA, der ZEIT und der FRANKFURTER RUNDSCHAU und, zum ersten und letzten Mal in meinem Leben, auch mit dem NEUEN DEUTSCHLAND, wo man auf meine Frage, ob das Protestschreiben veröffentlicht werden würde, ausweichend antwortete und die Bitte, auch meinen Namen darunter zu setzen, kommentarlos entgegennahm. Zur Erkundung von Einzelheiten, die man dem Telefon besser nicht anvertraute, ging ich dann zu den Wolfs, die Kleinmachnow inzwischen verlassen und eine Wohnung in der Friedrichstraße gemietet hatten, nicht weit von der Weidendammbrücke entfernt.

Vor ihrer Haustür standen einige Männer, die aussahen, als wollten sie jedem den Eintritt verwehren; doch begnügten sie sich mit drohenden Blicken und gaben den Weg in den Treppenflur frei. Ich tat so, als sähe ich keinen, sah aber sehr wohl, daß eins der unangenehmen Gesichter, die den schmalen Durchgang säumten, einem Bekannten gehörte, den ich nie wiederzusehen gehofft hatte: dem Herrn Grubitz nämlich, der hier Straßendienst als Angstmacher tat.

Bei Wolfs, die alle Welt kannten, liefen aus vielen Richtungen und Fraktionen Nachrichten zusammen, die von einer erschreckten Partei- und Staatsführung berichten konnten, während die Protestbewegung, die sich durch Schauspieler und bildende Künstler verstärkte, von Stunde zu Stunde wuchs. Der Staat, zu dessen Wesen die erzwungene Einstimmigkeit gehörte, mußte das Öffentlichmachen von Widersprüchen als lebensbedrohend empfinden; seit 1953 war dergleichen nicht mehr geschehen.

Auch die Zahl der Besucher bei Wolfs wurde größer. Man kam, um sich als Mitprotestierer zu erkennen zu geben, um nach dem neuesten Stand der Dinge zu fragen oder um in der Spannung und Ungewißheit nicht allein zu sein. Trotz der Stasi-Präsenz auf der Straße war die Stimmung euphorisch. Es ging nicht mehr allein um Biermann, sondern um einen Versuch intellektueller Emanzipierung. Nicht der Inhalt der Petition, in der man jede Schärfe vermieden hatte, war entscheidend, sondern die Tatsache, daß es sie gab. Zum ersten Mal hatte man sich im Protest zusammengefunden. Das stärkte das Selbstbewußtsein und klärte die Fronten. Der Riß zwischen den Protestierern und den parteitreuen Schreibern sollte sich nie mehr schließen. Solange die DDR existierte, blieb für die Beurteilung eines jeden sein Verhalten in diesen Tagen wichtig: Freund und Feind maßen Vertrauen und Mißtrauen daran.

Nie war die Verbundenheit der Individualisten so stark wie in diesen Stunden. Noch wußte man nicht, wie die Partei reagieren würde, fürchtete aber das Schlimmste, und diese Ungewißheit gerade war es, die die Stimmung hob. Sollte die Stasi vermutet haben, daß hier, in der ersten Etage des Hauses Friedrichstraße 133, im Kreis der Verschwörer weitere Pläne ausgeheckt würden, hätte sie sich geirrt. Wir waren mehr wie die Kinder, die einen frechen Streich ausgeführt hatten, ihn in verschworener Gemeinschaft genossen und die Angst vor den bösen Folgen durch Lachen und Schwadronieren zu vergessen versuchten. Selten habe ich Christa Wolf so gelöst und lustig erlebt wie an diesem Tag.

Als wir um Mitternacht etwa die gastliche Wohnung verließen, mußten wir uns wieder durch die Horde der in Zivil Diensttuenden drängen. Bis zum Parkplatz in der Reinhardtstraße, wo einige in ihre Autos stiegen, waren wir von den schweigenden Schlägertypen umgeben. Meinen Fußweg in die Auguststraße konnte ich dann allein machen, fand aber am Morgen eine Bewachung im Auto, Typ Wartburg, vor. Bei mir standen sie nur zwei Tage, bei Prominenten, wie den Wolfs, aber viel länger, und ich glaube mich zu erinnern, daß mich das zwar nicht kränkte, aber doch das Verständnis für die Möglichkeit des Gekränktseins weckte.

Das Bedürfnis nach Selbsthochschätzung nimmt auch mit der Wichtigkeit, die einem Machthaber oder Verfolger beimessen, vorlieb.

Zweck dieser Beschattung war wohl das Angst- und Nervösmachen durch Drohgebärden. Offensichtlich hatten die beiden Männer im Auto den Auftrag, sich nicht zu verstekken, sondern zu zeigen und so dem Beschatteten einzuschärfen: Wo auch immer du hingehen mögest: Die Staatsmacht ist stets dabei. Sie folgten mir auffällig zur Bibliothek, zum Friseur und zum Fleischerladen und am zweiten Tag auch zum S-Bahnhof, als ich zu einer Lesung nach Schöneweide mußte, die lange vorher schon angekündigt und zu meiner Überraschung nicht abgesetzt worden war. Wie im Märchen von Hase und Igel fand ich das Pärchen in Schöneweide schon wartend. Und als ich nach einem Fußweg von zehn Minuten den Veranstaltungsort erreichte, waren die Herren mit den gelangweilten Gesichtern schon da. Danach wurden sie abgezogen. Sie hatten ihren Einschüchterungsauftrag erfüllt.

Mit ähnlichem Auftrag waren am Vormitttag zwei angebliche oder tatsächliche Angestellte der Stadtverwaltung bei mir erschienen, um sich von mir, mehr flehend als drohend, versprechen zu lassen, daß ich, wie angekündigt, aus meinem Buch über Jean Paul lesen, die Biermann-Affäre, die sie, um den Namen nicht aussprechen zu müssen, mit dem Begriff: die Vorgänge der letzten Tage umschrieben, aber unerwähnt lassen würde; andernfalls müßte die Lesung beendet werden, was nicht nur den Veranstaltern und mir schaden würde, sondern den gesamten Bemühungen um die Verbreitung von Literatur. Ich versprach ihnen, falls Zuhörerfragen mich nicht zur Erläuterung meiner Haltung zwängen, bei Jean Paul und seinen Problemen zu bleiben – und laut Bericht eines Stasi-Unterleutnants Rogge, in dem am Schluß befriedigend festgestellt wird, daß »keine negativen Diskussionen auftraten« und sich nach Schluß der Veranstaltung keine Diskussionsgruppen bildeten, hielt ich das Versprechen auch ein.

Als Frucht des Wartens auf befürchtete Strafaktionen entstand damals nicht, wie ich erwartet hatte, eine Erzählung über die nach Italien und in den Wohlstand geflüchtete Tante, die von geheimen Mächten unter das vorbereitete Grabmal in märkischer Erde gezwungen wurde, sondern die Idee zu einem Vorhaben ganz anderer Art. In jener Nacht, als die Stasi-Leute die Haustür umstanden, war beim Abschied von Christa und Gerhard Wolf galgenhumorig davon die Rede, daß unsere Romane mit Gegenwartsstoffen künftig bei der Zensur keine Chancen mehr haben würden, und ich äußerte leichtfertig: Das machte mir wenig aus. Um diese Eiszeit überleben zu können, würde ich mich ins Märkische und Historische begeben, zu mißachteten oder vergessenen Dichtern, wie Schmidt von Werneuchen zum Beispiel oder Fouqué. Da Gerhard Wolf mir darauf sofort mit den Hofpoeten Friedrichs I. und mit der Karschin antworten konnte, wurde beim Anziehen der Mäntel lachend erwogen, Christa weiterhin ihre anstoßerregende Kunst machen zu lassen, während wir mit der Neuherausgabe berlinisch-brandenburgischer Dichter das lebensnotwendige Kleingeld besorgen würden, mit einem Standbein sozusagen im märkischen Sand. Das war die erste Erwähnung der Reihe, die uns zehn Jahre etwa beschäftigen sollte und zu der Gerhard Wolf, der unter besseren Umständen sicher schon in jungen Jahren ein Verleger geworden wäre, wenig später den Reihentitel »Märkischer Dichtergarten« erfand.

Meine ostelbischen Touren wurden nun zielgerichtet und zweckgebunden. Und da sich durch eine glückliche Fügung in Katharina und Wolfram Gefährten fanden, die beruflich aus anderen Bereichen kamen, sich aber besser als ich in der Mark auskannten und überdies auch ein Auto besaßen, dehnte der Umkreis der Fahrten sich weiter aus. Es gelang uns, die Not zur Tugend zu machen, indem wir als Ausgleich für das uns verschlossene Ferne, das Naheliegende um so gründlicher sahen. Statt Israel oder Amerika zu bereisen, nahmen wir mit Jerichow in der Altmark oder Philadelphia bei Storkow vorlieb.

AUF DER KANZEL

Der Protest gegen die Ausbürgerung Wolf Biermanns war sowohl eine Solidarisierungsgeste als auch ein Versuch politischer Mitbestimmung und insofern auch ein Vorläufer späteren Aufbegehrens, das dann aber von jüngeren Leuten getragen wurde, die weniger als die Prominenz zu verlieren, aber auch mehr zu befürchten hatten; denn einen Namen zu tragen, der zu Schlagzeilen in westdeutschen Medien taugte, bedeutete Schutz.

Die Protestierer, oder besser: Petitionisten, verstanden sich in der Mehrzahl weder als Opposition noch als Gruppe. Sie hatten sich zu diesem einen Zwecke zusammengefunden, ohne die Absicht, Auftakt zu einer Bewegung zu sein. Was die Individualisten verband, war die Ablehnung des Ausbürgerungsaktes, nicht die des Regimes. Die Staatsführung hatte es deshalb leicht, die Gruppe, die keine war, aufzulösen. Sie brauchte den Individualisten nur ihre individuellen Interessen wieder vor Augen zu führen, indem sie individuell vorging und kollektive Bestrafung vermied. Durch differenzierte Behandlung machte sie die sowieso bestehenden Differenzen in Ansichten, Absichten und Bevorzugungen deutlich, so daß keine erneute Gemeinsamkeit durch Strafen oder Benachteiligungen entstand. Als die Sanktionen beendet waren, saßen die einen, die Unbekannten, in Gefängnissen, oder sie hatten beruflich und finanziell Nachteile erlitten; die mehr oder weniger Prominenten aber hatten zum größten Teil lediglich ihre Ehrenämter verloren und wurden, soweit sie der Partei angehörten, von dieser für das gleiche Vergehen in unterschiedlicher Weise bestraft. Es gab Rügen, strenge Rügen, Streichungen und Ausschlüsse für die Genossen, aber keine Ausschlüsse aus den Künstlerverbänden. Hier wurden die Bösewichter lediglich aus den Vorständen entfernt.

Milder wurde dabei behandelt, wer sich, und sei es in Teilaspekten, reuig und der Partei ergeben zeigte, auch wenn er es ablehnte, seine Unterschrift wieder zurückzuziehen. In den Parteiverfahren, deren Protokolle sich heute nachlesen lassen, wurden oft Treuegelöbnisse zu Staat und Partei abgegeben, die ich damals, soweit sie mir zu Ohren kamen, für verzeihliche Schutzbehauptungen gehalten hatte – fälschlich, wie ich dreizehn Jahre später erkennen mußte, als ich die Trauermienen anläßlich des DDR-Endes sah.

Da viele von denen, die sich Ergebenheitsgesten nicht abringen ließen, der DDR bald den Rücken kehrten, wiederholte sich hier im kleinen Bereich der Künste ein Vorgang, wie er sich vor dem Bau der Mauer im Großen abgespielt hatte: Die unruhigsten, kritischsten und politisch aktivsten Leute suchten das Weite und schwächten damit die innere Opposition. Daß die DDR kaum antimarxistischen Widerstand hatte und jahrzehntelang als der treueste Vasall der Sowjetunion gelten konnte, hing weniger, wie oft behauptet wurde, mit dem deutschen Nationalcharakter als vielmehr mit der deutschen Teilung zusammen, die Freiheitsdurstigen den Ausweg nach Westen ließ. Mit der Einmauerung aber war dieser Ausleseprozeß zu Ende gegangen; nicht nur die fachlich versierten, also erwünschten, sondern auch die kritischen Köpfe waren im Lande geblieben, und da mit den neuen Generationen Unzufriedene und Rebellische nachwuchsen, suchte der Staat, um den Druck zu vermindern, in Abschiebungen, Ausreisegenehmigungen und Freikäufen sein Heil. Die jungen Dissidenten der achtziger Jahre, die sich nicht mehr abschieben lassen wollten, sondern im Lande zu bleiben verlangten, waren für die SED eine besondere Gefahr.

Die Erlaubnis zur Ausreise erhielten nach 1976 auch jene Schriftsteller und Künstler, die nach den Folgen des Biermann-Protestes das ummauerte Land mit seiner Zensur und seinen Schikanen nicht mehr ertragen konnten oder deren berufliche Zukunft hier chancenlos war. Da der Staat froh war, sie loszuwerden, konnten sie ihren Besitz in den Westen mitnehmen, und einige wurden, um ihre DDR-Rechte nicht aufgeben zu müssen und weiterhin die Grenze passieren zu dürfen, mit einem längergültigen Auslandsvisum versehen. Noch im Abgang, so schien es, blieben sie Privilegierte; das erregte neben Bedauern auch Neid.

Die Reaktion der Zurückbleibenden war, wie immer bei Emigrationen, höchst unterschiedlich. Ich hatte nicht nur Verständnis für eine Entscheidung, die nicht getroffen zu haben ich vielleicht noch bereuen würde, sondern bewunderte auch den Mut, der dazu gehörte, alles Vertraute zurückzulassen und im Westen neu anzufangen, zwar auf deutschem, aber doch weitgehend unbekanntem Terrain. Obwohl ich der DDR den Ansehensverlust gönnte, berührte mich der Auszug von Freunden und Gleichdenkenden schmerzlich, da es nun einsamer um einen war. Andere, die nur eine Bedrohung an Leib und Leben als Ausreisegrund gelten ließen, sahen das anders, nämlich als Flucht vor der selbstauferlegten Verantwortung, als eine Art Desertion. Kritische Sozialisten, die eine bessere DDR wollten und sich um deren Renommee sorgten, waren verzweifelt darüber, daß der Staat, den sie grundsätzlich bejahten, die besten Leute nicht zu halten vermochte und sein Ärmerwerden nicht einmal sah. Als Sarah Kirsch ausreiste, schrieben Christa Wolf und Franz Fühmann anklagende Briefe an die Verbandsfunktionäre, Proteste, die aber ins Leere liefen, da sie, der »hämischen Freude der Feinde« wegen, wie Fühmann meinte, nicht öffentlich gemacht werden sollten. Um

»die bedeutendste zeitgenössische Dichterin deutscher Sprache«, wie Franz Fühmann sie nannte, mit der DDR versöhnen zu können, hätte man, wie die Briefe es andeuten, die Verhältnisse ändern müssen; aber zu Veränderungen war man auch später, als Franz Fühmann die qualvolle Desillusionierung schon hinter sich hatte und das Ende des Staates schon nahe war, nicht bereit.

Irritierend waren für mich die Reaktionen der Leser. In Briefen und Diskussionen zeigten sich viele enttäuscht von den geflohenen Autoren, in besonderem Maße von denen, die als moralische Instanzen des Widerstehens gegolten und nun ihre Leser, denen kein Tor in der Mauer geöffnet wurde, sich selbst überlassen hatten. Was sie im Westen, so hieß es, über die DDR auch noch schreiben würden, könnte nicht mehr die Authentizität des Erlebens haben, weil sie nicht mehr Mitleidende, sondern nur noch Zuschauer waren, der Gefährdung nicht ausgesetzt. Als Vordenker und Vorbilder konnte man sie nicht mehr gebrauchen. Man hatte, so war zu vermuten, weniger den Inhalt ihrer Kritik als den Mut zur Kritik bewundert und die Autoren zu Heldengestalten erhöht.

Diesen Auffassungen mußte ich, schon aus Gründen des Selbstschutzes, stets widersprechen. Wie schwer das oft fiel, macht mir besonders ein Auftritt in Dresden zu Anfang der achtziger Jahre deutlich, an den ich mich nach dem Ende der DDR häufig erinnern mußte, weil mir die damals gemachte Erfahrung nachträglich wie ein erstes Erkennen von DDR-Mentalitäten, die die DDR überleben sollten, erschien.

Nachdem ich mich bei der sogenannten »Berliner Begegnung« zwischen ost- und westdeutschen Schriftstellern für die Einführung eines zivilen Wehrersatzdienstes, unter dem Namen »Sozialer Friedensdienst«, eingesetzt hatte (was in den Akten natürlich als feindlich-negativ registriert wurde), war ich von dem jungen Pastor Wonneberger, der als erster diese Forderung erhoben hatte, zu Lesung und Diskussion in seine Dresdner Vorstadtkirche gebeten worden. Durch einen privaten Kreis Literaturinteressierter war für den Tag darauf eine weitere Lesung im Zentrum Dresdens vereinbart worden, bei der der Kulturbund als Veranstalter firmierte, was für mich, da ich in diesen Jahren fast ausschließlich in kirchlichen Räumen auftreten durfte, überraschend war.

Überrascht von der Tatsache, daß ein Autor, der an einem Abend in der Kirche die unabhängige Friedensbewegung unterstützte, am nächsten in staatlichen Räumen auftreten durfte, war auch die Kulturbehörde gewesen, und sie hatte, um ihren Fehler wieder gutzumachen, die Veranstaltung kurzfristig verbieten wollen, hatte dann aber, auf Anweisung der Parteileitung, geschickter reagiert. Ein Verbot hätte, wie man das nannte, dem Feind Munition geliefert. Besser war es, die Lesung stattfinden zu lassen, das Publikum aber fernzuhalten, indem man die Eintrittskarten an vorher instruierte Parteischulabsolventen vergab.

Diese Methode, die von der Stasi »Verunsicherung durch berufliche Mißerfolge« genannt wurde, verfehlte hier ihre Wirkung, weil ein junger, mutiger Angestellter mich morgens heimlich in meinem Hotel aufsuchte und mir auf einem Spaziergang die aufregende Vorgeschichte der Lesung beschrieb. Ich war also auf Desinteresse schon vorbereitet, dann aber über die Ablehnung, die mir entgegenschlug, doch etwas erschrocken und über die Häufung dummer Gesichter entsetzt. Obwohl die Parteiabzeichenträger den kleinen Saal nur bis zur Hälfte füllten, hatte man Interessierte, da sie keine Eintrittskarten vorweisen konnten, nicht eingelassen, war also ganz unter sich. Instruktionsgemäß feindlich zu blicken gelang nicht allen, doch Langeweile, die sie tatsächlich empfanden, konnten sie trefflich durch schläfrige Blicke, Husten und Stuhlknarren demonstrieren, und auch das Verbot einzuhalten, an heiteren Stellen des Textes ein Lächeln zu zeigen, fiel ihnen nicht schwer. Ein

Triumph für mich war, daß eine Frau aus den hinteren Reihen sich einmal vergaß und ein Lachen wagte. Doch blieb diese Entgleisung die einzige Regung, und auch am Schluß, wo die Versuchung doch groß war, aus Gewohnheit ein bißchen Beifall zu spenden, rührte sich keine Hand. Der Applaus kam erst später. Er galt drei oder vier Diskussionsrednern, die das Vorgelesene unzeitgemäß und langweilig nannten und sich für die Werktätigen eine andere Literatur wünschten, die den Forderungen des Tages besser entsprach.

Die Partei war mit dem Ablauf des Abends sicher zufrieden, und auch ich schied mit guten Gefühlen, weil die disziplinierten Parteischüler mich nach einer Anfangsbeklemmung mehr amüsiert als geängstigt hatten und die Ablehnung, die man mich hatte spüren lassen, der meinen völlig entsprach. Es war ein Abend der klaren Fronten, im Gegensatz zu dem vorigen in der Kirche, der, trotz aller Triumphe, einer des inneren Zwiespalts gewesen war.

Der Andrang war groß gewesen. Es waren vorwiegend junge Menschen gekommen. Noch nie hatte ich vor einer solchen Masse von Zuhörern gelesen. Die große Kirche, ein Bau der Jahrhundertwende, war bis in die Emporen hinauf überfüllt. Man stand in den Gängen, saß auf den Altarstufen. Ich mußte die hohe Kanzel besteigen und im grellen Licht einer scheinwerferähnlichen Lampe lesen, während der Raum für mich völlig im Dunkeln lag. Die Menge, die ich nicht sah, deren gespanntes Lauschen ich aber spürte, kam bei jeder Bemerkung, die einer politischen Anspielung glich, in Bewegung. Bald sah ich voraus, bei welcher Passage Gelächter, Geraune oder auch Beifall einsetzen würde, versuchte erfolgreich durch wohlkalkulierte Pausen und den Wechsel von Lautstärke und Tonfarbe der immer vernehmlichen Zustimmung Nahrung zu geben, fühlte so etwas wie Macht über die fügsame Menge – und merkte gleichzeitig mit Widerwillen, wie ich ein anderer wurde, indem ich diesen Auftritt genoß.

Die Begeisterung, mit der man auf jeden subversiv klingenden Satz reagierte, hing nicht nur mit der Spannung zusammen, die das Halbillegale der Versammlung erzeugte, sondern auch mit dem Wissen darum, daß man unter staatlicher Beobachtung stand. Aus politischem, nicht aus literarischem Interesse war man zu der Schriftstellerlesung gekommen, und man hoffte, im Beifall für unerlaubte oder zweideutige Worte relativ ungefährdet einer Meinung Ausdruck geben zu können, die man sonst vorsichtshalber verschwieg. In dieser durch Vorsicht gebremsten Rebellionsatmosphäre konnten Jean-Paul-Zitate über Machtmißbrauch oder Zensorenwillkür aktuelle Bedeutung annehmen und Anlaß zu lärmendem Jubel sein.

Von Politik bestimmt war auch die Diskussion, die der Lesung folgte, und es ging dabei nicht nur um Wehrdienstverweigerung, sondern auch um die Ausreise von Schriftstellern, die nicht, wie bei Biermann und Kunze, durch Bedrohung erzwungen worden war. Die Bindung des Autors an seine Leser wurde dabei mit der des Pastors an seine Gemeinde und der des Arztes an seine Patienten verglichen und die Forderung nach der Verpflichtung zum Durchhalten aus Verantwortung für andere gestellt. Ich verteidigte meine Kollegen, die von Deutschland nach Deutschland gewechselt waren, und merkte dabei mit Erstaunen, wie die sensibel reagierende Menge mir in diesem Punkt ihr Wohlwollen entzog. Es gab keine Mißfallensäußerung, aber betretenes Schweigen und erneutes Fragen mit gleicher Tendenz. Man war nicht bereit, meine Behauptung gelten zu lassen, daß auch die freiwillig Gegangenen im Grunde Vertriebene waren, fühlte sich von ihnen im Stich gelassen, und da ich sie zu rechtfertigen suchte, schien sich die Enttäuschung nun auch auf mich erstrecken zu wollen – bis meine verneinende Antwort auf die direkte Frage, ob denn auch ich einen Umzug nach Westen plane, einen Beifallssturm auslöste, der lange kein Ende fand.

Es war ein Triumph, den ich, da er unverdient war, nicht
auskosten konnte. Er beruhte auf einem Mißverständnis,
das aufzuklären ich nicht mehr die Kraft, oder den Mut,
hatte. Ich hatte dem Nein noch ein Aber hinzusetzen wollen, das jedoch hatte der Beifall verschluckt. Nein, hätte ich
nachträglich sagen müssen, ich habe nicht die Absicht, die
DDR zu verlassen, aber dafür gibt es verschiedene Gründe,
von denen der, den Sie mit dem höchst fragwürdigen Bezug
auf Pastoren und Ärzte vom Autor verlangen, wohl der am
wenigsten ins Gewicht fallende ist.

Aber ich schwieg nach diesem glanzvollen Veranstal-
tungsende, ging davon wie ein Held, von dem ich nichts
hatte, und frage mich heute, ob nicht vielleicht zu den
Gründen, die mich in der DDR bleiben ließen, von nun an
auch der gehörte, den ich entschiedener hätte verneinen
müssen. Mein Ausharren hatte fortan auch etwas von einer
nachträglichen Rechtfertigung des ungerechtfertigten Lobs.

Im gleichen Jahr glaubte mein treuer Beobachter IMS
»André« seinen Auftraggebern folgendes über mich berich-
ten zu müssen: »Er befindet sich völlig im Fahrwasser von
Kräften im In- und Ausland, die absolut keine Antenne für
unsere Kulturpolitik haben... Der Gegner hat ihn in seiner
Hand. Gebt acht auf ihn!«

VEREINSLEBEN

Auf Verlangen von oben in der Öffentlichkeit Erwünschtes
zu sagen, habe ich immer vermieden; aber oft habe ich auch
geschwiegen, wenn Unerwünschtes hätte gesagt werden
müssen. Da ich Ruhe zum Schreiben brauchte, waren mir
Konfrontationen lästig. Ehrungen erfüllten mich mit zwie-
spältigen Gefühlen, weil sie mir einerseits schmeichelnde
Bestätigung waren, mir andererseits aber als Eingliede-

rungsversuche erschienen, die Bestechung zu nennen nicht ganz abwegig war. Denn Anerkennung verpflichtet und bindet, und Dankbarkeit weicht kritische Haltungen auf.

Auf die Idee, mich mit Orden oder Titeln zu ehren, kam glücklicherweise niemand, und nur die Akademie der Künste, in der es Leute gab, die mir wohlwollten, verlieh mir zwei Preise und nahm mich als Mitglied auf. Die Aufnahmezeremonie verstärkte den Zwiespalt meiner Gefühle. So erfreulich es war, sich mit hochgeschätzten Kollegen flüsternd über das hölzerne Ritual lustig machen zu können, so unangenehm war es, die Ernennungsurkunde aus den Händen des marionettenhaft wirkenden Ministerpräsidenten Stoph entgegennehmen zu müssen. Wie die Einführung in eine Beamtenkarriere kam mir das vor.

Es war der einzige Händedruck, den ich jemals mit einem wirklichen DDR-Machthaber tauschte. Der Ranghöchste, dem ich mehrmals persönlich begegnete, war Klaus Höpcke, der langjährige Ministerstellvertreter und Oberzensor, der aber wohl mehr Befehlsempfänger als -geber war. Er war ein ruhiger und freundlicher Mann, der im persönlichen Umgang weder eitel noch machtbewußt wirkte und sich den Autoren, deren Geißel er war, gern als Beschützer oder Berater zeigte, als ein Förderer der Literatur, der toleranter sein möchte, als sein Amt es ihm erlaubt. Vielleicht verlangte sein Parteiauftrag von ihm, so zu wirken, vielleicht stritten wirklich manchmal in ihm Amtspflicht und Neigung, doch blieb dabei die Parteidisziplin immer siegreich, so daß ich nur mit Vorbehalt nach Art meiner Mutter sagen möchte: Schlimmer kommen können hätte es mit einem Schlimmeren auf seinem Posten auch.

Da er nicht, wie seine Oberen, in Niederschönhausen oder in Wandlitz wohnte, sondern wie du und ich im Bezirk Mitte, in der Nähe der Friedrichstraße, konnte man ihm am Morgen, wenn er zu Fuß in sein Ministerium strebte, auf der Weidendammbrücke begegnen und mit ihm über alles mögliche plaudern, das sein Amt nicht betraf. Wenn er einen aber zu sich zitierte, was mir zweimal passierte, konnte er kalt und unnahbar werden, ganz Amtsperson oder vielmehr Befehlsausführer, der die Peinlichkeit, die er beim Machtzeigen selber empfindet, durch übertriebene Strenge verbergen muß.

Über eins dieser Zwangsgespräche, die er wohl im Partei-auftrag führen und der Staatssicherheit mitteilen mußte, stehen Aufzeichnungen in den über mich geführten Akten, die mir deutlich machen, daß er zwar seine Pflicht erfüllen, mir aber so wenig wie möglich schaden wollte; denn er hatte meine Aussagen in dem Gespräch unter vier Augen deutlich entschärft. Es war im Sommer 1979, nach den Verbandsaus-schlüssen von neun Kollegen gewesen. Ich hatte in einem Protestbrief an das Präsidium des Schriftstellerverbandes im Falle der Bestätigung der Ausschlüsse meine weitere Mit-arbeit aufgekündigt, und Höpcke hatte herausfinden sollen, wie ernst es mir damit war. Ich hatte mich in dem Gespräch dazu hinreißen lassen, ihm, dem Partei- und Regierungsvertreter, auf die Frage, ob ich mich in Zukunft loyal zu verhalten gedenke, den Vorschlag zu machen, doch zum Wohle der DDR eine legale Opposition zuzulassen, damit eine abweichende Meinung, wie meine, dort öffentlich artikuliert werden könnte und die Möglichkeit einer Regierungsablö-sung gegeben sei. Daraus war in seinem Bericht die lapidare Feststellung geworden: Versprechen, sich in Zukunft immer loyal zu verhalten, könne de Bruyn nicht.

Ich war Mitglied in zwei Organisationen, im Schriftstel-lerverband und im PEN-Club, und in beiden gehörte ich gegen Ende der siebziger Jahre zu Vorstandsgremien, in denen ich aber weder Gutes noch Böses bewirken konnte, weil, erstens, dort wichtige Entscheidungen nicht getroffen wurden, und zweitens, ich selten anwesend war. Die Vor-standssitzungen des Verbandes, die, der zahlreichen Mit-glieder wegen, in einem Saal stattfinden mußten, waren so langweilig, daß ich mich still für mich auf Lektüre konzentrieren konnte, während die Zusammenkünfte des PEN-Präsidiums, das nur zwölf Leute umfaßte, von denen oft nur fünf oder sechs anwesend waren, sich interessanter gestalteten durch häufigen, sehr persönlich gefärbten Streit. Henryk Keisch, der Generalsekretär, der seine Parteiergebenheit ständig im Munde führte, dem Geist des PEN nur dürftige Zugeständnisse machte und zu cholerischen Aufwallungen neigte, stritt sich entweder mit Heinz Kamnitzer, dem Präsidenten, der zwar in Parteigläubigkeit mit ihm wetteifern konnte, diese aber PEN-gemäß in weitherzige Wendungen und gentlemanhafte Wohlerzogenheit hüllte, oder mit Stephan Hermlin, der die Werte der PEN-Charta hochzuhalten versuchte und dabei den polternden Keisch, dem er geistig haushoch überlegen war, von oben herab behandelte, was dieser verständlicherweise nur schlecht vertrug. Die Antipathie, die Keisch mir gegenüber hegte und zeigte, wurde von mir aus vollem Herzen erwidert, aber des Friedens wegen geheimgehalten. Doch nutzte das wenig, da ich ihn nicht nur durch seltene Widerworte, sondern allein durch Schweigen schon wütend machte, so daß er mir einmal zornig erklärte: Er könne in meinem Gesicht ständig Belustigung über sich lesen – worin ich ihm zustimmte, dabei aber nicht ehrlich war. Denn ich bemühte mich zwar, ihn komisch zu finden, doch mußte die Mühe vergeblich bleiben, da er mir, wie alle fanatischen und damit humorlosen Leute, unheimlich erschien.

Als nach dem Ende der DDR die Verbindung von Staatssicherheitsdienst und PEN-Leitung bekannt wurde, hat mich nicht diese Zusammenarbeit überrascht, sondern die Verwunderung, die sie hervorrief; denn daß der Zweig einer internationalen Vereinigung, die für die Freiheit des Wortes eintrat, politisch Verfolgten zu helfen versuchte und ihren Hauptsitz in London hatte, nach Parteiverständnis der Stasi-Aufsicht im Innern bedurfte und im Ausland für Kundschafterdienste genutzt werden würde, war mir immer schon klar gewesen. Nicht ohne Grund leistete sich die DDR eine solch unsichere Truppe; nicht umsonst zahlte sie die Mitgliedsbeiträge nach London in harter Währung und finanzierte die Reisen der beiden leitenden Genossen zu den Kongressen in aller Welt. Um bei den einfachen Mitgliedern die nach außen hin aufrechterhaltene Illusion eines staats- und parteifreien PEN-Raumes gar nicht erst aufkommen zu lassen, war auf wichtigen Präsidiumssitzungen und auf allen Jahresversammlungen als Vertreter des SED-Zentralkomitees ein Mitarbeiter Kurt Hagers anwesend, der sich offiziell zwar nicht einmischte, aber in den Pausen mit den Genossen tuschelte und viel schrieb.

Mit der relativ kleinen PEN-Gruppe verglichen, war der fast tausend Mitglieder zählende Schriftstellerverband eine Organisation der Massen, die sich von der SED aber leicht führen ließ. Denn die Existenz der meisten Autoren war vom Wohlwollen des Verbandes abhängig, der auch Gewerkschaftsaufgaben, und sogar ausgezeichnet, erfüllte, und viele von ihnen waren Parteimitglieder, die man vor Abstimmungen, Diskussionen und Wahlen zu parteimäßigem Verhalten vergattern konnte; jeder Verbandsversammlung ging eine instruierende Parteiversammlung voraus. So war es, als wir Unterzeichner des Biermann-Protestes 1976 aus dem Berliner Vorstand verstoßen wurden (und anschließend in Sarah Kirschs winziger Plattenbauwohnung auf der Fischerinsel, die sie bald darauf in Richtung Westen verlassen sollte, sehr vergnügt ob der geklärten Verhältnisse beieinander saßen) und auch 1979 bei der großangelegten Mitgliederversammlung des Berliner Verbandes, in der unter Hermann Kants bereder Leitung über den Ausschluß von neun Kollegen befunden wurde: Immer war von der Partei, und wohl auch von der Stasi, der gesamte Verlauf bis ins Einzelne vorbereitet und inszeniert.

Zur Beschämung der damaligen Wortführer ist das Protokoll dieses Tribunals 1991 gedruckt worden. Ich lese es heute mit bitterem Lachen über diese Anhäufung von Zynismen und Dummheiten, mit Respekt vor den mutigen Reden der Angeklagten, aber auch mit einem Nachklang der damaligen Erregung, die nicht nur durch die äußeren Umstände, sondern auch durch innere Unsicherheiten entstanden war. Mit drohenden Tönen hatte das NEUE DEUTSCHLAND den Verdammungsurteilen schon vorgearbeitet. Als Versammlungsort, der der Wichtigtuerei der Veranstalter den repräsentativen Rahmen geben sollte, war der Abgeordnetensaal des Roten Rathauses ausgewählt worden. Es gab strenge Einlaßkontrollen, Stasi-Wächter auf Treppen und Gängen und im Saal, neben Partei-, Stadt- und Staatsfunktionären, viele unbekannte Gesichter; durch sie wurde wohl das Heer der Claqueure verstärkt. Obwohl man sich der Fügsamkeit der Massen sicher sein konnte, war alles auf Einschüchterung angelegt.

Daß wir Gegner des Strafverfahrens eine Minderheit waren, zeigte sich nicht nur an den Beifallsbekundungen der etwa vierhundert Teilnehmer für die teils dümmlichen, teils auch, im Fall Hermann Kants, geschickten Ausführungen der Inszenatoren, sondern auch in den Pausen am Verhalten der Mitläufer, die ängstlich bestrebt waren, ihren als oppositionell verrufenen Kollegen aus dem Wege zu gehen. Die hastige Schlußabstimmung, die offen durch Handzeichen erfolgen mußte, war dann doch nicht so blamabel, wie ich sie mir vorgestellt hatte. Die Gegenstimmen, die man sich weigerte auszuzählen, schätzte ich etwa auf dreißig, Joachim Walther, der Herausgeber des Protokolls, sogar auf sechzig. Bedenkt man, daß man die Folgen der offenen Nichtübereinstimmung nicht absehen konnte, war dieses Abstimmungsverhalten recht ehrenwert. Besonders die weniger bekannten Autoren mußten Nachteile befürchten. Beispiel dafür war ein Lektor des Verlags »Neues Leben«, der dieser Handerhebung wegen sogleich seine Stellung verlor.

Dieses schamlose Machtzeigen, das durch scheindemokratische Formen und durch Kants geistreiche Eitelkeiten noch ekliger wurde, war schwer zu ertragen; doch bereitete ich mir noch zusätzliche Qualen, indem ich von mir mehr, als ich dann leisten konnte, verlangte, nämlich unaufgefordert das Wort an mich zu reißen, wenn meine Wortmeldung nicht berücksichtigt würde, und mit Stentorstimme, die ich nicht habe, wissen zu lassen, daß man im Falle des Ausschlusses der Kollegen nicht neun, sondern zehn ausschließen müßte, mich also mit.

Kants demagogische und gemeine, aber ärgerlicherweise auch gekonnte Rede hatte diesen Entschluß in mir reifen lassen, doch kam die Gelegenheit nicht, ihn auch auszuführen. Und als ich kurz vor der hastigen Abstimmung tatsächlich versuchte, einen anderen Redner zu übertönen, war nicht von meinem Austritt die Rede, sondern von den vielen nicht berücksichtigten Wortmeldungen, deretwegen eine Vertagung der Abstimmung nötig sei.

Auch meine briefliche, mit Christa Wolf und Franz Fühmann verabredete Aufforderung an das Präsidium, die Ausschlüsse nicht zu bestätigen, enthielt nur die Drohung eines eventuellen Austritts (die den schon erwähnten Rapport beim Oberzensor zur Folge hatte), nicht aber eine Austrittserklärung. Die Klugheit, oder anders betrachtet: das Ruhebedürfnis, hatte gesiegt.

Zehn Jahre hat der Verband danach noch bestanden. Zu seinen Sitzungen und Versammlungen bin ich nicht mehr erschienen, und er hat es mich, das sei zu seinem Ruhme gesagt, nicht entgelten lassen, hat sich vielmehr mit Fleiß und Erfolg um meine Gesuche zu Reisen in westliche Richtung gekümmert. Man könnte auch sagen: Er hat meine Halbherzigkeit, die mich vor einem spektakulären Austritt bewahrt hatte, reichlich belohnt. In den Akten kann ich eine Bemerkung meiner Aufseher lesen: De Bruyn habe sich positiv über seine Reisemöglichkeiten ins westliche

Ausland geäußert – was wohl bedeuten sollte: die Beruhigungstherapie hat gewirkt.

Zu meinem Kummer hat der Verband mich auch der Teilnahme an seinen Kongressen für würdig gehalten, mir damit Entscheidungen aufgenötigt, mich also in der Arbeit gestört. Denn zu Kongressen zu gehen und nichts zu sagen war zwar besser, als mit in das verordnete Horn zu tuten, konnte aber auch als Zustimmung ausgelegt werden, was mir vor mir selbst peinlich war. Entschloß man sich aber zu einer Widerrede, die Vorarbeit brauchte, hinterher Ärger brachte und gar nichts bewirken konnte, wurde die Arbeit am Buch noch empfindlicher als von den durch Schweigen verursachten Versagensgefühlen gestört.

In einem Fall wurde ich der Entscheidung dadurch enthoben, daß mehrere bedeutende Autoren, von denen Kritisches erwartet werden konnte, zum Kongreß nicht delegiert worden waren, worauf ich dem Vorstand brieflich erklärte, daß ich es für sinnlos hielte, an einem Kongreß teilzunehmen, in dem Meinungsstreit durch Ausladung streitbarer Kollegen verhindert würde – eine Erklärung, die ich in meinen Stasi-Akten gleich viermal wiederfinde: erstens von einem IM gemeldet, zweitens vom Schriftstellerverband übermittelt, drittens durch eine Meldung der westlichen Presse belegt. Die vierte Bestätigung ein und derselben Sache erinnerte mich an eins der wenigen Kurzgespräche, die ich mit dem damaligen Leiter der Literaturabteilung der Akademie der Künste führte. Er hatte mich um eine dienstliche Begegnung, seltsamerweise in seiner Wohnung, gebeten, und mir, selbst peinlich berührt, erklärt, daß er den Auftrag habe (auf meine Frage: von wem? erfolgte ein Schulterzucken), mir die Frage zu stellen: wie wohl ein Brief, den ich an den Schriftstellerverbandsvorstand geschickt hatte, wörtlich in der westlichen Presse zitiert werden konnte? – worauf wiederum ich die Achseln zuckte und eine geschwätzige Schriftstellerverbandssekretärin vermutete – also ebenso log wie er. Mit einem Naja, das Unglauben ausdrücken sollte, und der Bemerkung, daß mehr als diese eine Frage sein Auftrag nicht vorsehe, war unsere Unterredung zu Ende. Die Kopie des Briefes aber, in dem ich einem befreundeten Frankfurter Journalisten von meiner Kongreßabsage berichtet hatte, fand ich später, als vierte Bestätigung meines Vergehens, in den mir gewidmeten Akten der »Operativen Personenkontrolle«. Das Kurzverhör sollte wohl nur, eine Drohung ersetzend, mir signalisieren: Wir wissen, daß Sie der Westpresse Nachrichten liefern und damit sich strafbar machen.

Jahre später, als man den zehnten Schriftstellerkongreß anberaumte, von dem niemand ahnte, daß er der letzte sein sollte, stand zwar noch immer Hermann Kant an der Spitze und versuchte durch geistreiche oder kalauernde Wendungen zu verbergen, daß er dasselbe wie andere Parteifunktionäre mit ihren Parteisprachstereotypen sagte, aber das geistige Klima in den unteren Rängen war anders geworden, nicht gerade aufsässig, aber doch unruhig, bewegt. Durch Gorbatschows Auftreten waren auch linientreue Genossen skeptisch geworden. Die Friedens-, Umwelt- und Menschenrechtsgruppen, die sich im Schutz der evangelischen Kirche entwickelt hatten, machten immer mehr von sich reden. Nun schien es mir sinnvoll, das Kreuz des öffentlichen Auftretens auf mich zu nehmen und auf dem Kongreß, im November 1987, ein kritisches Wort zu riskieren. Ich unterbrach also meine autobiographischen Arbeiten, die ich ein Jahr vorher begonnen hatte, um einen Redebeitrag zu formulieren, von dem ich nicht wußte, ob ich ihn auch würde verlesen können; denn da die Kongreßstunden von langweiligen Zustimmungsreden gefüllt wurden, war die Versuchung, kritische Stimmen nicht zu Wort kommen zu lassen, für die Veranstalter groß.

Aber man ließ mich reden und auch einen Brief der abwesenden Christa Wolf verlesen, freilich erst am zweiten

Tag des Kongresses, als Honecker, der die Ergebenheit des Verbandes mit seiner stummen Anwesenheit belohnt hatte, schon gegangen war. Ich konnte also im Plenum, wie Christoph Hein in einer der Arbeitsgruppen, unter Vermeidung provozierender Wörter die Zensur verdammen und ihre Abschaffung vorschlagen. Und da Vertreter der westlichen Medien anwesend waren, die für die Verbreitung meiner Ansichten sorgten, und Verbandspräsident Kant den Druck des vollständigen Kongreßprotokolls ankündigte (und später auch wahrmachte), hätte ich diesmal mit mir zufrieden sein können, wenn nicht am Abend desselben Tages, an dem ich meine kritischen Pflichten erfüllt zu haben glaubte, neue hinzugekommen wären, die ich, da ich am dritten Kongreßtag schwieg, zu erfüllen versäumte. In den Räumen der Zions-Kirche, also nicht weit entfernt von der Kongreßhalle, wo die Schriftsteller tagten, war nämlich am Abend, es war der 25. November, eine Gruppe von Bürgerrechtlern verhaftet worden, und kein Autor wagte das anzuprangern. So lief die erste Szene des Staatsuntergangsschauspiels, als welche man die polizeiliche Willkürmaßnahme aus guten Gründen betrachten könnte, ohne Beteiligung der Schriftsteller ab.

PORNOGRAPHISCHES

Das Märchen von den edlen Anfängen des sozialistischen deutschen Staates, das nach dem Ende desselben eine Spätblüte erleben sollte, hatte zu seinen Lebzeiten schon gegrünt und geblüht. Als rote Variante der ewigen Klage über die besseren, leider vergangenen Zeiten war es bei altgewordenen Politaktivisten der Anfangsjahre aus der Enttäuschung über das Ausbleiben des ihnen verheißenen Paradieses erwachsen und hatte in den Jahrzehnten, in denen das einst nahe Ziel sich entfernt hatte, seine weitere Ausformung erlebt. Das Körnchen Wahrheit, das in ihm steckte, hatte mit Seelischem mehr zu tun als mit politischen Fakten. Edel war möglicherweise der Glauben an hehre Ziele gewesen, nicht aber die Politik, an der er mitgewirkt hatte. Zu dieser hatten vielmehr Internierungslager und Zuchthäuser, Enteignungen, Vertreibungen, Lügen und Bücherverbote gehört. Dafür aber hatte die Begeisterung blind gemacht.

Mir war die Verklärung der Jahre, in denen ein Ulbricht-Witz, der nach Ansicht der Richter den Weltfrieden gefährdete, möglicherweise mit Haft bezahlt werden mußte, immer zuwider gewesen, weil sie auch Unmündigkeit, Dummheit und Blindheit verklärt und mit Unschuld gleichgesetzt hatte – weshalb sie später auch zur Rechtfertigung brauchbar war.

Eine besonders geschickte Form der Verklärung, die Unwissende für Kritik halten konnten, hatte Hermann Kant in seinem vielgelesenen Roman *Die Aula* gefunden, indem er die rigorosen Methoden und ideologischen Engstirnigkeiten der Anfangsjahre in putzige Kuriositäten verwandelt und die Opfer verschwiegen hatte. Ein heiterer Rückblick auf schwere und von Idealismus erfüllte Jahre wurde hier von einem Sieger gegeben, der von Schuld nichts weiß.

Aber auch die mit ihrer Partei oft im Streit lebenden Sozialisten, die den realsozialistischen Staat mit idealsozialistischer Elle maßen, neigten zu einer Verklärung oder doch Rechtfertigung der Staatsgründungsphase, die dann, wie sie meinten, von Zeiten der falschen Weichenstellung abgelöst worden war. Daß sie, die den menschlicheren Sozialismus wollten, damit ausgerechnet jene Zeit gelten ließen, die man als die des Staatsterrorismus bezeichnen könnte, wurde von ihnen kaum reflektiert.

Die DDR-Literatur lebte teilweise von der altbewährten Methode, Unzufriedenheit mit gegenwärtigen Zuständen durch Vergangenheitsidealisierung deutlich zu machen, was unter anderem zur Folge hatte, daß auch kritischen jungen Leuten, die in den fünfziger Jahren noch nicht gelebt hatten, die Zeit der Waldheimer Prozesse, der Bauernvertreibungen und der Volkspolizeiaktion »Rose«, durch die mit einer Enteignungs- und Verhaftungswelle die Ostseebäder sozialisiert worden waren, nur als die Zeit des Antifaschismus, der Ernst-Bloch-Professur in Leipzig, der Blüte der Brecht-Bühne und eines reinen, blaubehemdeten Idealismus erschien. In Wirklichkeit war das Diktatorische mitsamt seinem Privilegienunwesen von Anfang an wirksam gewesen: Das System aus stalinistischen Zeiten war immer in den gleichen, schon zu Beginn gelegten Geleisen gelaufen, aber es hatte sich in den Jahrzehnten seines Bestehens und internationalen Anerkennungsverlangens zivilisiert. Verglichen mit der DDR der fünfziger Jahre, kann die der achtziger fast als Rechtsstaat erscheinen, freilich als einer ohne Demokratie. Wesentlich hatte sich am Staatsapparat nichts geändert, er war nur geschmeidiger und leiser gelaufen und hatte die Überwachung vervollkommnet und verfeinert. Geheimdiensttarnung zog man der Brachialgewalt vor. Man sperrte Andersdenkende nicht gleich ein, sondern füllte mit ihren Verfehlungen die Akten, um Material gegen sie bei der Hand zu haben, wenn Einsperren nötig sein sollte. Man unterhielt keine Internierungslager, aber man hielt ihre Einrichtungspläne für den Notfall bereit.

Daß auch die Oppositionsgruppen, die mehr Demokratie verlangten, den Sozialismus aber nicht abschaffen wollten, an die Möglichkeit der Verbindung von beidem glaubten, hing vielleicht auch mit dem Glauben an die Legende vom guten Anfang zusammen; vielleicht war hier aber auch ein Denkverbot wirksam: Die Legalität, die man für sich beanspruchte, hielt man denkend auch ein.

Bei meinen Gesprächen mit Mitgliedern dieser Gruppen, die keine Marxisten, sondern meist Christen waren, verwunderten mich diese sozialismusbejahenden Töne, und ich konnte sie mir nur aus dem Legalitätsbestreben erklären, und zwar nicht nur dem Staat, sondern auch der evangelischen Kirche gegenüber, die sich ja als »Kirche im Sozialismus« definierte, was einerseits zwar Distanzierung bedeuten sollte, andererseits aber auch Anerkennung und Respektierung des Gegebenen war. Die Kirchenoberen, die ich oft in Gesprächen und mehrmals auch bei der Besänftigung von radikalen Forderungen der Gruppen erlebte, bewegten sich immer auf diesem schmalen Grat zwischen Abgrenzung und Wohlverhalten – eine Haltung, die mich oft empörte, die ich aber widerwillig als realpolitisch anzusehen lernte; denn daß das Gegebene, auf das sich die Realpolitik orientierte, in absehbarer Zeit ein Gewesenes sein würde, überstieg auch meine Vorstellungskraft. Ich ahnte vom nahen Ende des DDR-Sozialismus so wenig wie die Jungen, die aus eignem Erleben nichts anderes als diesen kannten. Mit seinem baldigen Ende zu rechnen hätte wie der Glaube an Wunder gewirkt.

Da die katholische Kirche, zu der ich gehörte, relativ unauffällig in ihren religiösen Bereichen verharrte, sich mit dem Staat weder gemein machte noch anlegte und mit weltlicher Kunst und Literatur wenig im Sinn hatte, die evangelischen Landeskirchen dagegen sich allem Kulturellen gegenüber aufgeschlossen zeigten und Schriftstellern ein nichtstaatliches, repressionsfreies Wirkungsfeld boten, war ich in den siebziger und achtziger Jahren viel zu Veranstaltungen in evangelischen Akademien und Dorfkirchen, Gemeinderäumen und Pfarrgärten unterwegs. Daß nicht nur in den Oppositionsgruppen, sondern auch in Predigerseminaren, auf Rüstzeiten und Pfarrkonventen getarnte Berichterstatter unter uns saßen, ahnte man, konnte es aber nicht wissen, tat also so, als gäbe es nichts dergleichen, und erfreute sich an der Offenheit des Gesprächs.

Das Ausmaß der Unterwanderung der Kirche durch Spitzel übertraf auch die bösesten Ahnungen. Insofern war die

Aufdeckung später erschreckend. Doch an dem Wert, den das kirchliche Forum für mich und für manche meiner Kollegen hatte, ändert das nichts. Veranstaltungen der evangelischen Akademien, auf denen kritische Worte nicht nur erlaubt waren, sondern von den Zuhörern auch erwartet wurden, Diskussionen in Studentengemeinden, die in Spannungszeiten vom Hauch der Illegalität umweht waren, Winterabende in gastlichen Pfarrhäusern und Lesungen in märkischen und mecklenburgischen Dorfkirchen, wo die überfüllten Emporen immerfort knarrten, die dicken Feldsteinmauern vor der feindlichen Welt zu schützen schienen und ein barocker Kanzelaltar an die Bedeutung des wahren Wortes gemahnte, gehören für mich zu den schönsten Erinnerungen dieser Jahre, für die ich den Landeskirchen stets dankbar bin.

Der Wahrheit wegen muß aber auch erwähnt werden, daß einer wie ich, der von Kindheit an Theologen als Verwalter der Sache Gottes auf Erden betrachtet und entsprechend verehrt hatte, im Umgang mit ihnen manchmal enttäuscht worden war. Pfarrhäuser, die ich betreten durfte, entsprachen oft nicht dem Bild, das ich mir von ihnen auf Grund ihrer Bedeutung für die deutsche Literatur- und Bildungsgeschichte gemacht hatte. Ich traf auf eitle oder beschränkte Pfarrer, die meinem Idealbild wenig entsprachen, und auch auf solche, für die der Glauben nur eine Berufsangelegenheit zu sein schien. Sie erweckten zumindest den Eindruck, daß sie ohne Talar als Christen nicht erkannt werden wollten. Vielleicht taten sie das in dem Bestreben, sich nicht durch christliches Bekennen, Mahnen und Lehren über die Mitmenschen zu erheben, vergaßen darüber aber, daß man doch in ihnen gerade den Mahner, Bekenner und Lehrer sucht. Daß die tradierte Ehrfurcht vor den Pastoren schwindet, hat in erster Linie sicher mit dem Schwinden des kirchlichen Einflusses, daneben aber auch etwas mit der Anpassungssucht der Pastoren zu tun.

Meine Beziehungen zu verschiedenen Oppositionsgruppen, die unter dem Dach der evangelischen Kirche Zuflucht gefunden hatten (und manchmal mit den Gemeinden, in deren Räumen sie tagten, in Konflikte gerieten), waren meist nur flüchtig, am flüchtigsten die zu einer extrem marxistischen Gruppe, die sich im Keller einer Berliner Gemeinde traf. Sie bestand hauptsächlich aus ehemaligen SED-Genossen, die die Partei wegen Linksabweichung verstoßen hatte, und strebte, wenn ich sie richtig verstanden habe, so etwas wie die chinesische Kulturrevolution an. Die Diskussion, zu der man mich in konspirativer Weise geladen hatte, begann mit dem Mißverständnis, daß ich Maoist und ein Freund Rudolf Bahros wäre, mit dem ich in Wahrheit nur einmal ausführlich geredet hatte, und endete mit einer Enttäuschung, die durchaus gegenseitig war. Die jungen Männer mit wilden Bärten und in abgerissener Kleidung, die mich in dem verwahrlosten Keller über Lenin, Stalin, Trotzki und Mao verhörten, kamen mir vor wie verkleidete Stasi-Leute. Aber seltsamerweise kommt diese Begegnung, in der die bösesten Worte über den reformistischen Honecker und seine Politbürogreise fielen, in meinen Akten nicht vor.

Ausführlich dagegen vermerkten die Registrierer meine zeitweilige Mitarbeit in einer kirchlich-pazifistischen Gruppe, die sie als staatsfeindlich einstuften, während die Gruppe selbst sich so gar nicht empfand. Sie wurde von einer jungen, heiteren Pastorin und ihrem grüblerisch wirkenden Mann geleitet und bestand vorwiegend aus jungen Leuten, die sich der Kirche verbunden fühlten, obgleich das keine Bedingung war. Zu den Grundsätzen der Gruppe, die sich Friedenskreis nannte, gehörte die Ablehnung alles Konspirativen. Es war, als wollte man den Staat dazu zwingen, der nichts verbergenden Gruppe ebenso offen und ehrlich entgegenzutreten. Doch das beeindruckte den Staatssicherheitsdienst nicht. Für ihn war der Friedenskreis, wie die Akten besagen, eine antisozialistische, konterrevolutionäre

Gruppierung. Er schickte in die für jedermann offenen Gruppenabende seine Leute, die Unfrieden zu schaffen oder die Diskussion zu bestimmen versuchten. Er drohte in üblicher Weise, indem er dem Ehepaar Posten vor die Haustür stellte, der Pastorin Beschatter auf Schritt und Tritt nachschickte oder sie auf der Straße fotografieren und filmen ließ. Er hatte mindestens eine ständige Mitarbeiterin im Kern der Gruppe, eine sympathische junge Frau, die eine schwere Kindheit in Heimen hinter sich hatte und ihren Führungsoffizier als Freund und Vaterersatz ebenso liebte wie ihre Friedenskreis-Freunde, die sie ständig verriet. Sie offenbarte sich schon im Herbst 1989, lange vor Offenlegung der Akten, und es ist bezeichnend für den Geist dieses Kreises, daß man auf das schonungslose Geständnis nicht mit Zorn reagierte, sondern mit dem Versuch zu verstehen.

Ich lernte die Gruppe 1982 bei einem der damals häufig stattfindenden Friedensgottesdienste kennen, bei denen die Opposition sich traf. In einer der großen, um die Jahrhundertwende gebauten Berliner Kirchen konnte die Gruppe durch Lieder, witzig-nachdenkliche Dialoge und kabarettistische Szenen die Menge der jungen Leute in Begeisterung versetzen – und mich mit. Die furchtlose Unbekümmertheit der jungen Pastorin, die Gefahren wohl durch Lachen zu besiegen meinte, entzückte mich nicht weniger als der grübelnde Ernst ihres Mannes, der vom Naturwissenschaftler zum Theologen geworden war. Meine geringe Mitwirkung in diesem Kreise, die bald darauf schon vereinbart wurde, kann ich heute in meinen Akten finden, ebenso alle unsere Telefonate, bei deren Wiedergabe mich besonders meine, von der Stasi unterstrichene, Bemerkung wundert: Sie, die Pastorin, solle doch besser nicht von zu Hause, sondern von einer Zelle aus anrufen. Ich scheine mich damals also noch in der Illusion gewiegt zu haben, daß mein Telefon nicht abgehört wird.

Was die Stasi nicht wußte, weil ich es mit mir selber abmachte, war die mir bei meinen Auftritten gekommene Erkenntnis, daß ich als politischer Redner untauglich war. Ob ich vorlas oder Gespräche führte, nie ging es um Literaturprobleme, sondern eigentlich immer nur um die Frage, ob die jungen Männer den Waffendienst in der DDR-Armee leisten oder verweigern sollten, was für ihr weiteres Leben unangenehme Konsequenzen hatte, von denen das Nicht-Studieren-Können noch die geringste war. Von mir wollten sie klare Gründe für ihre Verweigerung hören, die sich nicht gegen den Staat, dem sie dienen sollten, sondern nur gegen den Kriegsdienst als solchen richten durften; denn es ging ja um den Gebrauch dieser Argumente für sie. Sie benötigten also einen Pazifismus ohne Wenn und Aber. Der meine aber war bei aller Ehrlichkeit voller Skrupel, da ich Vorstellungsvermögen genug hatte, um mir Konstellationen denken zu können, bei denen die Moral, die ich predigte, keine war. Diese Bedenken aber waren hier fehl am Platze. Die jungen Männer wollten ein Ja oder ein Nein von mir hören, was mir mehr Verantwortung auflud, als ich tragen zu können meinte. Meine Eigenart, die ich nicht ablegen konnte, bei jeder von mir vertretenen Behauptung die Gegenbehauptung gleich mit zu bedenken, ließ mich nicht als den überzeugten Parteigänger erscheinen, der ich in diesem Fall wirklich war. Wie überall auf dem politischen Felde, brauchte man hier handfeste Eindeutigkeiten, nicht aber Nachdenklichkeit.

Doch nicht die Erkenntnis, daß ich zu dieser Rolle nicht taugte, war Grund für die Trennung von dem mir schnell vertraut gewordenen Kreise, sondern eine Maßnahme der Stasi, die so ekelhaft wie erfolgreich war. Nur wenn man Bescheid weiß, ist sie aus meinen Akten ersichtlich, wo sie unter dem Stichwort Zersetzung erscheint. Deren Ausführung war Sache einer anderen Abteilung, die ohne nähere Angaben nur den Vollzug meldete und, ohne die Quelle zu nennen, hinzusetzte: Es solle bei Ankunft der Sendung zu Auseinandersetzungen zwischen den Eheleuten gekommen sein.

An mich hatte man keine der anonymen Zuschriften gerichtet. Ich sah nur eine von ihnen, die mir der Mann der Pastorin, der mich ohne telefonische Anmeldung aufgesucht hatte, auf den Tisch legte und mir, in dem Bestreben, ganz ruhig zu wirken, erklärte, er würde sich dadurch nicht beirren lassen und hoffe, daß auch ich die Gelassenheit dafür aufbringen könnte; denn daß an der Sache nichts Wahres sei und die Schweinerei von der Stasi komme, sei ihm gewiß.

Obwohl man ihm die Gelassenheit nicht recht glauben konnte, war es ihm ernst mit seiner Beschwörung; doch war es nicht leicht, ihr Folge zu leisten, weil die Botschaft des Ungenannten nicht nur Ekel erregte, sondern auch drohend wirkte: Wer so heimtückisch aus dem Dunkeln agierte, dem war auch noch Schlimmeres zuzutrauen. Es war eine pornographische Fotomontage, die über zotigen Versen den Schriftsteller mit der Pastorin und daneben den gehörnten Ehemann zeigte, primitiv und abscheulich, aber technisch perfekt.

Rasch waren wir uns einig darüber, daß wir uns des Schmutzes nur durch Ignorieren erwehren konnten; doch war das leichter gesagt als getan. Da es peinlich war, dieses Gespräch zu führen, wollten wir es schnell hinter uns bringen. Wir schieden also mit der wiederholten Versicherung, daß wir die Sache vergessen oder zumindest nicht ernst nehmen wollten; aber trotz guter Vorsätze kamen Vermutungen und Befürchtungen nach.

Daß der Absender Stasi hieß, war ja keineswegs sicher. Wenn man ihr jede Gemeinheit auch zutraute, so paßten doch Zoten nicht zu den sonst so prüden Genossen. Auch ein anderer konnte, aus welchen Gründen auch immer, die Schmutzfeder geführt haben; aber geistig so Primitive, die auch fototechnisch begabt waren, gab es in unserer Umgebung nicht. Auch war der Gedanke nicht zu verdrängen, daß möglicherweise der Freund, entgegen seiner Behauptung, in einem entfernten Winkel der Seele doch Verdacht gegen mich hegte. Er würde sich künftig von Mißtrauen nicht freihalten können, oder ich würde mir einbilden, mißtrauische Blicke entdecken zu können. Zu welchen absurden Verdachtskombinationen Eifersucht führen kann, wußte ich von mir selbst. Auch wenn wir es nicht wahrhaben wollten: Die anonymen Briefe hatten unser Verhältnis verändert. Die alte Unbefangenheit war nicht zurückzugewinnen. Bei gemeinsamen Auftritten mit der Pastorin würde ich nie den Gedanken daran verdrängen können, daß auch Mitglieder der Gruppe und der Kirchengemeinde die dreckigen Zuschriften erhalten hatten und sich, bei aller gezeigten Empörung, doch fragten, ob nicht möglicherweise Wahres an der Anschuldigung sei.

Obwohl die beiden, tapfer wie sie waren, mir immer wieder versicherten, daß sie sich gegen alle Anwürfe zu wehren wüßten und einen Abbruch unserer Verbindung als Triumph der Stasi empfinden würden, glaubte ich doch, ihnen meine Anwesenheit nicht mehr zumuten zu dürfen, und zog mich zurück.

Die Geschichte hatte allerdings noch ein Nachspiel, das mich auf eine Volkspolizeiwache brachte, wo mir drei Männer, die angeblich oder tatsächlich Kriminalpolizisten waren, eine Version der Geschehnisse beizubringen versuchten, die so ganz unglaubwürdig nicht war. Der Friedenskreis hatte es nämlich für richtig gehalten, der anonymen Schreiben wegen Anzeige gegen Unbekannt zu erstatten, die Anzeige aber wieder zurückgezogen, als die Untersuchungsbehörde die günstige Gelegenheit dazu benutzt hatte, alle Gruppenmitglieder zu Verhören zu laden. Als meine Vorladung kam, wußte ich schon von der Rücknahme der Anzeige, die mir auf Anruf von der Polizei auch bestätigt wurde. Doch bat man mich, der Aufforderung trotzdem zu folgen, da man mir eine wichtige Mitteilung machen wollte, gewissermaßen privat.

Die drei allzu freundlichen Männer, die ich für Kriminalbeamte zu halten hatte, blieben auch freundlich, als ich auf ihre Frage nach eignen Verdachtsmomenten einen etwas umschriebenen Hinweis auf die Interessen des Staatssicherheitsdienstes wagte. Sie drohten mir nur, wie man Kindern droht, mit dem Finger, rieten zur Vorsicht, da die Verleumdung von Staatsorganen einen Straftatbestand darstellte, verwiesen mit wissendem Lächeln meinen Verdacht in das Reich der Fabel, um mich dann, stolzgeschwellt und sehr glaubwürdig, freilich ohne den Namen zu nennen, über die Identität des fotomontierenden und pornoverseschmiedenden Anonymus aufzuklären: Es handelte sich, wie sie meinten, um einen jungen Mann aus dem engsten Führungskreis der Gruppe, der, wie die meisten Jungen, verknallt war in die schöne Pastorin und der den Schriftsteller zum Teufel wünschte, weil der mehr Erfolg bei der Angebeteten hatte und vielleicht sogar intim mit ihr war. Eifersucht macht zu allem fähig, wie ja Sie als Romanautor wissen müssen. Der Fall stand kurz vor der Aufklärung, dann aber kam die Rücknahme der Anzeige und hat uns, wie die penible Gesetzesbefolgung es will, die Hände gebunden. Uns ist zumute wie einem Schriftsteller, dessen Buch fertig ist, aber nicht gedruckt werden darf. Ihnen aber wollten wir unseren Erfolg doch wenigstens mitteilen. Gönnen Sie uns diesen Triumph.

Hätten die drei nicht Gesichter gehabt, zu denen Wahrheit und Freundlichkeit gar nicht paßten, hätte ich versucht sein können, ihnen zu glauben. So aber wunderte ich mich nur über die Mühe, die sie sich mit mir gaben, und war, als die Akten später die Wahrheit preisgaben, nicht überrascht.

Beschämend aber war es für mich, dort lesen zu müssen, daß die Zersetzungsmaßnahme, die auf die Trennung de Bruyns von der staatsfeindlichen Gruppierung abgezielt hatte, erfolgreich gewesen war.

ALTE UND NEUE HERRLICHKEIT

Wenn ich hier einen Verlagsleiter, den ich Eberhard nennen
möchte, als bevorzugtes Objekt meiner Beobachtungsfreu-
de bezeichne, so sollte daraus nicht geschlossen werden,
daß ich das Vorbild für eine Romangestalt in ihm sah. Obwohl sich fast alles, was ich geschrieben habe, von subjektiver Erfahrung nährte, lebte ich doch nie mit dem Blick auf
künftige Literatur. Ich schrieb, um das Leben bestehen zu
können, lebte aber nicht um des Schreibens willen. Den
Notizblock hatte ich nie bei der Hand. Das Beobachten von
Menschen und Dingen, das ich mir früh antrainiert hatte,
war nicht, oder erst in zweiter Linie, aufs Schreiben gerichtet. Antrieb war vielmehr das Verstehen- und Wissenwollen,
eine Neugier also, die besonders durch Menschen, die mir
ein Rätsel waren, angeregt wurde, durch Parteigläubige
zum Beispiel, die nicht die übliche Funktionärsbeschränkt-
heit hatten und sich doch von der Partei ihr Denken und
Handeln wie Unmündige vorschreiben ließen, so daß ich
mir immer die Frage zu stellen hatte: Sind sie nun ängstlich, heuchlerisch, zynisch oder vielleicht doch ehrlich und
einäugig, vielleicht auch dumm?
    Niemand wäre auf die Idee gekommen, Eberhard als rät-
selhaft zu bezeichnen, und auch mir kam er, als ich ihn
kennenlernte und er mir bei einer ersten Auseinanderset-
zung erklärte, daß er, um die Begrenztheit subjektiver
Erkenntnis wissend, die Richtlinien seiner Partei auch be-
folgen würde, wenn er Zweifel an ihrer Wahrheit und
Zweckmäßigkeit hätte, eher wie ein offenherziger Einfälti-
ger vor. Mein Interesse erregte er erst im Laufe der Jahre,
als ich Intelligenz an ihm zu bemerken glaubte, ohne daß
sich das Offenherzige und Einfältige ganz verlor. Da ich

ihn weder mochte noch schätzte, noch haßte, konnte ich ihn unvoreingenommen betrachten, und da seine Anwesenheit mich langweilte, war mein Interesse an ihm auch Notwehr und Zeitvertreib. Die vielen Stunden, die mir durch seine Besuche verlorengingen, brachten auf diese Weise doch manchmal Amüsement und Gewinn.

Als ich zum ersten Mal von ihm hörte, war er der Zensor, der meine Erzählung *Freiheitsberaubung*, die später noch oft gedruckt wurde, zu drucken verbot. Ein Lektor, der mir das Verbot mitteilen mußte, nannte mir auch den Namen des Schuldigen, den zu vergessen ich keine Zeit hatte, da bald darauf die Verlagsleiterstelle in Halle vakant wurde und die Partei den bewährten Zensor für diesen wichtigen Posten geeignet hielt. Dort hat er, womit ich die Pointe dieses Lebens vorwegnehme, Staat und Partei überlebt.

Seiner neuen Stellung entsprechend hing unsere Beziehung eng mit der Herausgabe meiner Bücher zusammen. Ihretwegen mußte ich seine Besuche und seine selbstgefälligen Monologe ertragen, und ich mußte mich von ihm aushorchen lassen; denn er kam auch, um zu erkunden, wie es mit mir ideologisch stand. Zwar wurde das endgültige Schicksal meiner Bücher höheren Orts entschieden, aber er konnte doch fördernd oder verhindernd wirken, und vor allem war er es, der die Macht, die er nur teilweise ausübte, mir gegenüber vertrat. Auch wenn er zugab, daß er ohne Befehle anders gehandelt hätte, sah er die Richtigkeit des Befohlenen nachträglich ein. Als er mich einmal durch die Mitteilung zu beeindrucken versuchte, daß er unverdient eine Parteirüge erhalten hatte, wehrte er das Beileid, daß ich ihm ausdrückte, mit lauter Stimme gestenreich ab: Zwar sei er auch nachträglich noch der Meinung, daß es unrecht war, ihn zu rügen, doch könne natürlich sein persönliches Urteil vor der kollektiven Weisheit der Partei nicht bestehen.

Solche Intimgespräche aber führte er erst in späteren Zeiten, als er mich nicht mehr ideologisch bessern zu können glaubte, mich also so nahm, wie ich war. In der ersten Zeit seiner Amtstätigkeit, Anfang der siebziger Jahre, konnte ich ihn vorwiegend in Versammlungen erleben, wo er, ohne es böse zu meinen, immer sehr schrie. Er hatte nämlich eine durchdringende Stimme, die, wenn es um Ideologisches ging, an Lautstärke noch zunehmen und durch Faustschläge auf die Tischplatte so verstärkt werden konnte, daß es zum Fürchten oder zum Grinsen war. Sein Stimmaufwand stand zu den Anlässen seiner Erregung in dem gleichen schlechten Verhältnis wie der Zeitaufwand seiner Autorenversammlungen zur Kargheit der dort vermittelten Information. Mehr als im NEUEN DEUTSCHLAND gestanden hatte, erfuhr man dort nicht.

Da ich diese Versammlungen bald nicht mehr besuchte und auch meinen Sitz im sogenannten Verlagsbeirat aufgab, wo Eberhard die gleichen parteiamtlichen Verlautbarungen interpretierte und der Parteiveteran Otto Gotsche immer wieder höhere Auflagen seiner schwerverkäuflichen Bücher verlangte, mußte er sich, um auftragsgemäß meine Stimmung erkunden zu können, zu mir nach Hause bemühen.

Er kam zweimal im Jahr etwa, in Zeiten kulturpolitischer Krisen auch öfter, und immer auf die Minute pünktlich. Meist kam er allein, manchmal mit einer Genossin zusammen, die ihm die Hallenser Parteileitung als Cheflektorin ins Haus gesetzt hatte, ein bewährter Kader nach Hausfrauenart. Da es ihr nicht nur an Literaturkenntnis, sondern auch an Bösartigkeit mangelte und sie Unfähigkeit durch Mütterlichkeit zu bemänteln versuchte, stand unter den Gefühlen, die sie in mir hervorrief, das Mitleid ganz obenan. Die Ausführungen ihres Chefs versuchte sie nicht durch Zusätze zu verlängern, sondern begleitete sie nur kopfnickend und lächelnd, so daß man ihr keine Schuld daran geben mochte, daß Eberhard, durch ihr ehrfürchtiges Zu-

hören angestachelt, noch lauter und ausführlicher wurde als
sonst. Meine Lektorin dagegen, die ich sehr schätzte, weil
sie Kommafehler und falsche Konjunktivformen in meinen
Texten entdecken konnte, war selten bei diesen Treffen dabei.

Da ich bestrebt war, die lästigen Besuche zu reduzieren
und, der Nachwelt zuliebe, über Zensurmaßnahmen Schriftliches in die Hand zu bekommen, ging den Terminfestlegun-
gen immer ein Briefwechsel voraus. Meine Briefe enthielten
die Bitte, mir doch die Mitteilung über das angekündigte
Wichtige und Dringliche auf dem Postweg zukommen zu
lassen, da ich ihn leider dann und dann und auch dann
nicht empfangen könnte, während die seinen mir klarzumachen versuchten, daß ein Gespräch unter vier Augen zur
Klärung der nie genau bezeichneten Sache notwendig war.

Nie gelang es mir, ihm Schriftliches über Zensurfragen
abzuringen. Vielleicht hat es da eine Anweisung gegeben,
wahrscheinlicher aber ist, daß er von sich aus die Hinterlas-
sung von Dokumenten vermied. Denn offiziell war Zensur
schließlich gar nicht vorhanden, die tatsächlich vorhandene
war willkürlich und, je nach politischer Lage und Stellenbe-
setzung, zwischen streng und weniger streng schwankend,
und ein Hauch von Lächerlichkeit im Detail haftete ihr
wohl auch für den bravsten Genossen an. Außerdem unter-
lag sie einer Art von Geheimhaltung. Alles was in dieser
Hinsicht befohlen oder verhandelt wurde, war für die Öffentlichkeit tabu.

Daß nicht ein Lektor, sondern der Verlagsleiter persönlich die Auseinandersetzungen mit mir führte, hatte mit der
deutschen Teilung und mit Eberhards Entwicklung zu tun.
Anfangs war ich ihm noch nicht so wichtig gewesen. Die
Preisverleihung hatte er noch dem Lektorat überlassen, und
die hilflose Cheflektorin, der es peinlich gewesen war, mir
massiv politisch zu kommen, hatte mir die Ablehnung des
Manuskripts, die später zurückgenommen wurde, mit mei-

ner »falschen Auffassung von der Rolle der Ehe im Sozialismus« erklärt. Erst vom nächsten Buch an, der Jean-Paul-Biographie, hatte der Chef selbst sich um meine Bücher gekümmert. Anlaß dazu war der Kauf von Lizenzen meiner Romane durch westdeutsche Verlage, erst durch Kindler, dann durch S. Fischer, wodurch in Eberhards Augen meine Bedeutung in dreifacher Weise gewachsen war. Erstens verstärkte das Interesse, das ich in München und Frankfurt erregte, auch das von Behörden, die nun von Eberhard mehr als vorher schon über mich wissen wollten. Zweitens wurde ich für den Verlag, der in seinem Finanzplan ein Soll für harte Devisen hatte, auch als Einbringer von Westmark wichtig; denn während ich in Ostmark ausgezahlt wurde, schluckte die besseren Gelder der Staat. Drittens aber änderte sich Eberhards literarische Wertung; ich stieg für ihn in der Rangfolge, und zwar nicht nur, weil Erfolg unsicher Urteilende immer beeindruckt, sondern auch weil Westerfolg doppelt und dreifach zählte, auch für einen, mit dessen politischer Überzeugung es sich eigentlich nicht vertrug. Wer im Westen beachtet wurde, hatte im Osten die besten Chancen, berühmt zu werden. Dieser Tatsache konnte der Chef eines Verlages, der Bücher verkaufen und literarische Anerkennung erwerben wollte, sich nicht entziehen.

Die Partei hatte ihm ein Verlagsamt gegeben, weil sie wohl hoffte, daß er sich als guter Zensor auch dort wieder bewähren würde; sie hatte aber nicht mit dem Erwachen eines Verlegerehrgeizes gerechnet, der ihn zur Edierung interessanter Bücher trieb. Diese aber kamen nicht von den braven Parteiautoren, sondern von denen, die den Zensoren Ärger machten, so daß in Eberhards Brust unversehens zwei sich bekriegende Seelen wohnten: die des Verlegers, der Anerkennung erringen und auch Geschäfte in harter Währung machen wollte, und die des treuen Gefolgsmannes seiner Partei.

Als ich bei einem unserer frühen Gespräche diesen Widerstreit in ihm zur Sprache brachte, sagte er mir in Abwandlung eines oft benutzten Zitats eines Sowjetschriftstellers: Er sei Kommunist und erst in zweiter Linie Verleger, und nach dieser Rangordnung handle er auch. Später, schon zu Gorbatschows Zeiten, erfand er eine Abschwächung seiner Prinzipien, die etwa besagte: Da er in seinem Verlag, dem Staat entsprechend, der ja nicht nur kommunistische Bürger hatte, auch nichtkommunistische Bücher ediere, dürfe er seine Weltsicht nicht zum alleinigen Maßstab machen, er müsse nur die Grenze beachten, hinter der Schaden für den sozialistischen Staat entstünde. Ich drucke auch kritische Bücher, rief er, von seinem Mut sichtlich begeistert, nur feindliche nicht.

Seiner kommunistischen Weltsicht entsprach, wie er immer wieder betonte, keins meiner Bücher, aber da er sie gut verkaufen, im Westen mit ihnen renommieren und sein tolerantes Denken beweisen konnte, setzte er sich für ihr Erscheinen auch ein. Von der Interessenlage her war er mein Mitstreiter, spielte sich aber nie auf als solcher, sondern verkörperte mir gegenüber immer den Staat und seine führende Kraft, die Partei. Wenn er sich kürzer gefaßt hätte und weniger angeberisch gewesen wäre, hätte ich seinen Verzicht auf Kumpelhaftigkeit als angenehm empfinden können, so wie ich die Direktheit, mit der er seine politischen Eingriffe auch politisch nannte und nicht, wie ich es anderswo oft erlebt hatte, als künstlerische zu verbrämen versuchte, als wohltuend empfand.

Er ist gräßlich, aber doch wenigstens ehrlich, dachte ich häufig, wenn er, großspurig dasitzend und meinen Tisch traktierend, mir mit Volkstribunenstimme erklärte, daß diese ironische Wendung und jene gewagte Szene nicht als kritisch, sondern als feindlich empfunden werden könne, ob sie nun von mir so gemeint sei oder nicht. Selten entlastete er sich persönlich durch die Behauptung, daß er die Ände-

247

rungen verlangen müsse, weil die Hauptverwaltung, das heißt die Zensurbehörde, dieses und jenes nicht würde durchgehen lassen; meist gab er sich als der staats- und verantwortungsbewußte Verlagsleiter, der, auch mit dem Rotstift, nur eigne Entscheidungen trifft. Als er Ende der siebziger Jahre nach langem Ringen um einzelne Wörter und Sätze erneut an meine Bereitschaft zu Kompromissen appellierte und von mir hören mußte, daß ich nun aber kein Komma an der Erzählung, es waren die *Märkischen Forschungen*, mehr zu ändern gedenke, erhob er sich feierlich aus dem Sessel, gab seinem blassen Jungengesicht einen entschlossenen Ausdruck, hieb auf den Tisch und verkündete dröhnend: Gut, wenn es so ist, drucke ich dieses Buch auch so.

Der Eindruck, den dieser heldenhafte Entschluß auf mich machte, wurde leider dadurch gemindert, daß ich damals schon wußte, worauf sein Souveränitätsgehabe sich gründete: auf ständige Rückversicherung nämlich bei Höpckes Amt. Da es auch dem Verlagsleiter Ärger brachte, wenn er der Behörde ein Manuskript als druckreif einreichte, das diese zu beanstanden hatte, war Eberhard, oder vielleicht auch Höpcke, auf die Idee gekommen, in unsicheren Fällen der offiziellen Einreichung eine inoffizielle vorhergehen zu lassen, womit beiden Seiten geholfen war. Der Verlagsleiter wußte, welche Änderungen er von seinem Autor verlangen mußte, und das Amt brauchte kein Verbot auszusprechen; man hatte, wie man es wünschte, die Zensur in die Verlagsarbeit integriert. Eberhard konnte sich so selbstsicher geben, weil er, bevor er zu mir kam, mit Höpcke verhandelt hatte und genau wußte, welche Veränderungsforderung nur Wunsch und welche Bedingung war.

Einen Fall aber gab es, in dem auch diese Absicherung versagte und Eberhard seine Ohnmacht zugeben mußte; nur leugnete er standhaft, daß er oder die Partei einen Fehler gemacht hatte oder er sich im Widerspruch zur Partei befand. Er nahm Zuflucht zur Dialektik, die als Entschuldigung immer gut war und in diesem Fall etwa besagte: Alles hängt mit allem zusammen, auch die Kulturpolitik mit der Verschärfung des Klassenkampfes und die Feindtätigkeit mit dem Druck oder Verbot eines Buches, weshalb das Richtige von gestern heute schon falsch sein kann.

1983 war die *Neue Herrlichkeit* fertig geworden, ein Roman, der Eberhards Weltsicht noch weniger als die anderen entsprochen hatte, den herauszubringen er aber, nach bewährter Rücksprache, entschlossen war. Entgegen meiner Vermutung wurde nach einigem Hin und Her die Genehmigung tatsächlich gegeben, und auch der Lizenzvertrag mit dem S. Fischer Verlag, der das Manuskript von mir schon bekommen hatte, war bald perfekt. Im Frühjahr 1984 sollte das Buch etwa gleichzeitig in beiden deutschen Staaten erscheinen, doch verzögerte sich, möglicherweise wirklich aus technischen Gründen, die Fertigstellung der DDR-Ausgabe, so daß die westdeutsche die Öffentlichkeit eher erreichte und vorläufig die einzige blieb.

Das Verbot des genehmigten und auch schon gedruckten Buches kam aus dem Dunkel der obersten Ränge, und da alle Wissenden ängstlich schwiegen, erfuhr ich über die Urheber und ihre Gründe nichts. Gerüchte, nach denen Honecker oder einer seiner Politbürokraten sich in einer Romangestalt wiedererkannt haben sollte, hielt ich, da sie die Lektüre des Buches zur Voraussetzung hatten, für unglaubwürdig, und Indizien oder gar Beweise dafür gab es nicht. Höpcke, der sich vielleicht durch die Mißachtung seiner Genehmigung brüskiert oder blamiert fühlte, das Verbot aber als seine Entscheidung ausgeben mußte, ließ über die Hintergründe nie etwas verlauten, und Eberhard, der möglicherweise auch etwas wußte, hüllte sich zwar nicht, was seiner Natur auch zuwider gewesen wäre, in Schweigen, aber er redete, laut wie immer, an der Sache vorbei.

Glaubwürdiger und reich an Indizien war für mich die Annahme, daß nicht Romanleser, sondern Beobachter der westdeutschen Presse auf das angeblich Gefährliche meines Romans aufmerksam geworden waren, erst durch die Tatsache, daß die FRANKFURTER ALLGEMEINE den Roman als Fortsetzungsdruck hatte bringen wollen, was Eberhard, sicher Befehlen gehorchend, trotz meiner Proteste verhindert hatte, und dann durch die Rezensionen, die meist positiv ausfielen und meine Sicht auf die DDR hervorhoben, die, wie gesagt, die Eberhards und seiner Partei ganz und gar nicht war. Er mußte auch gleich einen Blitzbesuch bei mir machen, um mich, angeblich aus eignem Antrieb, tatsächlich aber in Höpckes Auftrag, zu einer Presseerklärung aufzufordern, die etwa besagen sollte: Ich, der ich die DDR liebe, protestiere aufs schärfste gegen diese Fehldeutung meines Romans. Vielleicht war das ein Versuch Höpckes, das drohende Verbot abzuwenden, aber da ich nicht mitspielte, scheiterte er.

Da das Buch in einem Teil Deutschlands ja existierte, war das Verbot für mich keine Tragödie. Ich war weder verzweifelt noch wütend, eher war es Genugtuung, was ich spürte. Meine Annahme, daß man den Roman nicht würde gestatten können, hatte sich als richtig erwiesen; nun war ich im Abseits, in das ich gehörte. Mein Mißverhältnis zum Staat war offenkundig geworden. Mein Vertragsabschluß mit S. Fischer, den das Hinfälligwerden des Lizenzvertrages erfordert hatte, war für mich auch ein fröhlicher Abschied von dem ständigen Rücksichtnehmen auf die Zensur. Kompromisse wollte ich mir fortan nicht mehr gestatten. Als mir ein DDR-Leser wenig später vorwurfsvoll sagte, er habe die *Neue Herrlichkeit* wie das Buch eines Autors gelesen, der der DDR schon Ade gesagt habe und ihr keine Chancen mehr gebe, stimmte ich ihm erfreut zu.

Ich erwartete nun Drohungen und Schikanen. Aber es kam anders. Mein Vertrag mit S. Fischer, den man mit bösem Willen als Straftat hätte werten können, wurde von keinem beanstandet. Eberhard druckte Nachauflagen meiner vergriffenen Bücher und zahlte mir anstandslos das für den verbotenen Roman vertraglich vereinbarte Honorar. Wenn aus dem Westen Einladungen zu Lesungen kamen, wurden meine Reiseanträge fast ohne Ausnahme genehmigt. Bücher, die mir aus dem Westen geschickt wurden, erhielt ich ausgehändigt, ohne daß ich eine Erlaubnis dazu beantragt hatte. Und anderthalb Jahre nach dem Verbot meines Romans wurde er doch noch gedruckt.

Die Gründe dafür blieben mir ebenso wie die des Verbots verborgen. Der Schriftstellerverband und der Verlag gaben mir zu verstehen, daß sie allein das Verdienst daran hatten. Ich wurde ins Ministerium beordert, wo mir Höpcke die knappe Mitteilung machte, daß der Hallenser Verlag einen neuen Vertrag mit mir schließen würde. Auf meine Frage nach einer Erklärung des Wunders sagte er nur: Fragen wir nicht, sondern seien wir froh.

Auch als ich zwei Jahre später auf einer Schriftstellerkongreßrede die Abschaffung der Zensur verlangte, erfolgte nichts von dem, was ich befürchtet hatte. Auch stellte mich niemand wegen meiner freundschaftlichen Beziehungen zu Mitarbeitern der Ständigen Vertretung der Bundesrepublik zur Rede, und Beiträge in westlichen Zeitschriften wurden von keiner der dafür zuständigen Stellen gerügt. Ich wurde nicht nur in Ruhe gelassen, sondern war ohne Ankündigung in eine Privilegiertenstellung befördert worden, was angenehm, aber auch unheimlich war. Ich ahnte, daß man mich für mein Abseitsstehen belohnte und vielleicht auch dafür, daß ich im Lande blieb. Man nahm an, daß einer, den man in Ruhe ließ, auch keine Neigung hatte, die Ruhe zu stören. Auch Dankbarkeit stellte man möglicherweise in Rechnung; bei einem, der Ruhe zum Arbeiten brauchte, war das so abwegig nicht. Störend war nur der Gedanke, daß Gewährenlassen auch Vereinnahmen bedeuten konnte.

Für die Propaganda im Ausland war mein Name als Beweis für tolerante Kulturpolitik nützlich. Ich sollte nach dem Willen des Außenministeriums auch im Pariser DDR-Kulturzentrum lesen, aber das lehnte ich ab.

In den Akten konnte ich später eine Bestätigung meiner Ahnungen lesen. Die Aufseher registrierten befriedigt, daß ich mich einem IM gegenüber positiv über meine Reisemöglichkeiten geäußert hatte und daß durch die Entscheidung, die *Neue Herrlichkeit* auch in der DDR zu verlegen, ein weiterer Grund für oppositionelles Verhalten beseitigt war. Daß Vergünstigungen Wohlverhalten zur Folge hatten, schien man für selbstverständlich zu halten. Bedenkt man die lange Geschichte der Schriftstellerprivilegien, von 1945 angefangen, so hatte die SED auch Grund, so zu denken. Denn von wenigen Ausnahmen abgesehen, hatte sich die gängige Praxis, durch Lebensmittelpakete, Wohnungszuweisungen, Autos, Reise- und Informationsmöglichkeiten Zustimmung und Treuebekenntnisse zu erkaufen, glänzend bewährt.

An diese Methode der Mächtigen, Kritik an ihnen durch Bindung an sie zu verhindern, wurde ich im Sommer 1989 wieder erinnert, als ich, von einer Reise zurückkehrend und im Begriff, eine andere anzutreten, in meiner Berliner Wohnung unter Bergen von Post einen Brief entdeckte, der mir die Verleihung des Nationalpreises erster Klasse verhieß. Zwei Tage vor dem DDR-Staatsfeiertag, dem 7. Oktober, sollte ich pünktlich im Palast der Republik antreten. Orden und Medaillen sind anzulegen, hieß es am Schluß.

Der Schreck war groß, und er kam unerwartet, obwohl ich von Leuten, die Beziehungen zur Staatsmacht hatten, schon vorgewarnt worden war. Das aber war schon früher mehrfach der Fall gewesen, doch hatten sich diese Warnungen immer als falsch erwiesen, da Politbüromitglied Kurt Hager, der mächtigste Mann in Kulturfragen, meine Wahl dankenswerterweise immer verhindert hatte, so daß mein

Vorsatz, den Preis abzulehnen, nie auf die Probe gestellt worden war.

Da ich am nächsten Morgen sehr früh abreisen mußte, die schriftliche Ablehnung aber per Einschreiben erfolgen, also zur Post gebracht werden mußte, blieb mir für den einsamen Entschluß nur eine halbe Stunde, in der ich Langsamschreiber eine Begründung nicht mehr zustande brachte, mich also mit der lapidaren Feststellung der Ablehnung begnügte, mich anschließend so glänzend wie selten fühlte – und wie alle Welt nicht die leiseste Ahnung davon hatte, daß der Staat, von dem ich mich da distanzierte, zwar noch seinen vierzigsten Jahrestag mit gewohntem Pomp feiern, dann aber seinem schnellen Ende entgegengehen würde, so daß meine Geste, die Halbheiten, Feigheiten und Versäumnisse von Jahrzehnten gutmachen sollte, ins Leere ging.

Die Souveränität, die ich Spätentwickler gewonnen hatte, war dem Staat inzwischen abhanden gekommen. Vierzig Jahre lang war er mit Hilfe von Angst regiert worden; als die sich abgebaut hatte, war es mit dem Regieren vorbei. Vielleicht war das, was ich als eignen Gewinn verbuchte, nur ein Ausläufer des Stroms der Zeit gewesen. Daß autonom gefaßte individuelle Entschlüsse sich aus zeitlicher Distanz gesehen als Teil allgemeiner Tendenzen erweisen, hatte ich oft schon erlebt.

Auch an Eberhard übrigens glaubte ich diese Erscheinung bemerken zu können, als ich ihn zum letzten Mal sah. Obwohl ich nicht vorhatte, die *Zwischenbilanz*, an der ich arbeitete, in der DDR anzubieten, hatte ich mich Anfang 1989 zu einem Gespräch mit ihm überreden lassen, da er eine Sammlung meiner zerstreuten Essays veröffentlichen wollte, wozu es dann aber nicht kam. Ich fand ihn, nachdem ich ihn jahrelang nicht gesehen hatte, um Nuancen verändert. Der angeberische Ton war der gleiche geblieben, aber seine Rede war sachbezogener geworden, und Parteiergebenheit kam in ihr nicht mehr vor. Vielmehr glaubte ich Ansätze kritischen Denkens entdecken zu können. Es waren kaum merkbare Keime, und sie betrafen nichts Grundsätzliches, sondern nur Kleinigkeiten, Schikanen gegen junge Autoren nämlich, aber für ihn war auch das erstaunlich genug. Zu Gorbatschow, der DDR-Ausreisewelle und den Bürgerrechtsgruppen äußerte er sich zurückhaltend, vermied aber, wie er es früher lautstark getan hätte, die Verteidigung seiner Partei. Zum erstenmal hatte ich nicht das Gefühl, daß er gekommen war, um mich auszuhorchen. Vielleicht, dachte ich später, wollte er mir seine beginnenden Zweifel vorführen. Aber dazu kam es auf Grund meiner üblichen Abwehr nicht.

Als am Ende des Jahres seine Partei und deren Staat hinsiechten, warf es, was ich verständlich fand, auch Eberhard auf das Krankenlager, wo er die Übergangszeit verbrachte, um dann aber, als die deutsche Einheit Wirklichkeit wurde, für mich unerwartet, wieder aufzuerstehen. Bald war er nicht mehr Staatsbeauftragter, sondern Eigentümer, trennte sich schnell von der Riege seiner hochdekorierten und auflagenstarken Parteiautoren und führte, wie ich dem Wirtschaftsteil der FRANKFURTER ALLGEMEINEN entnehmen konnte, den Verlag sicheren Schritts in die Marktwirtschaft. Von meinen Büchern trennte er sich nur widerwillig, war aber nach einigem Streit in der Rückgabe der Rechte doch großzügig. Er hätte das gern in bewährter Manier im Gespräch unter vier Augen geregelt. Aber ich widersetzte mich diesem Ansinnen. Eberhard in meiner Behausung vor mir zu haben wäre mir, trotz seiner überraschenden Wandlung, wie ein Wiederkehren der DDR erschienen. Und von der hatte ich wahrlich genug.

254

MARTINSTAG

Das Ende der DDR, das ich für meinen Privatgebrauch auf die Öffnung der Mauer am 9. November 1989 datiere, erzeugte in mir ein Konglomerat von Gefühlen, in dem allerdings der Jubel vorherrschend war. Zwar ließ ich keine Sektkorken knallen und umarmte auch keine fremden Straßenpassanten, aber ich sah an den gerade geöffneten Grenzübergängen doch mit Freuden zu, wie andere das taten, und auch in mir ertönten Siegesfanfaren, doch wurden sie leise von dunkleren Melodien untermalt. So wie im Glück oft Tränen geweint werden müssen, kam die unerwartete Freude mit einer Trauer zusammen, die ich mir erst mit dem Gedanken erklären wollte: Es ist zu spät für dich, nun bist du zu alt.

Da seit dem Versuch, meinen dreiundsechzigsten Geburtstag nicht zu beachten, nur wenige Tage vergangen waren, war diese Begründung zwar naheliegend, aber alles erklärte sie nicht. Was sich da störend unter dem Jubel regte, nährte sich auch aus Selbstvorwürfen, mangelnde Aktivität im Befreiungsprozeß betreffend, aus der Sorge, daß mit der Freiheit auch Dummheit und Bosheit freigesetzt würden, und aus einer Art Abschiedsschmerz. Dieser galt nicht etwa dem Staat, der uns eingesperrt und gedemütigt hatte, sondern einem Kreis von Freunden, der sich unter dem Druck von Bedrohung und Einschränkung gebildet hatte und nun zerfiel. Er war einer jener Gemeinschaften, die im Westen den Eindruck von einem menschlicheren und gemütvolleren Zusammenleben im Osten erweckt hatten. Falsch war der Eindruck nicht, aber kurzsichtig. Denn es handelte sich um Notgemeinschaften, die mit dem Ende der Not ihr Ende finden. Auch die einst so gefeierte Frontkameradschaft währt nur so lange, wie Kriege dauern. Dankbar und wehmütig kann man sich an sie erinnern; sie sich zurückzuwünschen empfiehlt sich nicht.

Als Zensurgeschädigte, die den Meinungsspielraum zu erweitern versucht hatten, waren wir zueinandergekommen, waren uns in der Ablehnung der Unterdrückung einig gewesen und hatten nach dem Danach nicht gefragt. Denn mit dem Abtreten der Macht hatte niemand gerechnet. Die kühnsten Hoffnungen waren auf Reformen gerichtet gewesen, auch Zukunftsvisionen gingen über diese niemals hinaus. Die deutsche Einheit galt als Schimäre, stand also nicht zur Debatte, so daß ich die niemals gestellte Frage, wer sie zwar als unrealistisch verwerfe, aber doch als Wunsch in sich berge, nur für einen hätte beantworten können, nämlich für mich.

Die SED-Theorie von den zwei deutschen Nationen mit den zwei deutschen Kulturen, von denen die eine der anderen auch noch um eine Geschichtsepoche voraus sein sollte, hatte meine Überzeugung nicht ändern können, daß auch während der staatlichen Teilung die eine Nation noch immer bestand. Ich glaubte nicht an die Möglichkeit einer baldigen Wiedervereinigung, wohl aber an die Beständigkeit einer nationalen Kultur. Meine Ansicht, daß nicht in Jahrzehnten zerstört werden könne, was sich in Jahrhunderten gebildet hatte, fand ich auch darin bestätigt, daß die Mauer und die politische Einbindung in den kommunistischen Osten keine Russifizierung zur Folge gehabt hatte und der Blick der DDR immer, ob freundlich oder feindlich, auf den freieren und größeren Teil Deutschlands gerichtet war. Die Theorie der Abgrenzung, die man zwei Jahrzehnte lang ständig aufs neue bewiesen, zum Dogma erhoben und an Schulen und Universitäten eingepaukt hatte, war in meinen Augen ideologische Notwehr gewesen; nun schien sie mir unter den Füßen der Demonstranten und der durch die Mauerlücken drängenden Massen zu Tode gekommen zu sein. Der Wunsch nach Einheit, der, als er laut wurde, manche erschreckt hatte, war mir nur Bestätigung dessen gewesen, was ich schon immer geahnt hatte: daß nämlich unter der ideologischen Kruste sich das Zusammengehörigkeitsgefühl konserviert hatte und unter dem Eindruck der wirtschaftlichen Bankrotterklärung des Staates aktiviert worden war. Zwar schien es mir weiterhin fraglich, ob die staatliche Einheit möglich und, im Interesse der Stabilität in Europa, auch wünschenswert wäre, aber in den Bereich des Möglichen war der Wunsch doch gerückt. Man konnte ihn äußern, ohne sich als Phantast vorzukommen. Ein Tabu war gebrochen, ein Stück innerer Freiheit gewonnen; plötzlich war die Erkenntnis möglich, daß durch die als unveränderbar geltenden Umstände eine Wunschverdrängung wirksam gewesen war.

Aber meine Meinung teilten durchaus nicht alle. Besonders unter den Intellektuellen gab es Einheitsverächter, unter ihnen viele meiner Gefährten, die, wie ich, die Diktatur abgelehnt hatten, dem Staat und seiner Idee aber stärker als ich verbunden gewesen waren und nun, da die Herrscher im Abtreten waren, das Produkt ihrer Herrschaft für erhaltenswert und veränderbar hielten. Es sollte zum Experimentierfeld werden für die bisher noch nie realisierte Synthese von Sozialismus und Demokratie.

Diese Träume, die ich nach den Erfahrungen mit zwei Diktaturen nicht träumen konnte, sollten sich erst einige Wochen später in einem »Aufruf« manifestieren, aber Anzeichen dafür gab es schon vor der Öffnung der Mauer, bei einer Protestveranstaltung Berliner Künstler in der Erlöserkirche zum Beispiel, wo manche von mir geschätzte Kollegen von einem verbesserten Sozialismus schwärmten und emphatisch von »unserm Land« sprachen, als hätten sie erst beim Verenden des Staatsgebildes ihre Liebe zu ihm entdeckt. Vielleicht war hier bei manchem noch Vorsicht am Werke. Vielleicht wurde auch, wie bei manchen Paaren, beim Abschied erst klar, was man am anderen gehabt hatte, oder man zog, aus Furcht vor dem Unbekannten, das Gewohnte, das von klein auf Gelernte vor. Mich jedenfalls berührte diese späte Identifizierung schmerzlich. Sie schuf schwer überbrückbare Gegensätze und beschädigte durch den Verdacht, daß andere sich in der Diktatur doch so unwohl vielleicht nicht gefühlt hatten, auch vergangene Gemeinsamkeiten. Vielleicht aber war ich auch nur enttäuscht darüber, daß diese nachträglichen Liebeserklärungen meiner Wunschvorstellung vom Empfinden Befreiter so gar nicht entsprach. Im Ertragen pluralistischer Meinungsvielfalt waren wir alle, die wir nur ein Für oder Gegen gekannt hatten, wenig geübt.

Als ich am Morgen nach der Öffnung der Mauer, also am 10. November, die Freiheit auf meine Art feiernd, nicht den überfüllten Kurfürstendamm, sondern die Stätten der Kindheit aufsuchte, hatte ich ständig gegen das Gefühl des Unwirklichen anzukämpfen, das die Leute wohl meinten, wenn sie immer nur Wahnsinn! riefen; denn Worte gab es für das gestern noch Undenkbare nicht.

Einige Jahre zuvor hatte ich den Stadtbezirk Mitte verlassen und für meine immer kürzer werdenden Berlin-Aufenthalte eine Wohnung in der Nähe der Warschauer Straße gemietet, nur wenige Minuten vom Grenzübergang Oberbaumbrücke entfernt. Hier, wo nur Fußgänger passieren konnten, war der Andrang nicht so gewaltig wie an den bekannteren Übergängen, aber doch stark genug. Noch waren die Grenzbaracken mit ihren Barrieren, Sichtblenden, engen Zellen und schmalen Gängen vorhanden. Noch mußte man einzeln an den Schaltern vorbeidefilieren und die Ausweise stempeln lassen. Aber die Kontrolleure waren so vergnügt wie die Kontrollierten und zeigten, daß sie ihr Stempeln für sinnlos hielten, und alles ging rasch, so daß man nicht lange zu warten brauchte, bis man die Brücke und die Spree sehen konnte, die seit fast drei Jahrzehnten von der Mauer verdeckt worden war.

Es waren vorwiegend junge Leute, die bei der Schließung der Grenzen noch gar nicht geboren waren und nun in fremdes Terrain vorstießen, das zwar die Stadtpläne als weiße Flächen gezeigt hatten, das sie aber durch das Fernsehen zu kennen glaubten mit allem Überfluß und modischem Glanz. Die großen Erwartungen, die in ihren Gesichtern zu lesen waren, versuchten sie mit schnoddrigen Floskeln hinwegzureden. Den Grenzwächtern, denen sie gestern noch demütig begegnet wären, bewiesen sie nun, wie frech freie Bürger sein können. Weil sie schon ahnten, daß sie am westlichen Ufer die ahnungslosen Provinzler sein würden, traten sie besonders laut und großspurig auf.

Für sie war das Kreuzberger Ufer mit seinen schäbigen Häuserfassaden und seiner türkisch geprägten Armut sicher eine erste Enttäuschung, mich aber führte es zurück in die Kindheit und brachte mir die banale Erkenntnis näher, daß ich bald zu denen gehören würde, deren Erfahrung nur noch Historiker interessiert. Meine Erinnerungen, die auch die meiner Eltern und Großeltern mit einbegriffen, waren inzwischen fast museal geworden; sie reichten zurück bis zum Einweihungsfest dieser Brücke, von dem meine Großmutter mir erzählt hatte, als ich vier oder fünf Jahre alt war. Die kleine Frau, immer in langen und schwarzen Kleidern, gehörte für mich zu der Brücke wie die Backsteinarkaden, von denen Teile, wenn auch im Kriege beschädigt, jetzt noch erhalten waren. Die jungen Leute, die dem Kurfürstendamm zustrebten, hatten sie keines Blickes gewürdigt. Ich hatte mich damals von den wilhelminischen Zinnen und Türmen beeindrucken lassen, Großmutters geliebten Kaiser und dessen Söhne mit ihren immer besonders erwähnten prächtigen Helmen für Ritter gehalten und mit den Königen und Generälen vom Kreuzbergdenkmal durcheinandergebracht. Schöneres als diese frühen Geschichtslektionen hatte mir der Viktoriapark beim Sammeln von Kastanien und Eicheln vermittelt: den Geruch modernden Laubes nämlich, der mich bei Herbstspaziergängen noch heute im Geiste unter Schinkels gußeisernes Denkmal versetzt.

Nicht nur der Kreuzberg und sein künstlicher Wasserfall hatten inzwischen an Größe verloren, sondern auch die Häuser, Höfe und Parks meiner Kindheit in Britz. Die Freilassung der sechzehn Millionen machte sich hier nur an den Durchfahrtsstraßen bemerkbar, wo sich die Autokolonnen mit Lärm und Gestank langsam in Richtung Zentrum bewegten; abseits davon war es wie immer still. Ich ging alle Wege, die mich als Kind zur Kirche, zur Schule und in meine Indianerjagdgründe geführt hatten, fand die Schutzengelkirche, in der ich hatte ausruhen und danken wollen, verschlossen und saß fröstelnd auf einer Bank am Dorfteich, hinter mir die alte Kirche und vor mir das Schloß. Alles war wohlerhalten, nur gepflegter als in Kindertagen, und an diesem Novembertag fast menschenleer. Der frische Anstrich des Schlosses, die neu gepflasterten Straßen und die befestigten Teichufer, die ich mit ihren trauerweidenüberhangenen Buchten vom Schlittschuhlaufen her noch in ihrem natürlichen, also weniger geordneten Zustand kannte, gaben dem vertrauten Bild etwas Künstliches, Ausstellungshaftes und verstärkten den Eindruck von Unwirklichem, der den ganzen Tag über nicht wich. Es war, als ob dem verstandesmäßigen Begreifen der neuen Lage das Gefühl und die Sinne noch nicht nachkommen wollten. Mit den Erfahrungen dieses Jahrhunderts war schwer zu begreifen, daß deutsche Geschichte auch glücklich verlaufen kann.

Ein knappes Jahr lebte die DDR noch weiter, aber in meinem privaten Festtagskalender ist dieser Tag als der ihres Endes verzeichnet; denn ein Gefängnis, in dem Tore und Türen geöffnet werden, hört auf, eins zu sein. Zum zweiten Mal in meinem Leben genoß ich das Glück, den Zusammenbruch einer Macht erleben zu können, die sich selbst weisgemacht hatte, auf Dauer gegründet zu sein. Ein

260

tausendjähriges Reich und die staatliche Verkörperung einer ganzen Geschichtsepoche, einschließlich seiner, nach Honeckers Meinung, mindestens noch hundert Jahre stehenden Mauer, überlebt zu haben, berechtigt doch wohl zu Triumphgefühlen. Und wenn auch der Zauber des Neubeginns nicht so mächtig war wie mit neunzehn Jahren, so war doch die Neugierde auf das Kommende und auf die Enthüllungen des Vergangenen nicht weniger groß. Wieder war das befreite Aufatmenkönnen, diesmal, Gott sei es gedankt, ohne Zerstörung und Blutvergießen, Frucht einer Niederlage gewesen, und wieder würde die Grenze zwischen den Jubelnden und den Klagenden nicht an den Landesgrenzen entlang, sondern quer durch die Bevölkerung gehn. Jeder Tag der Befreiung ist auch einer der Niederlage; der Chef des Staatssicherheitsdienstes wird das anders als der politische Häftling in Bautzen sehen.

Hätte ich damals schon ahnen können, daß später manche vom Verlauf der Geschichte enttäuschten Leute alle Ostdeutschen als Verlierer oder Besiegte bezeichnen würden, hätte ich, da ich mich ungern mit Mielke und Hager, mit Oberzensoren und Parteifunktionären, Mauerschützen und willfährigen Strafrichtern in einen Topf werfen lasse, mich schon im voraus beleidigt gefühlt. Ich war ein Gewinner der Niederlage, der, wenn er nicht stellvertretend für Arbeitslose und unschuldige Opfer der Eigentumsrückgabe sprechen wollte, höchstens zur Klage über eignes Ungenügen berechtigt war. Vierzig Jahre lang hatte ich den anderen Teil Deutschlands, mit dem ich kritisch immer mitgelebt hatte, als den freieren empfunden, war aber, hauptsächlich aus Gründen der Bodenhaftung, nicht in ihn übergewechselt und schließlich, ohne die Gegend, die es mir angetan hatte, aufgeben zu müssen, doch in ihm angelangt. Offiziell geschah das erst elf Monate später, aber an diesem 10. November, dem Tag der deutsch-deutschen Verbrüderung, war die Hoffnung darauf doch schon da.

Mein eigner Verbrüderungsbeitrag war dürftig. Denn alten Schulkameraden ins Haus zu platzen, wie ich beim Grenzübertritt vorgehabt hatte, war mir doch etwas zu aufdringlich erschienen, und der alte, weißbärtige Herr, der sich zu mir auf die Bank an der Dorfkirche setzte und mich sofort, ich weiß nicht woran, als Mann aus dem Osten erkannte, war so wenig wie ich zu Begeisterungsgesten gemacht. Er war viel älter als ich und viel bibelfester, und da er viel redseliger war und ich zuhören konnte, hätte er es, obwohl ebenfalls fröstelnd, mit mir lange noch ausgehalten, aber mir wurde es bald zu viel. Mein Gesprächspartner nämlich, den die Lebensdauer des nun zu Ende gehenden Staates an das häufige Vorkommen der Zahl vierzig im Buch aller Bücher erinnert hatte, litt offensichtlich an einer Schwäche des Kurzzeitgedächtnisses, so daß er die von vierzig Tagen oder vierzig Jahren handelnden Bibelverse, die er mir eben aufgesagt hatte, nach Ankündigung weiterer einschlägiger Stellen noch einmal zitierte, wobei mir dann schwerfiel, erneut Überraschung zu zeigen und auszurufen: Das ist ja hochinteressant.

Welche Schlußfolgerungen daraus zu ziehen waren, daß alttestamentarische Wüstenaufenthalte und Regenfälle, Gefangenschaften und Regierungszeiten mit der DDR-Lebensdauer die Zahl vierzig gemeinsam hatten, konnte der alte Herr auch nicht sagen. Er behauptete aber, daß seine Entdeckung für die Einbettung unserer Geschichte in einen größeren und höheren Zusammenhang spreche. Und da man das immer gerne hört, stimmte ich zu.

Ähnliche Gedanken zu Zahlen und Daten bewegten mich wenig später, als mich die Massen der bald darauf Ossis genannten Mitbürger durch Neuköllns Geschäftsstraßen schoben und ich meiner alten Schule ansichtig wurde, in der mir unlöschbar ein Geschichtszahlengerüst eingeprägt worden war. Die Vierziger-Reihe, nach der sich die preußische Geschichte zu richten pflegte, legte den Gedanken na-

262

he, daß manche Daten suggestiv auf den Geschichtsverlauf
wirken, weshalb man als Deutscher in diesem Jahrhundert
an jedem 9. November ein weiteres denk- oder fluchwürdi-
ges Ereignis befürchten muß. Der 10. November dagegen
brachte für mich schon in der Kindheit nur Gutes. Erstens
war er, da ich auch Martin heiße, mein Namenstag, an dem
Geschenke von den bayerisch-katholischen Tanten kamen,
ohne daß häusliche Zeremonien mir lästig wurden, und
zweitens wurde in der Schule nicht unterrichtet, sondern
die Jahresfeier veranstaltet, die nicht Albrecht Dürer, dessen Namen die Schule führte, und auch nicht, was damals
nahegelegen hätte, Adolf Hitler gewidmet war. Geehrt wurden vielmehr Luther und Schiller, die beide an diesem Tage
Geburtstag haben und lange für mich zusammen in einen
Umkreis gehörten, in dem auch Friedrich der Große, Schill
und Moltke zu Hause waren und Worte wie Ehre und Heldentod.

Wie diese Gestalten und Begriffe sich mit denen der anderen Sphäre, in der ich gleichzeitig lebte, vertragen konnten,
will mir heute verwunderlich scheinen, aber an Skrupel, neben dem Bergprediger auch den Sieger von Leuthen, neben
der Jungfrau Maria auch die von Orléans gelten zu lassen,
kann ich mich nicht erinnern, und der Heilige Martin, der
mit dem Bettler den Mantel teilte, war mir nicht weniger
nahe als Winnetou oder Dietrich von Bern. Später, als der
Heldentod mich um ein Haar nur verfehlt hatte und die
Straße, auf der jetzt die antikapitalistisch Erzogenen den
Wohlstand des Kapitalismus bestaunten, schon nach Karl
Marx benannt war, gab es andere Gestalten, die zu verehren
es mich verlangte, Gandhi und Albert Schweitzer zum Beispiel, Kant, Voltaire, den heiligen Franziskus, Zola, Jean
Paul oder auch Heinrich Böll. Es war weniger die Suche
nach einem, dem nachzufolgen sich lohnte, als die nach
dem Eignen, das durch andere mir klar werden sollte. Ich
wollte Verwandtes in den Verehrten finden, aber da sie da-

263

neben auch Fremdes hatten, war es nicht möglich, mich ihnen mit Haut und Haar zu verschreiben; das führte zu einem Verständnis auch gegensätzlicher Positionen, hielt innere Spannungen, wie die zwischen Glauben und Aufklärung, immer lebendig und machte mich unfähig, eifernd oder fanatisch zu werden – so daß ich sogar an der Macht, die ich vierzig Jahre hatte ertragen müssen, jetzt etwas Schätzenswertes zu finden vermochte: die Tatsache nämlich, daß sie, obwohl bis an die Zähne bewaffnet, ohne Blut zu vergießen, abtreten konnte, als ihr Bankrott nicht mehr zu verheimlichen war.

In der Bickhardtschen Buchhandlung führte die knarrende Treppe noch immer hinauf zur Empore, wo ich fünfundvierzig Jahre zuvor stundenlang in den für mich unerschwinglichen antiquarischen Büchern geblättert und in Hölderlins Namen eine wichtige Bekanntschaft geschlossen hatte. Auch heute herrschte hier wohltuende Stille. Denn die freudig erregte Menge, die das angebliche Leseland hinter sich hatte, schob sich an dem Schaufenster mit Büchern ohne Interesse vorbei. Ich war erfahren genug, um Enttäuschung darüber nicht aufkommen zu lassen, dachte an die alte politische Weisheit, die die geistige Freiheit gegen das Huhn im Topf aufwiegt, und versuchte, in zwei Ostberliner Studenten, die nach Enzensberger und Walser fragten, den Beweis für meine Kulturnationseinheitsthese zu sehen. Die beiden staunten über die Titelfülle, erschraken über die ungewohnt hohen Preise, zählten noch einmal ihr westliches Kleingeld und entschlossen sich schließlich zu meiner Befriedigung doch noch dazu, die Bücher zu kaufen – und nicht einen der billigen Radiorecorder, die viele am Abend nach Hause trugen, auf der U-Bahn-Rückfahrt nach Osten auf volle Lautstärke drehten und sich, den Lärm überschreiend, Dummheiten zuriefen, die sie früher gedämpfter von sich gegeben hatten. Die neue Freiheit kam also auch mit Getöse einher.

Die Verhältnisse auf der Oberbaumbrücke hatten sich inzwischen geändert. Nicht nur Türken hatten Behelfsstände errichtet, an denen die Rückkehrer Süßes und glitzerndes Unnützes für ihre letzten Groschen erwerben konnten. An der Kaimauer ließen zufriedene Betrunkene die Beine baumeln. Jugendliche saßen in Reihen auf dem Brückengeländer. An die Arkaden hatten Besucher ihre mit Datum versehenen Initialen gemalt. Die Mauerinschriften, die neben- und übereinander Ausländer, Nazis, Rote und Ossis mit der Aufforderung Raus! bedachten, kamen erst einige Tage später hinzu.

Vor den Grenzbaracken konnte man Bockwürste kaufen. In den winkligen Gängen, wo man früher, vor Aufregung schwitzend, Gepäckkontrollen und Leibesvisitationen hatte erdulden müssen, wurde niemand mehr aufgehalten. Die Schalter waren geschlossen worden, die Grenzwächter dahinter aber noch immer vorhanden. Mit Türmen von Bierdosen hatten sie ein Plakat befestigt: Betriebsfeier, bitte nicht stören! war in großen Buchstaben darauf gemalt.

Möglichkeiten 7
Lebensziele 8
Fluchthilfe 23
Karriere 32
Der Planungsstratege 36
Schlachtenbummel 42
Mein Nachtgefährte 51
Umwertung der Werte 57
Wanderungen und Wandlungen 62
Bruder Vernehmer 73
Im Namen der Partei 77
Anfang mit Hindernissen 87
Gesamtdeutsches 97
Im Schatten der Mauer 106
Der Holzweg 115
Westwärts, aufwärts 122
Ein schlechter Schüler 132
Rote Beete 139
Walden 148
Gestern noch auf stolzen Rossen 159
Bayreuther Festspiel 169
Friedhofsruhe 182
Streng geheim 190
Die tote Tante 203
Auf der Kanzel 215
Vereinsleben 222
Pornographisches 231
Alte und neue Herrlichkeit 242
Martinstag 255

GÜNTER DE BRUYN

Sein Werk im
S. Fischer Verlag

Das erzählte Ich
Über Wahrheit und Dichtung in der Autobiographie
80 S. Pappband. Fischer Bibliothek

Jubelschreie, Trauergesänge
Deutsche Befindlichkeiten
205 S. Leinen

Das Leben des Jean Paul Friedrich Richter
Eine Biographie
411 S. mit 17 Abb. Leinen

Märkische Forschungen
Erzählung für Freunde der Literaturgeschichte
152 S. Geb. Fischer Bibliothek

Mein Brandenburg
Mit Fotos von Barbara Klemm
167 S. mit 40 Abb. Leinen

Neue Herrlichkeit
Roman
216 S. Leinen

Zwischenbilanz
Eine Jugend in Berlin
380 S. Leinen

GÜNTER DE BRUYN

Sein Werk im
Fischer Taschenbuch Verlag

Babylon
Erzählungen
Band 11334

Buridans Esel
Roman
Band 1880

Jubelschreie, Trauergesänge
Deutsche Befindlichkeiten
Band 12154

Das Leben des Jean Paul Friedrich Richter
Eine Biographie
Band 10973

Lesefreuden
Über Bücher und Menschen
Band 11637

Märkische Forschungen
Erzählung für Freunde der Literaturgeschichte
Band 5059

GÜNTER DE BRUYN

Sein Werk im
Fischer Taschenbuch Verlag

Neue Herrlichkeit
Roman
Band 5994

Preisverleihung
Roman
Band 11660

Tristan und Isolde
Neu erzählt von Günter de Bruyn
Band 8275

Zwischenbilanz
Eine Jugend in Berlin
Band 11967

Günter de Bruyn. Materialien zu Leben und Werk
Herausgegeben von Uwe Wittstock
Band 10960